经典战史回眸 写真系列

天火焚魔录

美军对日战略轰炸写真集

丁雷 蒙创波 著

WUHAN UNIVERSITY PRESS
武汉大学出版社

经典战史回眸 写真系列

天火焚魔录

美军对日战略轰炸写真集

丁雷 蒙创波 著

WUHAN UNIVERSITY PRESS
武汉大学出版社

图书在版编目(CIP)数据

天火焚魔录:美军对日战略轰炸写真集/丁雷,蒙创波著．—武汉:武汉大学出版社,2020.1
经典战史回眸.写真系列
ISBN 978-7-307-21248-0

Ⅰ.天…　Ⅱ.①丁…　②蒙…　Ⅲ. 第二次世界大战战役—战略轰炸—1942-1945—图集　Ⅳ.E195.2-64

中国版本图书馆 CIP 数据核字(2019)第 238578 号

责任编辑:王军风　　　责任校对:李孟潇　　　版式设计:韩闻锦

出版发行:**武汉大学出版社**　(430072　武昌　珞珈山)
(电子邮件:cbs22@ whu.edu.cn 网址:www.wdp.com.cn)
印刷:武汉市金港彩印有限公司
开本:889×1194　1/16　印张:16.25　字数:468 千字
版次:2020 年 1 月第 1 版　　2020 年 1 月第 1 次印刷
ISBN 978-7-307-21248-0　　定价:80.00 元

目录
Contents

一、引子……001
二、“香格里拉”的复仇……006
三、从中国出击……027
四、马里亚纳群岛的来客……057
五、天火焚魔……092
六、腾云“野马”……136
七、港口战争……178
八、核爆天降……197
九、除魔终章……247
主要参考书目……253

一、引　　子

政略攻击的实施，属于破坏要地内包括政治、经济、产业等中枢机关，并且重要的是直接空袭市民，给国民造成极大恐怖，挫败其意志。

——1937年11月，日本陆军航空本部《航空部队使用法》第103条

杀日本鬼子，杀日本鬼子，杀更多的日本鬼子。

——威廉·弗雷德里克·哈尔西，美国海军上将，1942年8月

自抗日战争全面爆发以来，日军持续对中国城市展开野蛮空袭。1938年2月18日起，日本海军和陆军航空兵开始对重庆实施带有战略意图、针对平民的无差别轰炸，企图摧毁中国抗战的信心。这是人类战争史上第一次大规模、持续性的无差别战略轰炸，一直持续到1943年8月23日，累计对重庆轰炸投弹超过3000吨，日本航空兵的淫威在这段时间达到前所未有的顶峰。处在弱势的中国军队实力不足以保卫自己国家的领空，致使抗战期间，超过900座城镇遭到日军1.2万次的轰炸，超过20万名同胞死难。

到了1941年12月7日，日本海军偷袭珍珠港得手，进而在太平洋上掀起进攻的狂潮，猝不及防的美国、英国和荷兰相继节节败退，香港、新加坡、马来西亚、印度尼西亚等地一一失陷。

此时，已经举国癫狂的日本人根本没有意识到他们正在步入一个怎样的深渊。日本虽然暂时性取得一定军事优势，侵占了广袤土地，但是最强有力的对手——美国本土及其庞大的工业体系却是毫发未损。日军的作战计划里充斥一厢情愿的想法，以为给予美军迎头痛击之后便能迫使对手缔结合约、自己心安理得地坐拥西太平洋的广袤疆域。显然，他们不知道自己激怒了一个何等强大的国家，自己会遭到什么样的猛烈反攻。

珍珠港事件以及日军大举进攻东南亚之后，美国、英国与中国相继对日宣战，广袤的亚洲及太平洋区域之上，一场气势磅礴的反击战拉开帷幕。

日军意识到，他们的军事工业体系和本土城市可能面临来自海上和空中的攻击。但是，他们已经占领了足够广阔的疆域，使得任何想要直接进攻日本本土的军事行动都要横跨好几千公里的遥远距离，想要不被觉察地接近日本本土基本是不可能的。这便是日本军国主义者认为可以自保的屏障，就1942年年初的局势而言，日军的确可以为此而感到安心。

不过，美军显然没有义务去遵照日军的计划来行动。1942年4月18日杜立特率队实施了美军对日本本土的第一次空袭。这一次作战完全出乎日军意料，美军的16架陆基B-25轰炸机从“大黄蜂”号航母上起飞，轰炸了东京、横滨等地后，大部分在中国大陆迫降。这一战虽然造成的物资损失微乎其微，但作为珍珠港事件之后美军对日本本土核心城市的第一次反击，却极具象征和宣传意义，在一定程度上也刺激了日军对中途岛战役的全力投入。

此后近两年时间里，美军就没有再回到日本本土上空，直到B-29“超级空中堡垒”的出现。这款新型轰炸机的航程、载弹能力、坚固性等各方面的性能指标均大大超越了日本军政当局的想象。无论从防空战术还是装备上，以及民防体系组织上，日本军队和政府都没有足够的准备来应对战略轰炸。

开战之初，日军占领了很大地域，也抢到了不少原料产地，但实际上其战争机器的维持依然处在一种极为脆弱的生存环境下：本土缺乏资源而严重依赖海运进口，漫长海运线给了美国海空军进行攻击的极大的发挥空间；日本本土密集的城市和工业区，及其特有的家庭式小作坊配套生产方式，无疑也给战略轰炸提供良好的目标。

1944年，B-29超级空中堡垒远程轰炸机服役后，依靠这种最大航程超过6000公里的超级武器，美军开始从中国大陆尝试轰炸日本本土，但是初期效果均不理想。

经过调整战术和战略，1945年，从马里亚纳群岛基地上起飞的B-29开始充分展现其大规模毁灭性的打击能力，也让日本举国上下饱尝了侵略战争所带来的可怕后果。

战争打到了1945年，这是残酷的一年，也

侵占南京光华门后举行庆祝仪式的日军

1937 年，日军轰炸上海。

1937 年 8 月 28 日，日军轰炸上海南站，一个儿童在被炸成废墟的站台上哭泣。

1940 年 8 月日军轰炸后的死难重庆市民，累计大约 1 万市民死于日军轰炸及防空洞事故。

是充满希望的一年。日军所谓的绝对国防圈已经被美军彻底打破，曾经不可一世的日本海军联合舰队也已经日薄西山，航空母舰竟因缺乏飞机和合格飞行员而沦为诱敌的靶舰。随着马里亚纳群岛和硫黄岛的易手，日本本土已经完全暴露在从马里亚纳群岛为基地的B-29远程重轰炸机轰炸攻势之下。攻克冲绳之后，不仅美国海军的航母编队已经能逼近日本本土、随时出动舰载机轰炸和舰炮炮击日本本土的目标，以冲绳为基地的陆航轰炸机也开始对日本本土实施轰炸。猖獗一时的日本军国主义已经走到了末路。

美国陆航对日本东京的轰炸是第二次世界大战太平战场上后期的重要战役行动，从1944年11月17日到1945年8月15日，美国陆航在日本本土诸岛上投下了数以万吨计的炸弹和燃烧弹，其中以1945年3月9—10日夜间对东京的轰炸堪称对日战略轰炸历史中最有破坏性的轰炸行动，最后以两枚原子弹核爆广岛和长崎而完美收官。

在对第二次世界大战的历史研究中，由于对太平洋战场的研究主要集中在了波澜壮阔的海战上，对日本战略轰炸着墨甚少，为此，笔者以拙作向读者们介绍美国陆航在1942—1945年间对日本本土战略轰炸这一段不为人熟知的历史，并纪念那些为击败日本军国主义而英勇献身的美国陆军航空兵空勤人员、陆军及海军人员，以及为战略轰炸日本而付出血汗乃至生命的中国军民们。

二、“香格里拉”的复仇

1941年12月7日，日本海军航空兵偷袭美国在太平洋中的重要海军基地——夏威夷群岛的珍珠港，一举击沉、重创8艘战列舰、3艘巡洋舰和3艘驱逐舰。此战过后，美国太平洋舰队实力折损大半，完全无力抵挡日军的进攻浪潮。

随即日本海军和陆军在东南亚和太平洋战场上接连发动猛攻，一时间席卷东南亚，占领了大片疆土，美军、英军和荷军均节节败退。对美国和其盟国而言，太平洋战场的战略态势是极度灰暗的，对于日本海陆军的进攻几乎无法应对，到处都是失利的消息，对美军士气和国内舆论而言都是沉重打击。报纸上的头版头条大都也是以失败和灾难为主，因此美国国内舆论对报复日本的呼声非常强烈。

浓烟遮天蔽日的珍珠港，摄影师抓拍下“肖恩”号驱逐舰发生猛烈爆炸的一瞬间。

有鉴于此，无论是对罗斯福总统，还是对美军高层指挥官们而言，都迫切需要采取行动来扭转这一颓势，至少要从心理上能振奋国民士气。从这个需求来说，空袭日本本土是上佳选择。不过遗憾的是，日本攻占菲律宾之后，无论是远程轰炸机基地，还是远程轰炸机本身，在远东都已经不复存在了。没有基地和地面设备，从中国起飞轰炸机也暂时还不现实。苏联虽然是盟军，但正在面临德军的巨大压力，也不情愿在远东陷入与日两线作战。如果从美国夏威夷或者阿留申群岛的基地起飞，则没有哪种轰炸机的航程能够覆盖到日本本土。尽管存在巨大的困难，罗斯福还是下令“想办法以某种方式轰炸日本本土，让他们也尝到战争的真正滋味”，并要求军方“以尽可能的方式来鼓舞盟军和盟国的士气”。

在当前的形势下，显然通过航空母舰实施空袭才是唯一可能的手段，但是舰载机航程有限，这也就意味着航母编队必须冒险接近日本近海，进入日本陆基航空兵攻击半径以实施空袭，这对当时的太平洋舰队来说是项风险极高的任务。在珍珠港被偷袭后，太平洋舰队实力大损，如果在这样冒险的袭击中与实力强于美军的日本海军联合舰队交战，结果无疑将非常不乐观，几乎是自杀性攻击。

在这样的前提下，唯一的可能就是从航母上起飞航程大大超过舰载机的陆基轰炸机，由此而催生出了对日本特别空袭计划。美国海军

飞行中的 B-25，性能相当优秀的中型轰炸机，空袭东京唯一可行的型号。

杜立特，第一次世界大战中美国陆军航空兵的飞行员，在 20 世纪 20 年代成为杰出的特技飞行员和航空工程师。执行轰炸东京任务时，杜立特已经是 46 岁高龄，做好了壮士一去不复返的准备。这次大胆的奇袭之后，他奉命前往地中海以及西欧战区，先后指挥美国第 12 和第 8 航空队，为战胜德国和意大利两个法西斯轴心国立下了汗马功劳。

上将欧内斯特·金收到这个提案后，和时任美国陆军航空兵总司令的哈普·阿诺德中将协商。

当时，美国陆航现役的中型轰炸机队列中，只有北美公司生产的B-25在航程、载弹量上满足轰炸日本的需要，起飞距离上存在能够从航母上起飞的潜力，因而它便被选入任务。

根据设想，B-25将从离日本本土800公里距离外起飞，轰炸东京后飞向西方1900公里外的中国大陆中国军队控制区，加入并强化中国战区的盟国空军阵容，堪称一举两得。整场任务中，B-25飞行距离将在4000公里左右，这是一个空前的挑战。美军查阅了日本周围海域的气象情报后，确定4月是气象条件最佳的时间。

1942年1月17日，阿诺德认可了行动计划草案，决定由著名的飞行家——吉米·杜立特中校担任此次行动指挥官。此时，这个绝密计划仅仅只有少数几个人知晓，阿诺德在28日向罗斯福总统统略微透露了该计划的内容，罗斯福直到袭击完成之后才全面了解该行动的细节。

下一步，美军开始对B-25进行改装，减轻重量和增加载油量，从而尽可能增加航程。

值得一提的是，考虑到尾炮塔的12.7毫米机枪时有卡壳的问题，杜立特干脆决定取消尾部自卫机枪。不过，在机尾安装了两根涂成黑色的木棍，模拟成机枪枪管，这种“稻草人”式的设置使得日军飞行员在空中难辨真假，不敢轻易从机尾方向发动攻击。

至此，最关键的问题就只剩一个：B-25能

在英格林基地进行秘密训练的B-25轰炸机，得到荷枪实弹的哨兵守卫。

否从航空母舰有限的甲板上载弹起飞？

此前，满载的陆基中型轰炸机从来没有过从航母上起飞的先例。当时，美国海军的现役航空母舰都在各个战场上执行任务而无法抽调出来，只有全新的约克城级“大黄蜂”号正在美国西海岸的诺福克海军基地刚刚加入现役，预定分配到太平洋舰队，它便被选中用作测试。

1942年2月1－2日，“大黄蜂”号成功地在弗吉尼亚附近海域进行了B-25试飞的试验。行动的基础由此奠定，“大黄蜂”号被确定搭载B-25轰炸机，发动对日本的奇袭。随后，该舰通过巴拿马运河，前往太平洋海域待命。与此同时，同属约克城级的“企业”号航母被选定作为“大黄蜂”号的贴身保镖，搭载战斗机提供空中掩护。

接下来的任务便是在陆上基地训练足够的执行这项突袭任务的B-25飞行员，使其能够从相当于航空母舰甲板的极短距离起飞。当时，在美国本土只有第17（中型）轰炸机大队装备

了B-25轰炸机，杜立特便在该部里征集志愿者。一开始，所有报名者都只被告知是需要参加一项具有高度危险性的任务，需要离开美国2—3个月，可能会冒极大的生命危险。最后，杜立特一共征集到了24个机组。

这些志愿者们都很年轻，16个飞行员中12个是中尉，其中5人刚在1941年前拿到他们的飞行员徽章。所有副驾驶员中15个都是刚从飞行学校毕业不到1年的新人。3月1日，所有志愿机组集中到佛罗里达州的英格林空军基地，开始秘密的特别训练。

从海军航空兵借调过来的亨利·米勒中尉负责向陆航的这些飞行员们传授如何驾驶轰炸机从航母甲板上起飞，尤其是掌握如何在低速时起飞，一般陆航的飞行训练都是在跑道上达到170公里以上时速时才会起飞，而航母甲板显然没那么长。

米勒在英格林基地机场跑道上用白色油漆画了一个模拟航母甲板，纵向每隔30米就画一道横线，以观察各个机组起飞时所需要的长度。一开始从轻载状态下起飞，要求起飞距离不超过240米，逐步缩短到最后不超过150米。

除了短距起飞，另外一项训练重点就是低空飞行，陆航的标准是中高空精确轰炸，此前的B-25飞行员从未降低到60—150米这样的高度进行对地攻击任务。

作为轰炸机自然还要注重轰炸效果，为此，各机组反复练习低空快速接近目标、突然爬升至300米高度、开舱投弹、俯冲脱离的全过程。战斗中只有一次投弹的机会，无论是为了减少暴露在防空火力杀伤下的时间，还是为了节省燃油撤离，都要求投弹快且准：一次进入，一击脱离。

此外，飞行员和机械师们开始钻研各种办法，如使用低转速螺旋桨装置、调教汽化器等等，在不损坏发动机和影响飞行安全的前提下，节省每一滴汽油。这些办法和当初日军海航陆基飞机从台湾空袭菲律宾时采用的措施相当类似。

轰炸机之上，价值1万美金的诺顿轰炸瞄准具是当时美国陆航高度机密的装备，在此次轰炸行动中的B-25都拆除了该瞄准具，以免落入日军手中。训练中，11号机组驾驶员罗斯·葛瑞宁上尉发明了一款绰号为“马克·吐温”的轰炸瞄准器，这种瞄准器结构简单，准确度高，使用简便，很快推广到了所有飞机上，据说成本只有20美分。

在结束训练前，杜立特带队进行了一次航

“大黄蜂”号航空母舰上系留的B-25机群。

程近3200公里的演练，这算是奇袭小队的结业考试。

为了保密，美方对B-25在轰炸结束后飞向中国降落一事，始终向中方守口如瓶。到行动开始时，蒋介石被告知将有25架B-25会部署到中国大陆上来，仅此而已。

日本方面对于本土防空也是有所准备的，1942年2月美军航母编队以舰载机空袭了马绍尔群岛、吉尔伯特群岛和威克岛等地后，山本五十六就开始担心到东京的安全，命令在距离日本本土以东1100－1200公里半径的海域部署武装拖船等小型船只组成的警戒船巡逻线，辅以岸基飞机的远程巡逻作为补充，并且制定了迎击美军舰队攻击本土的作战预案。3月中旬，山本五十六又从太平洋前线将第21陆基航空战队调回本土，并以这支航空兵部队为基础在东京的木更津基地组建第26航空战队，专门承担东京地区的防空任务。对于东京的防空安全，山本几乎表现出病态的敏感，据说每天一早第一件事情就是询问东京的天气，只要是天气晴朗，山本就会莫名地担起心来。

3月24日，参加突袭的全体人员抵达位于美国西海岸、旧金山湾的阿尔米达海军航空站，他们将在这里和海军会合。3月27日，完成改装的16架B-25被运抵阿尔米达海军航空站。

4月1日，B-25被一架架吊装到“大黄蜂”号航母甲板上。次日早晨10时，航空母舰和其他护卫舰只组成TF-18舰队起航。

出海之后，杜立特就向各个机组宣布了此次行动的真正目标：轰炸东京。在消息公布之后，全体舰队官兵都对自己承担的任务雀跃不已。

4月13日，哈尔西指挥下的TF-16编队——其核心是担任空中掩护任务的“企业”号航空母舰——在夏威夷附近海域与TF-18会合。两支编队归哈尔西统一指挥，以16节的速度朝着日本本土进发。哈尔西向整个特混舰队宣布本舰队驶向东京，这个消息极大地激发了全体水兵的士气。

此时，前方潜艇报告，在日本东部海域没有出现日军主力军舰活动的迹象，尤其是航空母舰，这对TF-16来说是个大好消息。

杜立特在炸弹尾部系上一枚日本勋章——还给日本人的礼物。

在TF-16航向日本的途中，还举行了一个简单的仪式：把1909年以来日本颁发给美国海军人员的勋章集中起来挂在即将投在日本土地的炸弹上。这些勋章代表了当年美国和日本关系友善的阶段，珍珠港事件后，获颁日本勋章的那些退役、现役海军军官都纷纷把日本勋章寄送到华盛顿，希望能有机会通过某种方式把这些勋章"还给"日本人。海军部长诺克斯把这些勋章转给了尼米兹，尼米兹又把这些勋章转给了哈尔西：空袭日本便是归还这些勋章的最好机会了。值得一提的是，这其中包括杜立特自己获得过的日本勋章和朱瑞卡在驻日期间获得的勋章。

4月17日，TF-16接近到距离日本本土约1850海里的距离。风急浪高，两艘航母在加油完毕后连同护航的4艘重巡洋舰全速朝日本驶去，驱逐舰则留下护卫油轮。

按照惯例，TF-16穿越国际日期变更线使得日历要往回翻一天，这也就意味着原定计划的19日发动空袭，在中国时间是18日。然而，这个变化在制订袭击计划时被疏忽了。TF-16在航行途中，海军倒是想起了这个问题，但是由于TF-16要严格保持无线电静默，也没有办法通知在中国负责接应的史迪威，因此导致杜立特轰炸机队在飞临中国上空时，地面方面还完全没有准备。

4月17日夜间，东京市警察向驻日各个国家的使馆发去通知，称第二天东京会举行一次防空演习、届时请配合等等。此前东京也进行过多次防空演习，这一通知也一如既往没有引起人们的多大关注。只是谁也不知道此时一支美国海军特混舰队正在全速奔日本海岸线而来。

4月18日07:44，距离日本本土不到1300公里的海面上，日本远程警戒船"日东丸23"号和特混舰队不期而遇。哈尔西先后出动战斗机和巡洋舰，消耗接近40分钟才击沉该警戒船。在沉没前，"日东丸23"号用明码向后方发报："观察到3艘敌军航空母舰，位置距离犬吠埼以东650海里（1204公里）。"

日本海军联合舰队司令部接收到预警信息后，判断美军将要以航母舰载机对日本实施突袭，美军还要继续接近日本本土370公里左右才能进入舰载机的攻击范围。因此，日军预估美军至少要到4月19日才能发起攻击，在此期间可

美军巡洋舰猛烈轰击日本远程警戒船"日东丸23"号，这艘看起来不起眼的小船给奇袭任务带来不可预知的变数。

B-25从“大黄蜂”号起飞的一瞬间，西太平洋地区风急浪高，驾驶陆航轰炸机从航空母舰上起飞更是前所未有的挑战。这样高风险的任务只有在杜立特的带领下才能完成。

集结起足够的兵力应对。

此时TF-16行踪泄露，距离预定的起飞地点还有大约8个小时的航程。对哈尔西而言，他需要作出决定，是立即放弃轰炸返航，还是立即命令B-25起飞。

08:00，哈尔西决定立即起飞B-25机群，继续冒险让航母编队向着预定的1000公里距离起飞点前进是不现实的，太平洋舰队的精华全在他的手里，如果有什么闪失，美国海军在太平洋上就更无力抵挡日军的进攻。

对于B-25机组成员们来说，这自然不是一个好消息，起飞距离大大超过原定的数值，这就意味着他们面临的不确定因素增大了。被提前发现的可能性不是没有被考虑过，起飞B-25实施轰炸还是丢弃轰炸机返航，就取决于被发现时距离日本本土的距离了。

现在，哈尔西决定起飞B-25，继续实施轰炸日本的计划，他发信号给在"大黄蜂"号上的杜立特："准备起飞。致杜立特和勇敢的各个机组：祝你们好运，上帝保佑你们。"

"大黄蜂"号立即调整航向，进入顶风航行。轰炸机机组成员们在甲板上开始集合，开始准备登机。08:03，"大黄蜂"号加速到了22节，杜立特下令："陆航飞行员们，各就各位。"接着，B-25的发动机逐一发动起来，甲板上的人员撤去了挡轮块，起飞准备就绪。

08:18，杜立特驾驶的1号机发动机开始滑跑，此时"大黄蜂"号甲板上风速达到了40

B-25飞入东京湾入口，掠过著名的横须贺海军基地上空。这张照片是机组乘员从轰炸机的右侧向下拍摄的，注意右下方的螺旋桨毂盖。照片左下方出现两艘日本军舰，不过它们并非这次任务的目标。因而，轰炸机组继续直飞东京。

节，许多航母水兵此生从未见过的一幕开始上演了。双发的B-25轰炸机咆哮着在短短的航母甲板上开始滑跑，当轰炸机脱离甲板后突然下沉的瞬间，所有现场目睹的人心里都好像被揪了一下似的，在看到1号机拉起后顺利飞行时，欢呼声顿时爆发出来。此时是08:20。

其后，每架B-25以间隔4分钟陆续起飞，至09:21，16架B-25全部顺利起飞。完成起飞2分钟后，航母编队掉转航向、高速返航。在航母编队身后，日军已经开始调动海军和陆军航空兵展开搜索了。

起飞后的B-25以3—4架为一个小编队，分别飞向预定好的目标。目标包括东京、横滨、神户、名古屋和大阪五个城市，每个城市中的

和平年代的东京，这个远东著名的繁华都市还没有落下过一枚炸弹。

具体轰炸目标都是重要的军事目标或者军事工业目标。

例如，在东京地区，杜立特的轰炸目标就是日本电器公司（也就是NEC，当时是日本最大的通讯器材制造公司）、东京煤气和电力公司、兵工厂。在横滨地区，轰炸目标包括小仓石油公司、川崎飞机制造厂等等重要的军工企业。

按照预先设定的航线，杜立特突袭队全速飞向日本本土。在距离日本海岸线大约500公里的距离上，他就已经能看到日本的渔船、巡逻船。接下来，各机组也观察到有一些巡逻机在空中出现。但是，日军飞机的飞行高度都在B-25之上，因此也就没有发生空战。需要说明的是，当天日本沿海的天气状况同样不佳，云层高度很低，且云量大，这一点非常有助于美军轰炸机掩盖行踪。

不过，由于大风的影响，加上导航的误差，突袭机群中的一些轰炸机偏离了方向。这样带来的后果固然是没有集中轰炸，但使美军轰炸机能够在不同时间对多个城市展开轰炸。这给日本防御体系带来了很大困扰，他们一时间无从判断美军的来路和目标，也就难以组织起有效的反击。

距离东京120公里时，杜立特飞到了犬吠埼灯塔的上空。这个竖立在高约24米的灰白色海岬上的灯塔是非常醒目的地标，看到灯塔，杜立特也就能够确定自己的坐标，进而通过罗盘

樱田门，慌乱的东京市民正在躲避轰炸。

东京荒川区，民宅被 B-25 炸毁。

的修正，最终确认目标——东京的方向。此次轰炸中，各个机组都以此为航向修正点。

在东京，上午开始的防空演习已经结束。这次演习级别不高，市民不需要和往常一样躲避进防空掩体，基本上只有消防队、警察和民防人员参加，完全流于形式。参加演习的日军飞机已经降落，市区内恢复了正常秩序，主要街道上车流正常，人行道上人来人往，一派和平景象。

12:00，在距离东京大约110公里外水户市（茨城县中部的城市，东京以东），地面观察哨汇报空中有美军轰炸机出现，这一情报使得东京立即开始进入警戒。但是，B-25已经只需要数分钟就飞临东京上空了。

东京地区此时天气晴好，能见度极佳，正是一个适合轰炸的好日子。杜立特在某种意义上担任了引导机的任务，他投下的燃烧弹是后续跟进机组瞄准和修正方位的地面标识，他驾驶着飞机保持在60米的低空，日军飞机都在他头顶上大约1500米高度飞行，完全没有发现低空的B-25。接近到距离东京15公里左右时，杜立特机组发现9架日本战斗机在大约1500米高度出现，不过显然这些战斗机也没有发现美机。

轰炸机进入东京市区后，当地在当天上午举行的防空演习刚刚结束。B-25上喷涂的机徽还是蓝圈白星红心的美军旧机徽，中间的红色圆心从地面上看去很像日军飞机的旭日标记。因而地面上的日本市民误以为头顶上飞过的是

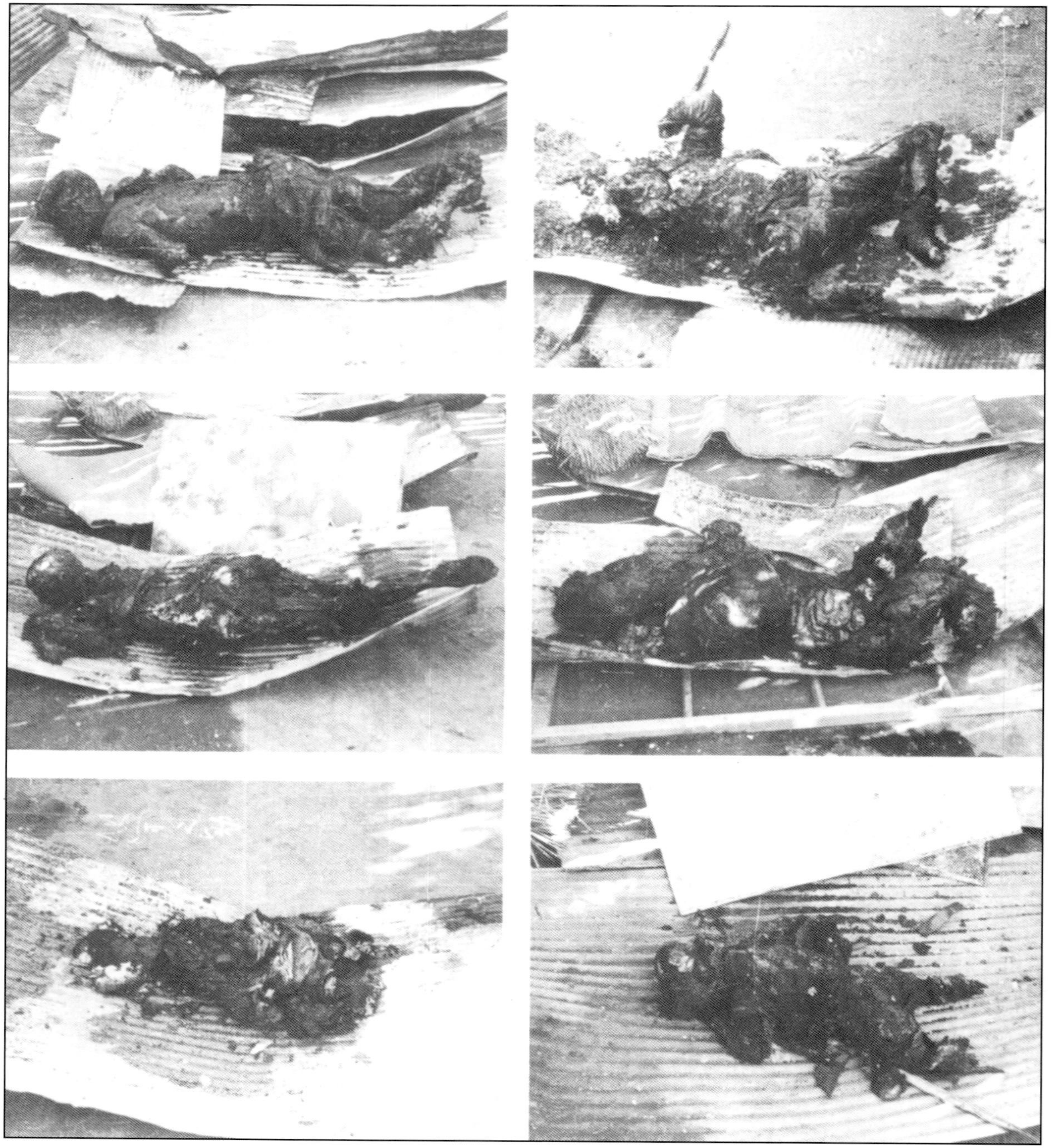

复仇之火烧到东京市民身上。

轰炸机远去之后，东京的工厂主良造浅野相当无奈地检查被杜立特空袭炸毁的工厂。从照片中可以看到，良造浅野身后的钢筋水泥结构厂房基本完好，受损的部位基本上是屋顶的瓦楞板结构。杜立特的这次奇袭载弹量较小，破坏力不大，主要目的是提振美国军民的士气。

日机，纷纷向杜立特招手欢呼。

12:30，杜立特把飞机爬升到360米左右，在东京北部中心工业区投下4枚燃烧弹。投弹完毕后，杜立特听到了地面上传来的空袭警报声。地面高射炮也开始射击，不过显然很盲目。杜立特很快就脱离了高射炮射击的范围，朝西飞行，接着折向南，直接出海奔中国大陆方向飞去。

当时，日本首相东条英机外出视察水户航校，他的座机在降落阶段偶遇杜立特的B-25。东条的秘书从舷窗里看到了一掠而过的B-25，当即就惊呼起来："美国飞机！"这是日本政府高层们第一次目睹了美国轰炸机出现在日本首都上空——不过，显然不会是最后一次。

第1小队的其余3架B-25在2号机机长塔维斯·胡佛中尉的带领下，跟着杜立特之后进入东京上空。2号机进入时，地面上的高射炮火已经打响。时间紧迫，胡佛机组来不及爬升到450米的规定投弹高度，只能在270米高度上对皇宫以北的一家军工厂投下了挂载的炸弹，然后也朝着中国大陆方向撤离。3号机在430米高度瞄准一所钢铁厂投下了一枚高爆弹，接着在煤气公司和一所化工厂各投弹一枚，燃烧弹则投在工厂区之内。

不过，4号机就没有前面这些兄弟机组这么幸运了，埃弗雷特·赫斯顿中尉驾驶的飞机在东京湾上空遭到了两架日本战斗机的攻击，同时很不幸的是背部炮塔由于电气故障失灵而无法还击，无奈之下只有用尾部炮塔上的两根黑木棍朝着日本战斗机比划几下，恐吓日本战斗机。不久后，另外两架日本战斗机也加入攻击。无奈之下，赫斯顿决定放弃攻击，丢弃载弹到海里，并加速到430公里/小时撤离。日军战斗机的7.7毫米机枪对坚固的B-25没有造成严重伤害。

12:35，东京上空又开始回响起空袭警报：这才是真的空袭！防空部队的高射炮反应过来，开始有组织地对空射击。此时，地面上的人们还普遍以为这不过是另外一次演习。

攻击东京中心区的第2小队由5号机戴维·琼斯机组带领，但是领航员尤金·麦克格尔没能找到地标，迷失了方向，在地面高射炮的攻击下，琼斯决定轰炸他们发现的一个发电站和一个看起来像是物资存储场的地面目标。炸弹击中了一个储油罐和一座工厂的动力塔，在地面上形成猛烈爆炸，另外还引燃了一些建筑物。

6号机进入日本海岸后和琼斯的5号机失散了，不过导航员还是准确地识别到地标确定了方位，找到了预定目标点，把炸弹投在东京的钢铁厂里。

7号机正好从东京湾上空飞过，遭遇了日军6架战斗机的截击，在日军还没形成围攻态势之前，劳森已经驾驶轰炸机越过港口区进入市区，把炸弹投到了港口附近的一个工厂区后加速脱离。低空飞行脱离时，轰炸机还遇上了一列火车，劳森回忆说自己都能看得清火车司机脸上惊恐的表情。

8号机进入日本内陆后完全迷失了航向，鉴于无法按照原定计划行动，约克和艾莫斯商议后决定就把炸弹投到了一个和铁路线连接的工厂区域后脱离。

9号机在沃森的驾驶下倒是很准确地发现了东京所在，高射炮炮弹在空中爆炸开的黑烟团充当了准确的导航。虽然东京上空遭到了地面高射炮的猛烈射击，不过机组们还是对煤气公司和电力公司实施了轰炸，在脱离时还遭到了东京湾里停泊的日军军舰高射炮的攻击。

10号机是最后一架轰炸东京的B-25。在东京湾上空，该机被日军军舰的高射炮火力击伤，机身被弹片击中而破损。在对日本特种钢铁公司的工厂和仓库投弹后，乔伊斯立即奋力爬高后才算是脱离日军战斗机的攻击。这是杜立特空袭行动中唯一一架被日军火力击伤的轰炸机。投下的炸弹中，两枚高爆弹还采用了2分钟延时引信，可以给赶来灭火的消防人员一个“惊喜”。完成投弹后撤出的途中，飞机被数架日军战斗机截击，尾部和机身上中弹累累，水平尾翼上被撕裂了一个长约25厘米的破口，自卫炮手声称击落2架日机。乔伊斯在投弹后迅速俯冲加速，一度达到了540公里/小时的速度，摆脱了战斗机的追击。

12:45，日军第26航空战队起飞所有战斗机去搜索攻击美军航母，以及拦截可能的美军舰载机。第4、第6航空战队所属的飞机也都纷纷紧急起飞，一时间日本本土和外海上空，日军战斗机和轰炸机四处搜寻。木更津航空队出动了16架一式陆攻，携带鱼雷准备攻击美军军舰，三沢基地的航空队也出动了8架陆攻。

至此，对东京的轰炸结束。虽然日军起飞了大批战斗机，高射炮部队也更加警惕，美军轰炸机已经都在飞向其他城市目标，东京由此陷入长久的惶惶不安中。

其他方向，11号机罗斯·葛瑞宁上尉带领的第四队在飞行途中倒是一切顺利，除了遇上时速40公里的顶头风使得B-25燃料消耗增大。在进入日本本土后，由于导航员目视识别的错误，使得飞机比原定航向要更偏东北。在找到了霞浦湖后，葛瑞宁上尉修正了航向，从湖面上飞过直奔横滨南部。

不过，飞越霞浦湖后，这架B-25正好从一个日军机场上空飞过，4架日军战斗机立即起飞攻击。葛瑞宁上尉描述说这些日军战斗机是此前从没有见过的，外形类似零式，但是流线型的水冷式发动机。这些战斗机是日本陆航Ki-61“飞燕”战斗机的原型机，它们以超过其他日军战斗机的速度一直尾追B-25。

尽管葛瑞宁在低空以近470公里的时速狂奔，日军战斗机还是能跟得上。背部炮手梅尔文·加德兰中士用12.7毫米机枪朝着尾追的日军战斗机还击，他报告说有两架日军战斗机被击中，其中一架坠毁，另外一架起火后脱离。

由于躲避战斗机拦截，葛瑞宁发现自己已经偏离航线无法前往横滨，随后攻击了一个伪装的燃料仓库。在返航掠过海面时，投弹手波特用机首的机枪扫射了东京湾的三艘日军巡逻艇。

12号机迷失了航线，导航员邦德建议驾驶员波尔沿着海岸线飞行，在找到地标确定方位后再继续飞往横滨。当冒着猛烈的防空炮火飞临横滨后，波尔发现预定的轰炸目标——横滨造船厂上空有阻塞气球，便轰炸了小仓炼油厂和附近的工厂。

13号机进入日本同样发生迷航，经过辨识，驾驶员发现航线已经严重偏北，修正航线后找到了预定目标横须贺海军基地。投下的炸弹命中了正在干船坞内建造的“大鲸”号潜艇母舰的中甲板、一架起重机、一艘运输船和几座建筑物。值得一提的是，13号机拍摄的照片是此次突袭中唯一留下的照片资料。

14号机在杜立特的副指挥官希尔格指挥下冒着防空炮火，对名古屋兵营、三菱飞机制造厂和一个燃料仓库进行了轰炸，撤出时还扫射了伊势湾的两艘油轮。

15号机飞到神户，对神户钢铁厂、川崎飞机制造厂和电力机械厂进行了轰炸，直到投下炸弹，日军高炮才开火。

16号机原定轰炸大阪，因迷航飞到名古屋，便对一个大型储油库和三菱飞机制造厂投下了炸弹。

虽然参加突袭行动的机组们在后续的报告和回忆中都纷纷描述如何摆脱或还击了日军零式战斗机，但实际上当时在东京、横滨等地上空最多出现的还是日军97式战斗机。这种战斗机无论火力还是速度，都对B-25几乎无能为力，这也是相关B-25机组均能成功逃脱的主要原因。

此外，由于8号机被打出一个破洞，飞行阻力增大，燃油消耗更大，在没有可能飞到中国的情况下，机长爱德华·约克上尉果断决定飞往苏联迫降，最后5名机组成员被苏联扣留了13个月后获释。

14:45，返航途中特混舰队监听到了日本的英文新闻广播，报道了东京被轰炸的新闻：“大东亚战争以来，敌军轰炸机第一次出现在东京上空，对学校和医院等民用设施造成巨大损害，我国国民对米国鬼畜这等不仁的残暴行径表示极大愤慨。”在收听到这个新闻后，整个特混舰队一片欢呼，他们和陆航合作的这次冒险成功了，战火也燃烧到了日本本土上。

不过，实际上日本在此次轰炸中的损失实际上是轻微的，英文报道仅仅是政治宣传。监听到的日文报道就透露出了真相：“今日中午大队敌军重型轰炸机出现在东京上空，对市区内非军事目标和工业区实施了轰炸，损失轻微，伤亡人数在3000—4000之间，市区内多处起火，在东京地区没有敌机被击落。此外大阪也遭到了轰炸。”

4月21日，罗斯福总统在记者招待会上，面对记者关于飞机是从哪里起飞的提问时，因为TF-16此时还在返航途中，为了保密，罗斯福得意而幽默地回答道“从香格里拉！”（香格里拉是詹姆斯·希尔顿的著名畅销小说《消失的地平线》中一处世外桃源胜地。）财大气粗的美国海军在后续大批量建造的埃塞克斯级航空母舰中选了一艘命名为“香格里拉”号，并请杜立特夫人做下水仪式嘉宾。

由于B-25因被发现而提前起飞，燃料消耗大大超过预期，使得飞往中国着陆的计划遇到了极大的困难。况且由于时差缘故，在中国大陆上预定的接应根本就没有进入准备状态，在没有地面照明和导航的夜间飞行情况下，各个机组都无法确定自己的准确位置，平安着陆毫无可能。飞到中国大陆的15架B-25飞机在浙江省方圆近480平方公里范围里或迫降，或机组成员弃机跳伞。

在中国迫降的15架飞机上共有75名空勤人员，3人在迫降中死亡，8人被日军俘虏，其中被日军处决和在战俘营中死亡的有4人，其余64人均在中国军民的援助下获救。

杜立特被护送到衢州机场。在那里，他同3号、4号、5号、10号、11号和12号机组人员会合。4月29日，杜立特率领这些部下离开衢州前往重庆，在重庆短暂逗留期间，杜立特从史迪威将军处知道自己已经被提升为准将。

此后，杜立特经印度、伊朗、埃及、喀士穆、达喀尔，横跨大西洋到达南美洲，再转道波多黎各回到美国华盛顿。

6月27日，美国陆军航空兵为几经周折陆续返回美国的23名飞行员在华盛顿举行了受勋仪式，其中杜立特获得了美国的最高军事荣誉——国会荣誉勋章。

在此后3年的战争中，参加奇袭的机组成员陆续有11人阵亡，其中有4人把自己的生命永远留在了中国战场上。

杜立特因指挥此次突袭行动成为美国人民心目中的英雄，1942年9月被任命为驻北非的第12航空队司令，1943年任驻地中海的第15航空队司令，1944年1月任驻英国的第8航空队司令，军衔升至中将。至此，他指挥的轰炸机部队先后轰炸过3个轴心国的首都（日本东京、

B-25 投弹之后，横须贺基地上空浓烟滚滚，不过总体而言没有造成太大损失。

16号机的飞行员罗伯特·海特中尉，他在坠机后落入日军手中，被关押了整整40个月。不过，海特中尉靠着顽强的信念活了下来，他最终坚持到战争胜利。

德国柏林和意大利罗马），而他本人则是先后作为第一批轰炸参与者，也算是创造了一个记录。

对于被营救的杜立特和其他机组成员来说，他们是幸运的。为了防止美机利用中国东部沿海机场对日本进行穿梭轰炸，日军大本营命令在上海的第13军和在南昌的第11军发动浙赣战役。为报复中国军民对美国飞行员的救助，日军在各地先后屠杀了约25万人（国民政府提供给史迪威的数据），受害者绝大多数是平民。很多接待过美国飞行员的村庄被夷为平地，原计划用来供B-25降落的衢州、丽水、玉山等机场均被日军攻占并遭到了彻底破坏。日军企图以残暴的屠杀来阻止中国人民对美国飞行员的帮助，但这没有能消灭中国人民反抗日本侵略者的战斗决心。直至战争结束，许多在中国跳伞的美军飞行员都得到了中国军民的救助。

杜立特的这次突袭空前地激发了美国国内和军队的士气，从心理上一扫之前失利所带来的阴霾。

对于杜立特空袭而言，最大的战略影响莫过于其后日军发动的中途岛战役。此前，虽然军令部在4月5日已经勉强同意了联合舰队提出的对中途岛作战方案，但关于作战日期和其他重要问题一直在争论不休。当杜立特的B-25成功地把炸弹扔到东京和其他城市的时候，所有争论戛然而止。

就日本联合舰队而言，之前为防备敌舰载机袭击本土所采取的各种措施全部落空。东京遭到轰炸这件事严重地刺伤了山本五十六的自尊心，他决心不惜任何代价防止类似事件重演，因而要求必须毫不迟延地发动对中途岛的攻势，把防御圈向东推进到中途岛和阿留申群岛西部。

东京遭到轰炸一事，同样也使军令部感到

杜立特返回美国后，罗斯福总统向他颁发了国会荣誉勋章，这是美国最高军事荣誉勋章，站在杜立特身边的是他夫人。

事态严重。现在，来自东面的美国海军，是对日本本土最为紧迫和直接的威胁。而且，没有做到保证首都安全这件事，使军令部和联合舰队一起丢了脸。于是乎，对联合舰队提出的以6月初为进攻中途岛的最后期限，以及对中途岛作战方案中其他悬而未决问题上的所有反对意见，立即烟消云散。接下来，联合舰队司令部就立即开始制订中途岛作战的最后计划。

而中途岛战役的结果，成为了太平洋战场上的转折点，猖狂一时的日本海军联合舰队此役一口气损失了四艘宝贵的舰队航空母舰，从其顶峰开始滑向衰亡的深渊。

参加奇袭的飞行员中被俘的8人被判轰炸非军事目标，杀害日本小学生等罪名，日本天皇裕仁通过参谋总长杉山元大将提出：必须处决这些美国飞行员。杉山坚持认为，现在日本本土遭到攻击，对被俘的飞行员绝对不能手软。东条英机则担心这样处理会对被美国拘留的日本人不利，因而反对处决所有被俘美军飞行员。

双方辩论了数周，东条的意见为裕仁接受，因此迪恩·霍尔马克、威廉·法罗尔、哈罗德·斯帕兹于1942年10月15日在上海被枪决。剩下五人中，罗伯特·米提亚中尉于1943年12月1日因病死于监禁，其余四人看到了日本屈膝投降的那一天。

日军处决被俘飞行员带来的一个后果就是极大地激怒了美军及美国国内舆论，罗斯福总

描绘杜立特奇袭东京任务的漫画，美国画家没有忘记作出贡献的中国军民。

统用“野蛮”“邪恶”“残忍”和“杀人不眨眼”等形容词去描述日本人，国务卿赫尔发表声明，第一次对日本使用了“无条件投降”一词，表示决不和一个处死战俘的国家谈判媾和。哈尔西知道这一消息后气得脸红脖子粗，喊出了“要让那些杂种血债血偿”的口号。

在日本宣布美国飞行员被处决的消息后一个小时，在美国卖出了1.1亿美金的战争公债，这也是第二次世界大战期间战争公债发行量最大的一天。

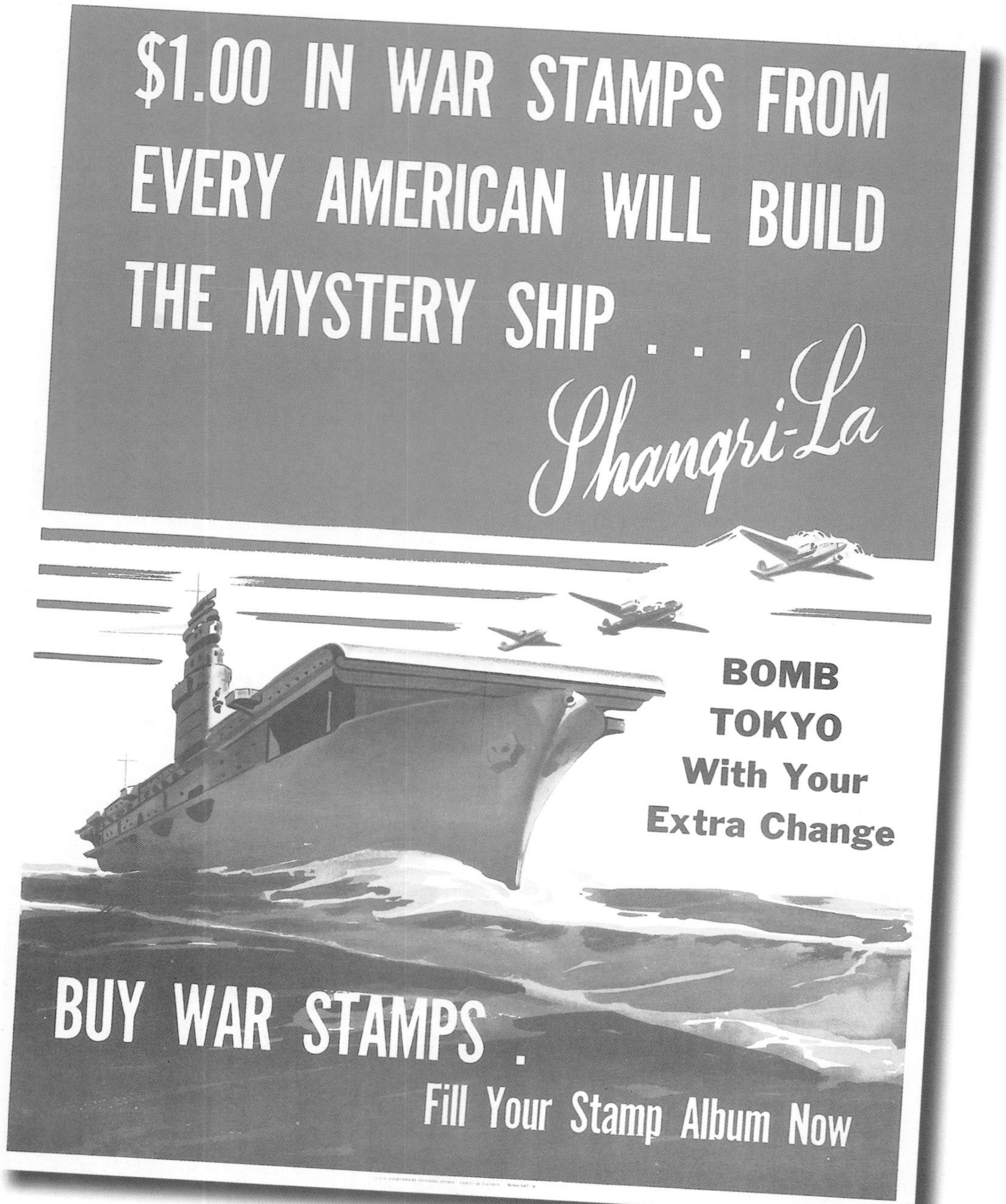

杜立特空袭过后的美国战时海报：每个美国人花一美元购买战争税邮票，就可以造出那艘传奇军舰——“香格里拉”。用你的零花钱轰炸东京！由此可见，这一次空中敢死队行动对提振整个美国军民士气具备何等重要的影响。

65
224731

B-29成军

实际上，自第一次世界大战之后，美国政府便越来越强地感受到来自太平洋西岸的威胁。美军也一直在探讨从中国升空、对日本实行超远程战略轰炸的可能性。

例如，在1940年，海军少校亨瑞·史密斯-赫特顿以美国驻日本海军武官身份向国内提交的报告中提出："日本国内消防设备普遍缺乏和不足，对某个城市采用大面积的燃烧弹攻击将会导致这个城市的主要区域都化为灰烬。"亨瑞少校还加注道："在日本城市中民防设施也很缺乏，防空掩体是个很罕见的东西。"在报告后的附录中，他还列出了其选择出来的重要攻击目标清单，包括军事、政府和工业区等。

在杜立特空袭东京之前2年，一款足以毁灭日本战争机器的终极轰炸机正处在紧锣密鼓地研发当中。1939年，在总司令哈普·阿诺德中将的领导下，美国陆军航空队提出招标要求，目标是一种比现役最先进的B-17"空中堡垒"轰炸机航程翻一番，同时载弹量更大的超重型轰炸机。当时，该型号的技术规格是：航程达到8500公里，最大速度640公里/小时。以20世纪30年代的技术水平，这个规格堪称天文数字。

要知道，B-17是美国最老牌的军火工业巨头——波音公司的一代经典。这个实力雄厚的

《时代》周刊封面的阿诺德，面露微笑，信心十足。他身后的轰炸机群是空权的象征，一支航空兵部队，如果配备有数量众多的战略轰炸机部队，便代表着拥有强大的空中打击力量，甚至能影响一个国家的生死——未来的日本就是最好的例证。

企业早在第一次世界大战便已经给美国海军生产战机，数十年来凭借强大的技术优势、远远甩开其他军工厂商，推出多款里程碑式的新型航空器：美国第一种全金属下单翼的现代战斗机P-26、世界上第一种现代客机波音247、世界上最大的民用飞行器波音314“飞剪船”，而B-17“空中堡垒”更是在第二次世界大战中震慑欧洲大陆的经典轰炸机、盟军制空权的象征。

得益于深厚的技术积累和丰富的生产经验，波音公司的设计击败了其他竞争者、拿下了军方的竞标，一代经典——B-29“超级空中堡垒”由此诞生。

B-29就是为了实现远程高空轰炸日本城市和工业区而研发的重型轰炸机，它将实现美国陆航“让战火在敌国领土上燃烧”的战略轰炸意图。

设计、研制、测试和生产B-29超级空中堡垒轰炸机总计耗费了大约30亿美金，相比之下，研制原子弹的耗费大约为20亿美金而已。因此，在美国陆航内部对B-29项目也有个戏称“30亿美金的赌博”。阿诺德是B-29项目最大也是最坚定的支持者，他坚信B-29是值得投入的，是可以用来终结战争的终极武器。正如在他写的一封信中所说：“B-29项目之所以如此

战争前夜的波音公司厂房。

B-17“空中堡垒”轰炸机是波音公司上一代经典之作。

重要，是因为我相信它是未来陆军航空队最重要的支柱。”

在1942年9月21日XB-29原型机试飞前，波音公司就已经从陆航获得了1644架B-29的订单。考虑到B-29是一种非常昂贵和技术复杂的超重型轰炸机，如此之大尺寸的军用飞机是美国航空史上空前的产品，还没有试飞前就已经获得如此巨大订单量，阿诺德的确做出了很冒险的决定。当然，他也为此承担了巨大的压力和非议，而这一切在今后的3年里无时无刻不在折磨着阿诺德，甚至几乎要了他的命。

与传统的轰炸机相比，B-29“超级空中堡垒”具备突出的三大技术优势：

第一大技术优势：涡轮增压发动机。

飞行器的核心部件之一是航空发动机，要打造一款载弹量大、航程远的超级轰炸机，关键是一台功率大、耗油低的高性能发动机。

另外，轰炸机的另外一个重要的性能指标便是升限，即承载作战载荷前提下能够维持的最大飞行高度。具备高升限的优点是显而易见的，它能大幅度减轻敌军高射炮火对轰炸机的威胁。

事实上，在导弹发明之前，高射炮火对高空飞行的轰炸机造成的伤害丝毫不亚于拦截机，甚至有过之而无不及。

因此，只有具备足够的实用升限，战略轰炸机方能有效突破敌军高射炮火的重重阻隔，深入敌国核心腹地，准确地将炸弹投掷在军事目标之上。归根结底，轰炸机的优越高空性能

B-29“超级空中堡垒”三视图，该型号的设计应用了大量的先进技术，在试飞成功之前便获得巨额订单。B-29完成试飞、定型过后，没有经过更多大的改动，成为一代战略轰炸机的经典。

B-29的R-3350“双旋风”和第二次世界大战中其他主要重型轰炸机的发动机性能对比

国别	轰炸机	发动机	功率（马力）
美国	B-29	R-3350-21A	2200
苏联	PE-8	AM-35A	1340
英国	兰开斯特 I	灰背隼 XX	1280
美国	B-17 G	R-1820-97	1200
德国	Fw-200	Bramo 323	1180

还是要依靠发动机的强大。在这方面，美国的涡轮增压器技术可谓独树一帜——在高空中，它能将吸入的稀薄的空气压缩至发动机工作的正常水准，保证发动机正常输出足够的功率。

在二战中，正是配备了涡轮增压器发动机的B-17和B-24重型轰炸机打赢了针对德国的战略轰炸战役。相比B-17的R-1820发动机和B-24的R-1830发动机，B-29采用新一代的莱特公司R-3350“双旋风”发动机，其最大功率相比前两者提高80%以上，远远超出同时期的任何同类型发动机。毫不夸张地说，正是借助了R-3350的杰出性能，波音公司方能打造出一款史无前例的超重型轰炸机——完美结合了远航程、高升限、高速度、高载弹量的高空霸主。

对于B-29“超级空中堡垒”，可谓成也R-3350，败也R-3350。由于大量采用新技术，而且研发周期较短，投产初期的“双旋风”在设计、制作工艺等方面存在方方面面的不足，发动机很快出现冷却系统、减速器、活塞环等部件的大量故障。其中，后排气缸非常容易起火。当飞行高度达到600米以上时发动机过热或起火几乎成了家常便饭。为此，莱特公司不得不对发动机的设计进行一再调整，以致一度影响B-29的出厂。

例如，1942年9月，小批量生产的首批R-3350发动机送抵波音公司之后，苦等发动机的XB-29一号原型机的生产便全力开动，在两个星期之后实现首飞。然而，在接下来的四个

R-3350“双旋风”外观图。

月里，由于R-3350发动机故障过多，莱特公司不得不决定更换大部分“双旋风”的全部发动机气缸！

在1943年1月到11月间，工程师总共对R-3350的设计作出超过2000次以上的修改，其中1/4涉及大规模投产前的生产机械调整，极其耗费人力和时间。可以说，“双旋风”和“超级空中堡垒”，是在不断的优化和磨合之中共同成长的。

第二大技术优势：增压座舱。

随着战争环境的变化和技术的发展，轰炸机的实用升限不可避免地越攀越高。在第二次世界大战之前，所有重型轰炸机均没有采用气密结构，这意味着在高空飞行时，机舱内的气温和气压与机舱外实际上完全相同。在7000米高空中，大气的温度下降到零下30度，而飞机升到10000米高空时，大气的温度只有零下50度！B-17或者B-24的机组乘员不得不穿上保温的电热服，但这无法完全抵御长达数个小时的刺骨严寒，而且电热服的结构笨重，对机组乘员的动作造成明显的阻碍，间接影响轰炸机的作战效率。

欧洲战场之上，对德国战略轰炸的典型一幕：轰炸机飞行员全副武装，戴上氧气面罩、护目镜，穿上厚厚的皮夹克以抵御高空严寒。

通过B-29“超级空中堡垒”，波音公司首次在远程战略轰炸机中成功运用增压座舱技术。它使轰炸机内部和外界大气完全隔绝，机舱内能够保持与地面相当的气温和气压。出于成本和效率的考量，波音公司只在B-29的机舱内隔出几个增压座舱。其中，机头最前方的增压座舱容纳正副驾驶员、投弹手、导航员、飞行机械师和无线电操作员；机身中段的增压座舱容纳机枪手和雷达操纵员；机身最后是尾部炮手的增压座舱。机身前方和中段的增压座舱之间，有一个大型增压管道贯通而过，使得轰炸机之内大部分乘员之间可以自由沟通。

有了增压座舱系统，机组乘员只需穿着普通飞行服便能在机舱内行动自如，舒适程度堪比现代的大型客机，轰炸机的作战效率由此得到充足的保障。

为了让机组乘员在远程轰炸任务中得到进一步的良好休息，以维持充分的体能、保证作战效率，波音公司开创性地在B-29上安排了四个卧铺的位置。卧铺的造型类似火车上的硬卧车厢，为木头架构，铺设有帆布，其尺寸刚好可以容纳一名成年人平躺睡眠。两个卧铺呈上下布置，不用时可以折叠而起，腾出增压舱空间。如果仅将上卧铺折叠，下卧铺可以作为座椅，供机组乘员坐下休息。

除此之外，波音公司千方百计地改善作战条件。B-29配备有小型食物加热设备，这将在战后成为民航客机的标准配备。该设备空重为16公斤，配备24伏特的电源，能够将食物加热到71摄氏度。

依靠小型食物加热设备，机组乘员可以随时做出一份份热气腾腾的战斗伙食：浓汤、瑞士牛排或索尔斯伯利牛肉饼、土豆泥或土豆饼、豌豆或胡萝卜类的蔬菜沙拉、水果馅饼等甜点以及咖啡或热茶。对比其他军队里只能啃巧克力棒喝冷饮料的轰炸机飞行员，B-29上的战斗伙食堪称是五星级的豪华大餐。

第三大技术优势：遥控机枪塔。

自从轰炸机诞生以来，它最有效的自卫武器莫过于机身各处安设的防御机枪和机炮。在增压座舱得到应用前，轰炸机的机枪手在高空中必须暴露在高寒低压的大气中作战，即便装备上笨重的电热作战服和氧气面罩，依然很难逃脱寒冷的侵袭，作战效率受到严重影响。每次作战任务都是对体力和意志的强大挑战，甚至有时候机枪手被冻得仅仅能把持住机枪，命中率则完全无法奢望。

采用增压座舱技术后，B-29项目顺水推舟地取消了传统机枪塔/机炮塔的设计，取而代之的是最新的遥控机枪塔技术。

B-29机舱能在万米高空保持常温常压，机组乘员均穿着轻便的制服，无需佩戴氧气面罩。照片中，有人躺下小睡，有人正在吃三明治，享受难得的休息时光。增压座舱极大地保证了机组人员的体能。

B-29尾部的机枪塔内，尾枪手操控的是左右并列两挺机枪和一门机炮，这一点与绝大多数轰炸机相同。遥控机枪塔技术体现在机身的前半段，在机身上方和下方，B-29各配备有两副遥控操纵的电动机枪塔，每副机枪塔内安装两挺大口径机枪。其中，后上方机枪塔的下射

传统轰炸机之上，机枪手在高空中暴露在稀薄寒冷的空气中，必须身穿电热作战服、佩戴氧气面罩，依然难抵御严寒。

界是0度，前上方机枪塔的下射界是负2.5度；下方两副机枪塔的上射界均为5度；尾部机枪塔的上下左右射界均为30度，因而能对在机身周围营造全方位的防御火力网。

后机身增压舱内，安置有三名机枪手的位置，他们通过三扇半球形观察窗搜索周边空域的敌情。左右两扇观察窗呈对称分布，一左一右两名机枪手呈背靠背的坐姿，面对着左右两舷的观察窗，以180度的视角监视两侧及下方的空域，依靠瞄准仪遥控机枪。

顶端稍前位置安置有第三扇观察窗，位于后上方机枪塔之前。他的座椅位置最高、被称为“中央火控机枪手”，他是整个火控系统的关键角色。

根据需求，中央火控系统可以使一名机枪手同时操纵多座机枪塔，由此能对特定方向的目标保持最大程度的火力覆盖。3名遥控机枪手和投弹手对4座遥控机枪塔有着不同的控制权限级别。如持有一座机枪塔首要控制权的机枪手放弃对它的操纵，则这座机枪塔可以转交给持次要控制权的机枪手操纵，同时通过中央火控系统向相应的机组乘员发送信号。

各个机枪塔的控制权是这样分配的：

投弹手位于机头，拥有最广阔的前向视野，因而获得了操纵前上方和前下方两座遥控机枪塔的首要控制权，可以同时操纵它们对前方的目标集火射击。

中央火控机枪手拥有宽广的顶部视野，因而获得了后上方机枪塔的首要控制权和前上方机枪塔的次要控制权。

位于左右两侧观察窗的两位机枪手被称为“侧翼机枪手”，共同拥有后下方机枪塔的首要控制权，以及前下方机枪塔的次要控制权。

通过中央火控系统，机枪手们均可以同时遥控多座机枪塔，集火瞄准单个目标射击，命中率实现了质的飞跃！

所有的这些技术优势综合在一起，造就了B-29——当时世界上最巨大、最复杂、技术最先进的超重型轰炸机。

1942年9月21日，波音公司的西雅图工厂，“超级空中堡垒”的原型机XB-29迎来了首次试飞。在随后的试飞报告中，驾驶员艾迪·艾伦

B-29后机身特写，顶部为后上方机枪塔和中央火控机枪手的观察窗，下方为右侧机枪手的观察窗。

B-29机枪手正通过机身侧面的观察窗向外观察，手持瞄准仪做好射击的准备，这与传统的机枪射击方式截然不同。

在经历二号原型机的事故后，XB-29 三号原型机越发成熟，波音公司由此开始着手大规模量产。

作出如下评述："异乎寻常优秀的空气动力学特性；副翼和方向舵的转动令人满意……方向稳定性令人满意；失速特性出色；尾旋特性和控制总体而言令人满意；驾驶舱布局提供了高空飞行的良好视野，在降落时尤为出色。"

当天深夜，波音公司工程部向华盛顿发出一封言简意赅的电报："艾迪·艾伦报告称我们已拥有一架杰出的飞机。"第二天，美国陆航飞行员唐纳德·巴特赶到西雅图，亲自试飞了XB-29一号原型机，他在随后的报告中同样发出由衷的赞誉："无法想象如此巨大的一架飞机竟能如此轻易地操纵。"

但是，如同所有新型飞行器一样，XB-29的试飞并非一帆风顺，种种问题开始暴露出来。1943年2月18日，XB-29二号原型机的试飞引发机毁人亡的安全事故。

事故过后，军方和波音公司展开了一场大规模的调查，结果表明"超级空中堡垒"原型机的气动特性和结构均极为可靠。问题根源出在R-3350发动机上。

XB-29二号原型机的事故惊动了美国国会，参议院由此组成了一个特别委员会，专门调查"双旋风"发动机研制和生产过程中的问题，最终将R-3350在量产之前的最后一批设计缺陷修复完毕。二号原型机事故尘埃落定之后，"超级空中堡垒"开始向大规模量产的方向稳步迈进。

1943年年末，陆航总部决定B-29只投入太平洋战场，以充分利用其巨大的作战半径优势。为此，阿诺德专门设立了第20航空队，自己坐镇华盛顿亲自指挥。

在这个全新航空队的旗下，第20轰炸机司令部负责全面监管所有的B-29单位。该部由B-29项目的负责人——肯尼斯·乌尔夫准将担任指挥官，下辖第 58 轰炸机联队和第 73 轰炸机联队。每个联队由4 个轰炸机大队组成，装备150 架超级空中堡垒。来自第二航空队的拉维恩·桑德斯准将负责 B-29 的人员训练，训练总部直接设在堪萨斯州波音威奇塔工厂附近。

在当时，战区司令官们完全无权干预B-29的作战行动。即使是面对类似蒙巴顿、麦克阿瑟、尼米兹这样高级别的指挥官，阿诺德也可以拒绝调动B-29提供支援，以保持第20航空队执行战略轰炸的独立性和对目标行动的统一性。由此可见，B-29"超级空中堡垒"在美国太平洋战区的地位是何等重要。

在1944年1月1日，第100架B-29滑行到堪萨斯州波音公司威奇托工厂的生产线末端。在这个颇具意义的时刻，阿诺德前来视察波音公司的厂房。不过，将军更关心的是生产线上第175架B-29的情况——因为175架是一个轰炸机联队所需要的最少数目。

让阿诺德稍感欣慰的是：这架B-29的机身主体部分已经在最后一条生产线上完成了组装，正在等待机尾和机翼的拼接。"这就是我想要的飞机"，阿诺德说，"我要在3月之前拿到它"。

于是，威奇托工厂的这第175架B-29就被命名为"阿诺德将军专机"，它最终在2月28日滑出厂房。阿诺德得到了他想要的175架B-29轰炸机——前提是还需要进一步的改装。

然而，由于缺乏必要的内部设备及材料，只有16架轰炸机具备升空起飞的能力。当时军方对波音公司的产品质量作出了极度悲观的论断，认定当前没有一架B-29满足前线作战的需求！造成当前窘况的主要原因是，应军方要

B–29A 参数	
机长	30.10 米
翼展	43.10 米
机高	8.45 米
起飞重量	63560 公斤
最大平飞速度	641 公里 / 小时
升限	12062 米
航程	6143 公里
最大载弹量	9080 公斤
自卫火力	12.7 毫米机枪 ×10；20 毫米加农炮 ×1
乘员	10 人

求，波音公司将早期出厂的B-29作为训练用机生产，将其改回作战状态需要额外的时间、人力以及设备。祸不单行的是，相关的设备和仪器迟迟不能如数送达，这大大拖慢了波音公司的改装进度。

作为B-29项目最主要的支持者，阿诺德果断采取措施，派遣专人前往堪萨斯，在波音公司的威奇托工厂全权负责B-29的改装和出厂。

改装完成的B-29将进行下一步的测试飞行，通过测试后便可转场至烟山的陆航机场，交由军方下发部队。1944年3月26日，第一架入役的B-29飞离烟山机场，奔赴前线。1944年4月15日，175架次B-29中的最后一架从烟山机场启程，飞往前线。

从美军开始规划利用B-29轰炸日本本土工业区和城市时，首要考虑的就是在什么地方部署这些轰炸机，作战半径能有多大，能覆盖到哪些目标。B-29的作战半径大约是2600公里，因此在考虑部署时就必须要以这个距离来做判断。

如果以中国四川为起点，在地图上以2600公里为半径画个圈，日本最西端的九州岛大部分工业区都会进入这个攻击范围。如果是以太平洋中的塞班岛为起点，九州、四国和本州这些日本最重要的精华区域也都在攻击范围内。相比而言，塞班岛显然比中国内陆机场条件好得多，塞班岛更靠近美国，运输补给线也更直接——而且海运方式无论是效率和运载量都完胜到中国内陆的运输线。

在美军最初的估计中，攻占夺取塞班岛预计会在1946年才能实现。因此，为了尽快实现轰炸日本本土工业区的目标，美国选择了在中国内陆机场部署B-29。这就是著名的“马特豪恩峰”行动。

日军发动太平洋战争之后，一路指向珍珠港，一路指向东南亚。进攻东南亚的日军由泰国北上，于1942年5月攻陷缅甸以及中国云南怒江以西地区，切断了中国最后一条国际交通线——滇缅公路。由于所有的陆路海路通道都已被切断，所有物资的运输都需要通过空运，陆军参谋长乔治·马歇尔将军完全明白此间巨大棘手的补给问题，并担心会影响到欧洲战事。不过罗斯福总统坚持建议派300架B-29轰炸机进驻中国。

随后，阿诺德将军提交了一份将新组建的第58轰炸机联队在1943年底前部署在中缅印战区，并从中国起飞轰炸日本的计划。阿诺德在计划中指出，一旦有足够数量的B-29进行作战，日本的战争工业将遭到毁灭性的打击，并

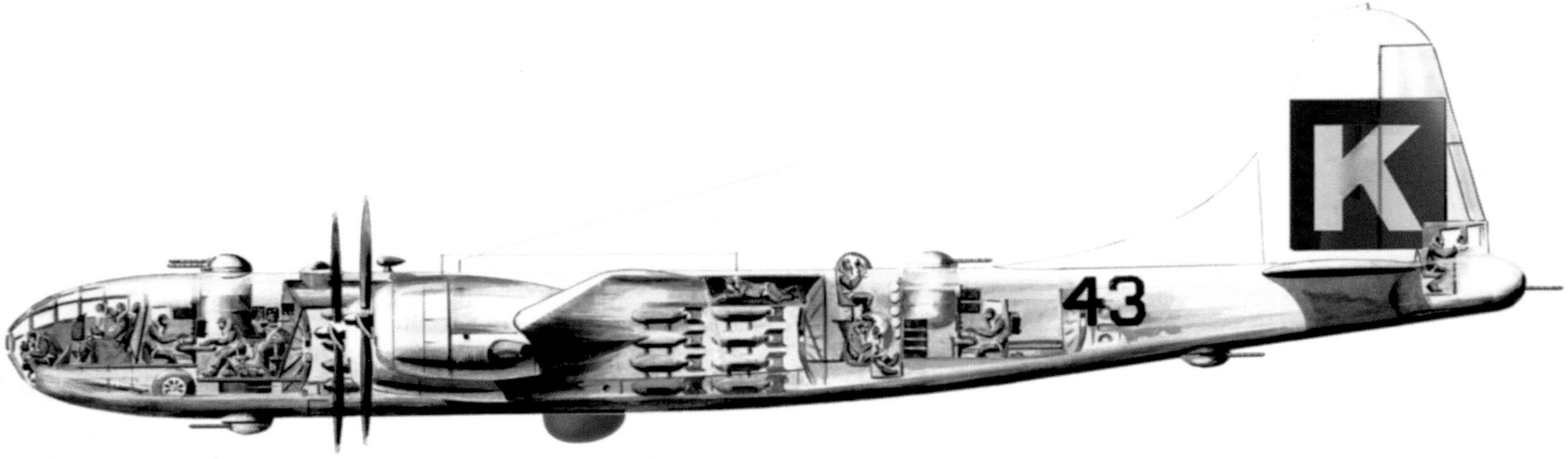

B-29 机舱示意图，可以看到从前到后的两个主要增压座舱，中间连接的增压管道以及下方的炸弹舱。

在6个月内战败。使用B-29后不需要美军从海上登陆日本本土，将大大减少伤亡。阿诺德估计在1945年中期可以击败日本。必须指出的是，阿诺德的这个预计相当准确。

依照阿诺德的计划，B-29部署在成都周围的一系列基地中，燃料、弹药和零配件从印度经驼峰航线空运过来。美军联合计划参谋部和联合后勤委员会都以战略上的不可行为由否决了此计划，但罗斯福总统对此计划仍十分热情，并为此征求蒋介石参谋长史迪威将军的意见。

史迪威指出在中国境内进行所有的B-29行动是不切实际的，补给将非常困难。建议将B-29部署在印度东部，成都只作为备降机场和轰炸日本的中转站，这样无需在中国建造复杂的机场设施，补给问题也变得简单，因为B-29可以自带所需的燃料和炸弹飞往成都。虽然参谋长联席会议仍然质疑修改后的计划，但在总统的坚持下，计划开始启动。

随后，英国同意提供印度加尔各答周围的基地供B-29使用。然而，轰炸机部队抵达印度次大陆之后，饱受热带的酷热、潮湿和闷热的重重折磨。他们更是震惊地发现，新建成的三个印度机场看起来就像是一块平整过的泥土地而已，还有一个机场的滑行跑道居然还是倾斜的！当地的高温气候严重加剧了B-29的散热问题。即便条件恶劣，B-29部队依然紧锣密鼓地为对日轰炸进行准备。

1944年春夏之交，从印度的后方基地开始，第58轰炸机联队的B-29承载着燃油和弹药，飞越危机四伏的喜马拉雅山区——也就是著名的“驼峰航线”前往中国。接下来，另一场特殊的战斗在四川成都打响了，这就是为B-29修筑前线基地的宏大工程。

美国陆航经过长时间的研究，在成都周边一共选择了广汉、邛崃、新津和彭山四个地点，在这里修建支援B-29的前进基地，计划每处基地能容纳支持1个大队B-29的作战。

以当时中国内陆的条件而言，显然在这里部署B-29会面临非常巨大的后勤补给问题，同时也会面临日军地面进攻基地的安全问题。对于前者，参谋长联席会议认为事在人为，补给困难不是不能克服的；而对于后者，则由蒋介石担保提供地面守卫，他承诺至少有十余个步兵师会用于保卫这些重要基地。

按照美军的规范，这四个机场的主跑道尺寸基本要求为长2600米、宽60米、铺设厚度60厘

正在飞越“驼峰航线”的B-29。在没有打通滇缅公路前，大量重要的战略物资是通过这条航线、依靠运输机一架一架地空运进中国内陆的。一共有大约450架各式飞机因为气象因素、机械故障等损失在这条空运线上，因此又称为铝片航线（坠毁飞机的铝制碎片散落在航线上）。

中国民工们正在拉动石磙碾压跑道。图片中这个尺寸的石磙直径约 1.5 米、重 8 吨，仍然需要 50 人一起方能拉动。

建设工地一景，最先进的轰炸机和原始的工具形成鲜明的对比。

米；副跑道长1400米、宽46米。其中，新津机场在完工之后，其规模在当时堪称亚洲第一。

值得一提的是，为了保护这四个机场，在附近的周边地区还要修建另外五个机场供战斗机使用。

对于长期以来一穷二白、几乎毫无重工业基础的半殖民地、半封建国家而言，要在美军规定的时间内修建如此多高规格的机场，绝非易事。为此，国民政府在成都平原周边范围内的29个县发动号召，动员了30余万民众修建机场。

这些朴实传统的老百姓祖祖辈辈都生活在远离现代社会的家乡，他们绝大部分人之前没有见过汽车甚至自行车。工地之上，唯一的现代化工具便是夜间需要通宵加班完成建设时照明的电灯。

为了早日击败日本侵略者，他们毫无怨言，一个个自发地带着行李和口粮来到成都郊外的原野，手持几千年前祖先传下的工具，几乎完全纯手工地完成了机场的修筑工作。

当最先进的“超级空中堡垒”从中国腹地轰鸣起飞，四川民众的辛劳和奉献也终于得到了回报，令中国军民和整个反法西斯联盟得到极大的鼓舞。

空袭八幡

在B-29机群刚刚来到印度时，曾经对东南亚的日军目标进行热身性质的轰炸。不过，这

明治 33 年（1900 年），日本内阁总理大臣伊藤博文视察八幡制铁所的建设工地时的合影。

支全新部队的目标还是日本本土，第20轰炸机司令部指挥官肯尼斯·乌尔夫准将收到了华盛顿的命令，敦促其尽快实施对日本本土的轰炸，吸引日军注意力，配合海军陆战队即将实施的塞班登陆战，同时减轻陈纳德第14航空队的压力。

按照第20轰炸机司令部的计划，乌尔夫抓紧时间修理整补B-29，并向成都基地运输更多的燃料和物资，期望在6月底实施对日轰炸。从成都出发，B-29作战半径之内的日本本土只包括九州的一部。不过这里有日本最重要的钢铁工厂——八幡制铁所。

这座巨型企业于1897年在福冈县八幡村开始动工建设，其建厂资金来自于甲午战争中日本勒索的中国赔款。工业时代，钢铁产业为国家的支柱，因而日本政府对八幡制铁所极度重视，由政府不遗余力地调拨资金和资源建设，由国家管理经营。在制铁所点火前夕，日本皇太子（未来的大正天皇）和首相伊藤博文亲自到厂区视察，激励全厂人员。1901年，八幡制铁所的160吨熔铁炉点火，整个日本举国欢呼。

得到第一次世界大战和日本国内经济发展、对外军事扩张的刺激，八幡制铁所的产量在几十年时间里连番暴增，最后成为日本军国主义侵略战争的主要钢铁供应地，占日本钢铁年产量的约24%。

在这样的背景下，八幡制铁所顺理成章地被列为第20轰炸机司令部的头号目标。美国国内，华盛顿的第20航空队总部决定在6月15日轰炸八幡制铁所，执行任务的B-29将先从印度基地飞到成都基地，在从成都于15日下午4:30起飞，这样抵达日本上空时正好在夜间。

参加轰炸的B-29在6月15日之前全部飞抵成都，每架B-29带来了1800公斤以上的高爆弹。其中第40大队降落在新津机场，第444大队降落在广汉机场，第462大队在邛崃，第468大队在彭山。一共92架B-29从印度出发，最后只有79架飞抵了成都，途中1架因故障而坠毁，其余均为机械问题而提前返航。

任务开始，B-29机群从成都周围基地起飞后，又陆续有6架因为机械故障问题而提前返航，1架B-29坠毁在中国境内。至中国时间晚上11时38分左右，第一架B-29飞临八幡制铁所，并发出无线电信号“贝蒂”，即“已投下炸

第40轰炸机大队第25轰炸机中队的“苍白公主”号B-29从中国机场呼啸升空，其所属部队是1944年6月15日空袭日本的四支大队之一。最后，“苍白公主”号成功地战胜了所有日军拦截机和高射炮火，圆满地履行自己的使命，返回了基地。

弹，云量小于5/10”。

由于B-29从成都起飞后在中国境内飞行时间长，日军有充裕的时间做出提前预警，因此八幡市已经灯火管制，地面上一片漆黑。各个机组在距离目标区大约还有2个小时航程时开始爬升，从2400米一直爬升到6300米。仅有47架轰炸机飞到了预定的目标上空，一共投下了221吨炸弹。其中，32架B-29只能依靠雷达瞄准，只有15架B-29实施了目视瞄准，另有5架B-29未能轰炸目标。这样的轰炸，其效果自然很不理想：命中目标区的炸弹只有1枚，一座发电站被炸毁，八幡制铁所没有受到实质性伤害。小仓兵工厂和其他一些建筑设施受到轻微损伤。

坏天气对轰炸造成的影响超过了日军的抵抗，在漆黑夜间试图穿过9/10密度的云层实施目视瞄准轰炸是一件几乎不可能完成的任务。

对于日军而言，坏天气也同样是个麻烦，日本陆航负责防守的第4航空战队出动了6架Ki-45“屠龙”式双发战斗机进行拦截，其中有一架战斗机的飞行员是樫出勇中尉，一位1938年参战、经历过诺门罕战役的老飞行员。这次截击是樫出勇和B-29的第一次亲密接触，按照他战后的回忆：

我当时在九州岛的工业区上空飞行。单位指挥官发出命令：“敌军战机正在入侵要地，所有小队展开攻击！”与此同时，那个地区的地面探照灯光照亮了天空。

最后，我看到了一架敌军的四引擎轰炸机。我被镇住了！我听说B-29是一架巨大的飞机，但我看到这个对手的时候，它比我想象过的还要大得多。毫无疑问，和B-17相比，B-29是真正的“超级空中堡垒！”

日军的屠龙式战斗机中发现和能接近B-29实施攻击的也很少。当晚，第4战队一共声称击落7架B-29，其中木村贞光军曹声称击落3架，樫出勇声称击落2架。

实际上，只有木村贞光对第468大队第792中队的“敏捷的杜根”号B-29的战果是真实的，他在七月号《航空少年》上描述了当时的情形：

我接近到20至30米以内，忽然间，视野里变成白花花的一片，那是我的瞄准仪里敌机巨大的机身被探照灯照射出的反光。它担心被我撞上，开始爬升。我没有一丝犹豫！我开火射击，我能清楚地看到打中了。它的机头慢慢地掉了下来，开始尾旋。我看到一片尾翼脱落。

其他B-29之上，机组乘员只听到“敏捷的杜根”号机长杜善·伊万诺维奇上尉在机组通话器里大叫“那个畜生要撞上来了”，接下来，该机便接连被木村的20毫米和37毫米炮弹命中，燃烧下坠。这是第一架被击落在日本本土上的B-29。

而相对战果而言，B-29的损失却是巨大的，一共损失7架，除1架被日军击落外，5架

日军Ki-45“屠龙”双发战斗机，高空性能较好，配备20和37毫米的大口径加农炮，是拦截B-29的主力型号之一。

War Theatre #11 (Yawata, Japan) - AERIAL

(over)

Print rec'd Oct 1944 from Publications Section AC/AS Intelligence. Used in Oct 1944 issue of Impact. Copied 10/21/44. ~~Stamped: CONFIDENTIAL W.D. BPR 30 Oct 44 (3)~~. Classification cancelled by W.D. Circular #47, Paragraph 2.

Steel plant

A3132

54287A.C

空袭过后美军对八幡钢铁厂的航拍照片。

B-29因为机械故障而坠毁。还有1架B-29由于发动机故障迫降在成都以北的内乡机场，日军抓住这个机会轰炸内乡机场，并炸毁了这架B-29。

虽然战果轻微，但是这是继杜立特空袭之后美军首次轰炸日本本土，具有历史性意义。因此，无论是陆航的宣传，还是美国国内的媒体，都大张旗鼓地宣称这是一次巨大的胜利。在华盛顿，国会中止办公，向参众两院议员们宣布了这一重大消息。与6月6日盟军在诺曼底登陆的新闻一样，美国各大媒体以头版报道了这一消息。当时在视察诺曼底登陆的阿诺德宣称："这是真正的全球空中战争的开端，B-29是一种极其复杂而拥有最致命打击能力的轰炸机，能够实施迄今最沉重的空中打击。"

美国陆航超重型轰炸机对日本本土的空袭标志着战火已经降临。虽然此前日本经济和国民已经被纳入战时轨道，但是其本土除了杜立特空袭外尚未遭到直接攻击。此次空袭后，日本国民心理上无法避免地产生恐惧的情绪，对战争胜利的信心更加动摇。

对日本军队而言，冲击也是巨大的。日本海军第6航空战队指挥官小福田皓文中佐是这样回忆的："就在那个时刻，B-29出现了……虽然我军航空兵战斗力与日俱增，但是要冒着前所未有猛烈的自卫火力去接近敌机，B-29要比B-17坚固和难对付得多，我国航空工业在发动机技术上与美国完全不能同日而语。"

战时宣传归宣传，不能改变的事实是这次空袭把此前积累在成都周边基地的燃油和弹药储备都消耗一空，需要从印度再飞跃驼峰，一点点运输进中国。因此，当乌尔夫准将接到命令要求继续对日本本土实施轰炸时，他很无可奈何地向阿诺德回复：目前第20轰炸机司令部暂时不能执行任何对日本本土的轰炸任务。阿诺德对此深表不满，国内舆论刚刚大事渲染了B-29对日本轰炸的好消息，现在轰炸机只能趴在后方无所事事，对陆航和其他兄弟军种而言，这无疑是个笑话。虽然，从情理上阿诺德理解乌尔夫所面临的后勤补给窘境，但是他还

1944年8月20日，B-29轰炸机再次飞临八幡制铁所上空，这个有着"日本的底特律"之称的钢铁企业第一次在昼间迎来"超级空中堡垒"的轰炸，注意厂区之内已经是浓烟弥漫。

是认为乌尔夫的执行力和领导力不足。

因此，阿诺德在7月4日颁布命令调乌尔夫回国，被“晋升”为B-29生产和训练的负责人，算是回到了之前工作的岗位上。随后，他的第20轰炸机司令部指挥官职务暂时由第58轰炸机联队指挥官桑德斯准将兼任。

8月20日，第58轰炸机联队指挥官桑德斯准将亲自出马，带领88架B-29再次轰炸八幡制铁所，日军布置在成都周围的间谍和在中国大陆上的雷达照例为日本本土提供了早期预警。轰炸机群还没有抵达九州前，04时30分，日本西部防空指挥部组织起陆军航空兵4个航空战队和海军航空兵2个航空战队，出动了近100架各式战斗机进行拦截。

B-29在6000－7800米高度进入八幡，每架B-29投下了6枚227公斤炸弹。地面高射炮火力很猛烈，至少8架B-29被击伤。B-29脱离了高射炮火力圈后，日军战斗机就开始发动了攻击。樫出勇中尉也参加了截击，他采用迎头攻击的战术攻击第468大队的罗伯特·克林克斯凯尔斯中校驾驶的B-29。值得一提的是，克林克斯凯尔斯以前是麦克阿瑟专机的驾驶员，他驾驶的B-29昵称为“格特鲁德（他母亲的名字）”。此时，B-29刚投完炸弹后在关闭炸弹舱门。樫出勇一直逼近到距离“格特鲁德”很近的距离上才开火，以至于他的僚机德田将广都以为樫出勇是准备去撞击B-29了。密集的机炮炮弹几乎把B-29机头全部击毁，碎片横飞。德田将广跟进的射击又使得B-29左翼中弹受损，整架飞机向左侧螺旋着快速下坠。

这架B-29的残骸碎片四散时击中编号42-6368的B-29，使其受损坠毁。机组中，吉米·怀恩中尉跳伞后逃生，落地后逃入附近山中躲藏，在其后日军追捕他的过程中用手枪与日军对射，最后被击中身亡。

对这一仗，第468轰炸机大队的B-29飞行员博伊斯·安德森少校是这样回忆的：

在中国海域，我们碰上了一队日本军舰，它们冲着我们打上来一大串高射炮火，不过火力太弱了打不到我们……在八幡空域，我们看到一架B-29朝一个小岛栽下去了，注意到有几朵降落伞绽开。看起来也有一架小日本的战斗机坠毁。我们朝着舷窗外张望，看到有两架“托尼（Tony，美军给日军Ki-61‘飞燕’战斗机起的绰号）”在水平稍高一点点的位置，飞起来像飞行学校的新兵蛋子一样。我们的机枪手（冲着它们）开火了，它们毫不犹豫地一个

Ki-61“飞燕”堪称日军拦截B-29的绝对防空主力，但是在此役中表现平平，被评价为“新兵蛋子”。

战争之前，日本政府的宣传海报警示都市和工厂遭受的轰炸。不过他们万万没有想到的是，美军的打击力度将与日俱增，远远不止画中的表现。

滚转，俯冲掠过我们，飞到下面的高射炮阵地躲起来了。

从另外一个方向上，三架B-29在我们下面100英尺（30米）飞过。我们的机枪手报告说看到了炸弹击中并摧毁了目标区域的储油罐和其他设施。在我们进入投弹航路的时候，高射炮火一路咬着我们在打。飞机的周围像是围上了一圈蓬蓬裙一样，不过没有一发炮弹打中我们。投弹手在忙着调校他的瞄准仪（控制投弹航线），但这时候出现了两架日本战斗机，看起来像是要攻击我们，于是副驾驶就把飞机控制权切换回去了。

我们转弯离开目标区，然后那些战斗机出现了，就像一株株圣诞树一样，点点灯光闪耀，朝我们扑来。两架“尼克（Nick，美军给日军Ki-45战斗机起的绰号）”冲着其他的B-29俯冲过去，尾枪手朝着它们打了几梭子，子弹穿到它们的队列里头，把它们赶跑了。很快又有一架出现，我们的中央火控机枪手把它揍了一顿。一架“东条（Tojo，美军给日军Ki-44“钟馗”战斗机起的绰号）”从编队的正下方对头穿过，不过没有开火。然后，莫雷西冲着投弹手史蒂隆斯嚷了起来：“干掉那架‘尼克’！”那架日本战斗机从下面出现，距离太近了让我们感到不安全。左侧机枪手同样也回应了这个呼叫，倾泻出他的子弹，并在它呼啸而过之后说：“那些‘尼克’快得要命，爬升起来简直快得不行。”

1944 年 8 月 20 日，昼间空袭八幡制铁所，B-29 机组乘员拍下了炸弹落下，厂区硝烟滚滚的现场照片。

越来越多的敌机杀过来了。史蒂隆斯站在机头，往下射击一架“奥斯卡（Oscar，美军给日军Ki-43“隼”战斗机起的绰号）”和一对进攻的“尼克”。他打中了一架。它们从每个方向飞过来，一架“奥斯卡”很笨拙地冲着我们飞过来，一个机枪手冲着它打了一梭子，但距离太远没有打到。在它下面，一架“尼克”从10点钟方向飞过来了，我们看到弹道射进了它的机身里头。“尼克”和“托尼”机群在旁边游荡，一有机会就给我们打个短点射。一架“尼克”跟着我们飞了好久，不过我们时不时地给它一梭子，把它赶在危险距离之外。当我们飞离目标区30英里（50公里）的时候，我们开始放松下来。这时候，孤零零的一架战斗机从太阳的方向朝着我们直冲过来，它飞得真是够近的，但没有造成什么伤害。

我们离开编队已经大半个小时，穿越一片凶猛的雷雨云，开始返航了……

在这场九州岛上空6公里高度进行的截击战中，B-29的机枪手们声称击落17架日军战斗机，而日军战斗机声称击落了12架B-29。实际上，美军总共损失了14架B-29：第40大队4架、第444大队3架、第462大队3架、第468大队4架。其中，仅有4架被击落（其中高射炮击落1架），1架被击落B-29的残骸撞击而坠毁，因机械故障问题而9架损失，合计战损率高达22%。在战果方面，71架轰炸机对目标投下的96吨炸弹，只炸毁了两处炼焦炉，可以说收效甚微。

除了高昂的战损，第468大队的罗伯特·克林克斯凯尔斯中校、第462大队的理查德·卡迈克尔中校也随座机被击落，高级别指挥官的损失也给B-29部队的士气雪上加霜。不过，对于B-29部队而言，庞大的战争机器才刚刚开始转动，他们将给与日本侵略者更致命的打击……

空袭鞍山

接下来，B-29部队的下一个目标是日本傀儡政权“满洲国”境内的鞍山。

自从日俄战争以日本一方的胜利为结束后，日本侵略者便大踏步开进中国东北，获得旅顺、大连租借权和东清铁路南满洲支路的修筑和经营权。为进一步掠夺中国资源，日本政府在大连设立“南满洲铁道株式会社”，秘密在东北境内探寻矿藏。日本人发现鞍山地区煤矿、铁矿资源丰富，是开矿建厂的良好场地，便在1919年设立鞍山制铁所，由满铁全额出资。

九一八事变以后，日本政府在鞍山制铁所的基础上兴建了制钢厂和轧材厂，形成一个巨大的钢铁联合企业，这就是著名的昭和制钢所。

到1943年，昭和制钢所的产量达到历史最高点，生产规模仅次于日本九州的八幡制铁所。

在完成两次对日本的战略轰炸之后，7月29日，96架B-29从成都基地起飞升空，朝着鞍山方向开始往返航程超过4000公里的漫长征途。

起飞后不久，第468轰炸机大队的“汉密尔顿小姐”号B-29的一台发动机发生故障，飞行高度下降到4500米，飞行员决定转而轰炸后备目标——京汉铁路上的交通枢纽郑州火车站。在郑州空域，5架日军战斗机起飞升空拦截，美军机组乘员惊讶地发现敌军竟然包括一架喷涂有青天白日徽记的P-40战斗机！围攻之下，“汉密尔顿小姐”号的又一台发动机被击毁，最后坠落在河南境内，大部分跳伞的机组乘员辗转多日回到成都。

由于机械故障和人为失误，最后只有75架轰炸机顺利抵达鞍山空域。当地天气晴朗，视野良好，对轰炸非常有利。这时，美军飞行员发现远处有单引擎战斗机出现——“满洲国”飞行队的Ki-44战斗机。在6000米以上的高度，敌方的拦截力量显得非常吃力，竭力打出几发37毫米炮弹之后被B-29甩掉。目标区上空，B-29几乎没有遭遇像样的拦截。只有一架轰炸机由于机械故障，返航时坠毁四川。另外，“张牙舞爪”号B-29出现机械故障，被迫向北飞行、降落在苏联境内。这架“超级空中堡垒”及其以后迫降在苏联境内的B-29，都成了苏联仿制生产Tu-4轰炸机的母版。

7月29日的空袭摧毁了昭和制钢所的两座炼焦炉和大量高炉附属设施，炸死炸伤近400人。

日本军国主义掠夺中国资源建设而起的鞍山制铁所，是东北地区举足轻重的重工业企业，很快发展成在日本的工业体系中占据相当地位的昭和制钢所。

1944 年 7 月 29 日，在空袭鞍山的战略轰炸任务中。伪满军战斗机起飞升空拦截，注意画面左上方，一架单引擎战斗机正在转弯，但没有靠近美军编队。战斗过后，美军报告称“敌军战斗机表现一般，我方损失极为轻微”。

从7月到9月，第20航空队继续对鞍山地区发动多次轰炸任务，炸毁大量设施，炸死炸伤多人。结果，在1944年秋天过后，昭和制钢所及其钢铁生产企业陷入了死气沉沉的瘫痪状态。

接下来，第20轰炸机司令部迎来了乌尔夫的继任者——寇蒂斯·李梅少将，作为阿诺德心腹爱将之一，他当时刚从英格兰返回美国。李梅当时只有38岁，是陆军中最年轻的少将。由于在欧洲担任B-17指挥官战功卓著，李梅有很好的声望，是具有巴顿式的强硬和领导能力的指挥官。作为乌尔夫多年的老熟人，阿诺德对乌尔夫的待遇也让李梅感到不满意。多年后他曾表示过：阿诺德就是B-29项目麻烦的来源之一，乌尔夫接手的是一项不可能达成的任务，迁怒于他是不公平的。

与乌尔夫这位文职出身的“办公室将军”所不同的是，李梅是一个一线飞行员，矮壮结实、性格直率、冷静坚毅。也正因为此，李梅在面临以前同僚们所面临过和未曾面临过的困难时，能够以更坚韧的心态去应对。

作为在战争期间晋升速度最快的陆航军官，李梅深知只有拿出能让阿诺德满意的战绩表现才是最重要的。因此，他对于任何能够改善和提高战斗能力的建议都来者不拒，这也是李梅成功的根本原因：他是一个能解决问题实现结果的人，因此他可以去修改需要改变的规则，而不是拘泥于其中。

阿诺德也把李梅视为能够挑重担去解决麻

一架B-29在昭和制钢所上空投下炸弹，此时的鞍山空域能见度良好，对投弹手瞄准极为有利。照片发表时，标题为“超级空中堡垒在日占领土上的首批留影”。

表情凶狠的大烟鬼，这就是李梅的招牌形象。

烦的人。最初，在知道自己要被派遣到中缅印战区时，李梅以为要去那里指挥战术部队而表示不愿意；当知道任务是指挥B-29部队后，李梅欣然表示愿意前往。作为一个飞行老手，李梅的信条是："如果我要去指挥某种（对我来说是困难的）飞机组成的部队，那么我首先就要成为能驾驶那种飞机的老手。"不过，即使是李梅这样飞行经验丰富的老飞行员，掌握驾驶B-29的技术也颇费了一番时间。

8月28日，第20航空队首任总参谋长海伍德·汉赛尔少将被任命为新组建的第21轰炸机司令部指挥官。8月29日，李梅正式接任第20轰炸机司令部指挥官一职。两位陆航将领正式登场指挥B-29的一线作战，但他们今后的军旅生涯则是迥然不同的两条道路……

空袭大村

新官上任三把火。在对第20轰炸机司令部各单位进行走访和视察后，李梅对他所看到的景象很不满意，包括训练水平不高的机组成员、不合适的战斗编队队形、低下的瞄准精确度等等。

接手以后，李梅以其雷厉风行的指挥风格开始对第20轰炸机司令部进行改造、大幅度强化训练。

在诸多措施的努力之下，B-29的飞行表现开始改善，燃料管理、弹药装载配置等都得到了改善，在有经验机组的引导下，轰炸精确度也得到稳步提高。在四个月时间里，李梅将第20轰炸机司令部的月出击数量提高了两倍、提前返航率降低、投中主要目标的炸弹量提高了300%、投中目标区的炸弹量提高了250%。

接下来，第20轰炸机司令部瞄准了日本九州的港口城市大村。大村处在两个良港——长崎和佐世保之间，交通便利。日本政府开始扩军备战后，陆续有陆军、海军航空队、海军航空厂进驻。在大村境内，主要的军工企业包括日本海军空技厂第21分厂，主要生产的是若干型号的水上飞机和发动机类设备。在中国出发的B-29作战半径之内，大村是一个比较合适的选择。

10月25日，B-29部队开始对大村进行空袭。但是，任务一开始就出师不利，第40大队的1架B-29在起飞时坠毁，机组人员全部身亡。其余77架起飞的B-29中，59架找到了主要目标，轰炸效果远好于7月份的那次轰炸。其中主要原因是李梅改变了装载弹药的结构，采用每两枚高爆炸弹加一枚燃烧弹的组合方法，提高了对地面目标的毁伤效果。

在返航途中，第40轰炸机大队的“无限20世纪”号B-29油箱被击破，燃油泄漏导致无法返回到成都基地。无奈之下，驾驶员莱德福特上尉只能命令机组成员们准备弃机跳伞，重伤的机械师亨利·米勒被战友们用毯子包裹好，然后系上开伞绳推出了飞机，接着机组成员一个接一个陆续跳伞。莱德福特上尉落在一片水稻田中，附近赶来的中国村民把他送到附近一个挪威传教士那里，传教士又把他辗转送到附近的中国军队驻地。在那里，莱德福特上尉和其他机组人员会合了。不幸的是，亨利·米勒最后还是伤重不治而亡。

在回到第58联队以后，莱德福特上尉机组继续投入对日轰炸战役，他们给新分配来的B-29命名为“亨利·米勒”号，以纪念阵亡的战友。

11月11日，在这个第一次世界大战结束26年后的日子，近100架B-29从成都基地起飞，再次轰炸大村。但是，轰炸机飞临日本上空时发现天气状况太恶劣，几乎不能看到地面。于是美军决定取消这次轰炸行动。不过，有29架轰炸机没有收到取消行动的电文，继续实施了雷达瞄准轰炸，轰炸效果自然也就十分微小。另外有超过40架轰炸机改变目标轰炸了南京和在中国大陆上的其他日军目标，战果也几乎是忽略不计。4架B-29被击落或因故障坠毁。

11月21日，第17次轰炸行动是第20轰炸机司令部出动最大规模的战斗：109架B-29前往轰炸大村，其中61架找到了主要目标，投下了近200吨炸弹。

战斗结束后，各个机组的自卫炮手们声称合计击落27架日本战斗机，当然这个数字相当不准确。对应的B-29损失也是巨大的：2架B-29在起飞时相撞，除一人幸免外其余全部身亡。此外，还有两架B-29在降落时坠毁，另有1架B-29飞往苏联被扣留。

在完成轰炸返航时，第462大队的理查德·麦克米兰上尉的座机被一架日军战斗机拦截击成重伤，两台发动机停车，而且燃起大火。无奈之下，麦克米兰上尉拼命稳住飞机，让其他机组成员们跳伞弃机。四名机组成员跳伞后，中部机枪手发现自己的降落伞包被碎片击中损坏，又找不到备用的降落伞，于是，剩余机组成员决定留下陪伴机枪手，争取迫降。经过努力，受损的B-29在平汉铁路附近的一处空地上迫降成功，但是赶来的日军在飞机迫降前后朝着B-29猛烈开火，麦克米兰上尉等三人被击中阵亡，其余人员被俘，当时重伤的副驾驶员弗农·薛福中尉被日军以为已经阵亡，丢弃在战俘营里一个肮脏的土坑里而不管了。但神奇的是，薛福中尉居然还逐渐康复而幸存了下来。

此外，飞行机械师、雷达操作员和尾部机枪手被日军抓获，在公开场合下被残暴虐待以威慑被占区的中国人。其后，他们被日军秘密处死，尸体火化后销毁，随后遗骸被丢弃到汉口附近的一处湖泊里。中国人民冒险收殓了部分遗骸，并悄悄安葬。其间，4名成功跳伞的美军机组成员落地后被共产党敌后游击队营救，并转移回到成都。

12月19日，36架B-29起飞轰炸大村的海军飞机制造厂。由于目标区上空天气状况不佳，

空袭大村之前的航空侦察照片。

B-29 在大村上空投下炸弹，从照片上来看弹着点相当密集。

轰炸过后的大村，航拍照片已经调整至同一角度以方便对比。可以看到大量建筑已经被摧毁。

只有大约17架B-29找到和轰炸了主目标。13架B-29迷航，转而轰炸了上海的日军目标。任务中有3架B-29损失：两架因为机械故障而在中国大陆上坠毁，所幸机组人员得到救援。1架第468大队的B-29在沈阳附近被日军战斗机撞击后坠毁，机组成员全部阵亡。

到1944年底，由于机械事故、日军的防空火力，以及战斗机攻击等原因，从成都前进基地起飞的B-29中损失已达147架。1944年后期，使用中国基地对日轰炸所需人力物力代价已显得极为高昂。

另一方面，马里亚纳群岛的占领，使得以中国为基地的轰炸行动立即成为可放弃的对象。在太平洋上，岛屿基地不用担心基地安全问题，除了少数日军轰炸机的偷袭外，日军地面部队完全不可能构成威胁。此外，岛屿基地又能依托海军大吨位的运输船队来建立畅顺的补给运输线，集中所有B-29到马里亚纳群岛显然就是最佳选择。最重要的一点是，从马里亚纳群岛起飞的B-29能把日本本土主要的城市和工业区都纳入攻击范围，而从成都起飞的话只能攻击到九州的一部分。

12月，参谋长联席会议决定逐步中止马特豪恩峰行动，第58联队将转移到新夺取的马里亚纳群岛日军基地中，加入汉赛尔的第21轰炸机司令部。1945年1月15日，第58联队从中国起飞执行了最后一次任务，目标是台湾。随后，第58联队全部撤回到印度的基地，随后转移到马里亚纳。

从中国基地开展对日轰炸以来，第20轰炸机司令部使用B-29共进行了3058架次的出击，执行了49次任务，只投下了10000吨炸弹，其中轰炸日本本土9次。该部队战果的确相当不理想，总计损失了125架B-29，其中被日军击落的仅为29架。

另一方面，在印度修建5个基地花费了大约1500万美元，在中国修建的8个基地动用了超过37.5万中国劳工，总花费也接近1.5亿美元。再加上在锡兰（今斯里兰卡）修建的1个机场，6个月里总计14个机场就花费了近2亿美金，相当于曼哈顿工程研发原子弹的1/10开销。

尽管马特豪恩峰行动耗费了大量的人力物力，对日本只造成了一些无关紧要的损失，但这是日本本土战争机器走向毁灭的前兆，心理上造成的打击远胜于2年前的杜立特空袭。

在战后的回顾中，马特豪恩峰行动被认为是失败的。但马特豪恩峰行动积累了有价值的经验，为日后马里亚纳更好地使用B-29打下了良好的基础。

此外，耗费如此巨大的人力和物力来支持B-29从中国基地起飞轰炸日本，也展示了美军强大的实力以及对中国抗战的支持，这大大鼓舞了中国军民的士气。

四、马里亚纳群岛的来客

1944年，尼米兹在中太平洋展开攻势，麦克阿瑟自澳大利亚向印度尼西亚、菲律宾发动跳岛作战。两条战线都已迅速接近日本的所谓绝对国防圈，日军节节败退，美军势不可挡。

6月15日，美军登陆塞班岛，7月21日，美军登陆关岛，24日登陆提尼安岛。至8月中，这三个岛屿上日本守军有组织的抵抗都被粉碎。

对于马里亚纳群岛的丢失，日军第25航空战队参谋、未来的历史学家奥宫正武在他的回忆中写道："马里亚纳群岛的丢失将会是美军击败日本的基础一步，一旦美军占领了这个群岛，就意味着日本本土完全暴露在美国新锐B-29轰炸机的攻击范围内，从而导致日本本土的生产能力被摧毁。"

1944年6月18日，塞班岛。美军运输船正在强大海空部队的掩护下输送登陆部队以及设备，一天之后，著名的"马里亚纳猎火鸡"爆发，日本海军航空兵遭到沉重打击。这个夏天过后，日军的"绝对国防圈"已是形同虚设。

要把一片狼藉和废墟的塞班岛变成一个能驻扎和维护保养大群B-29重轰炸机的基地，其难度自然可想而知。就在陆战队登陆塞班岛6天以后，双方还在激烈交战时，陆航建筑工兵营就开始往岛上运输修筑机场的机械设备和工具。随即，5个陆航建筑工兵营开始在原日军修建的阿斯里托机场上进行施工。此时，岛上战斗还在进行，炮弹和子弹还不时地飞进施工工地。借助机械化的威力，工兵营在24小时内填平了大约600个弹坑，机场能够开始供战斗机和中型以下轰炸机起降。接着，工兵们开始扩建延长机场跑道，以迎接未来要进驻的B-29。为了纪念"列克星敦"号航母舰载机VT-16TBF中队指挥官罗伯特·埃斯利（1944年6月13日在轰炸塞班岛日军工事时被高射炮火击中，在机场跑道南端坠毁阵亡），这个机场建成后命名为埃斯利机场。

7月9日，塞班岛上日军的有组织抵抗结束，美军地面部队完全占领了这个小岛。由此，岛上的机场建设迎来了热火朝天的全面施工阶段。在7月和8月里，尽管热带风暴、硫黄岛方向日军轰炸机的零星空袭和岛上的残兵带来了很大麻烦，所有的建筑工兵以极大的热情几乎24小时不停歇地施工。美国大兵们用推土机逐个推平了一些珊瑚礁小山坡，大约100辆4吨级的卡车运来数以吨计的沙石以填平地面，碾平后铺上钢板，修筑跑道。

为了满足B-29起降和作战需要，工兵们迅速修建出4个大型机场，每条起飞跑道宽60米、长2550米，工程还包括修建10公里长的滑行道和200个飞机停放点。此外，还需要修建另外2个规模小些的机场，以容纳B-24和其他型号的

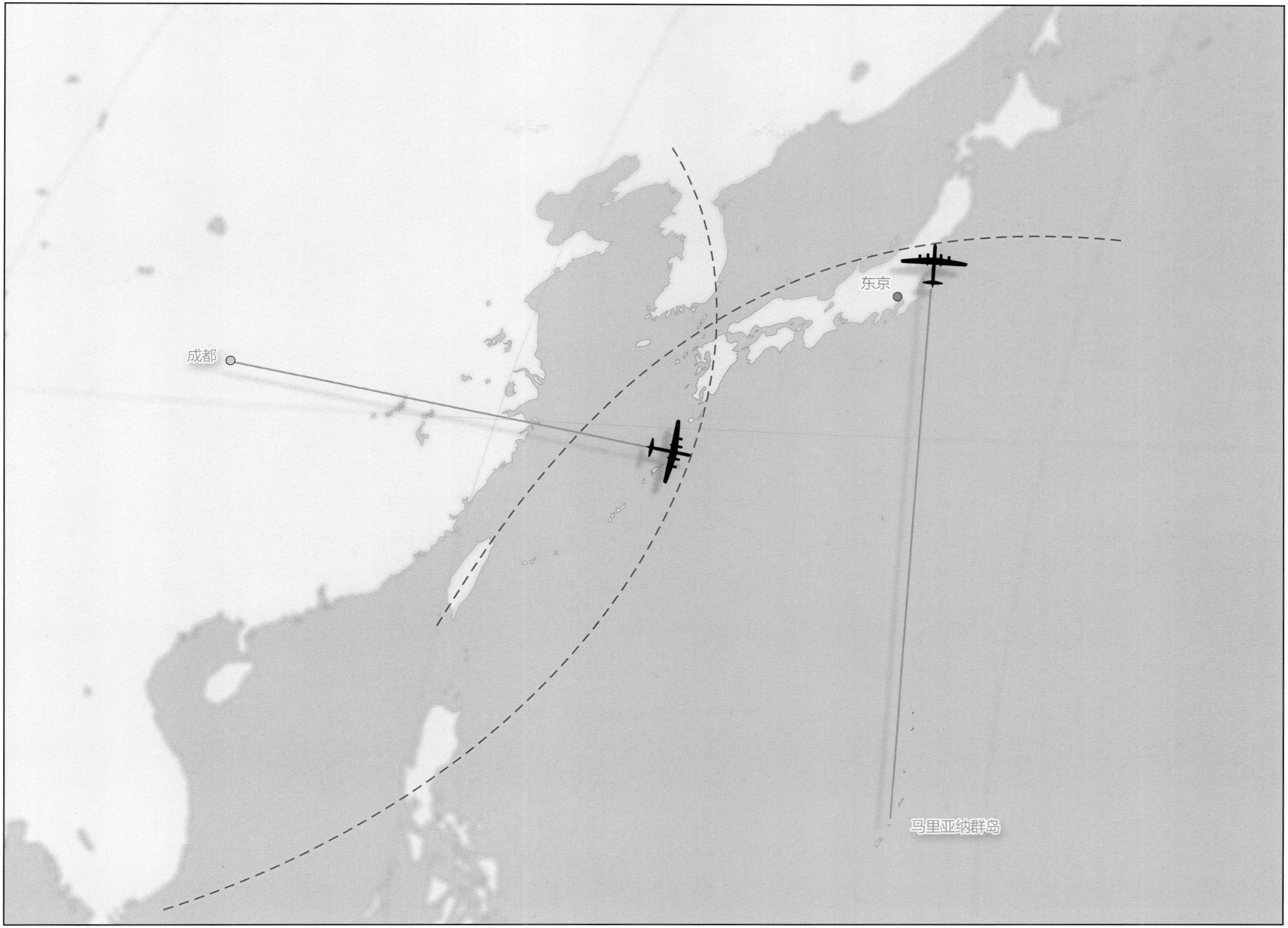

从成都起飞，B-29 的作战半径只能企及九州西部；从马里亚纳群岛起飞，则能够将日本沿海的大部分重要工业城市纳入作战半径之中。加之美国控制太平洋，补给方便，马里亚纳群岛的基地便具备得天独厚的优势。随着轰炸日本任务的展开，成都的第 20 轰炸机司令部也逐渐转场至马里亚纳群岛。

大量先进工具从大洋彼岸运抵马里亚纳群岛，美军将这些昔日荒芜的岛屿转变成了一个巨大的工地，以日本人不敢想像的速度建成了三个规模庞大的B-29基地。注意画面下方堆积如山的油桶，它们是工程团队能量的来源。

气势恢宏的沥青炉，每天可以生产700吨沥青。

轰炸机。配套的设施则包括所有交通道路和标志、可存放40000加仑的储油场、维修车间、飞行机组和地勤人员的宿舍等等辅助建筑。

塞班岛的机场修建时，工程兵用爆破和推土机夷平了两个珊瑚礁山头，移除的土方用了100辆次装卸车才运走，平均每辆车的装载量为4吨。在此基础上，美军修筑出了太平洋上最长的机场跑道。

在建造机场时，沥青是铺设跑道的重要成分。尽管在战前美国国内的专家们普遍意见都是沥青不能在赤道气候条件下使用，不过陆航建筑工兵和“海蜂”都在马里亚纳群岛上大量使用沥青来铺设跑道，依靠岛上的一个自制沥青炉，最高峰时一天可以提供700吨液态沥青供铺设所用。

相比塞班而言，关岛的工程量更大。在8月10日宣布肃清日军有组织抵抗后，关岛北机场和西北机场进入修建工程期。至1945年1月，北机场完工，4月，西北机场完工。此外，还有一处专门用于维修和保养用的机场。

关岛上的生活条件并不比塞班舒适，这里的海岸线大都是岩壁，只有图蒙湾这一块景色还算优美的沙滩，美国大兵们还利用废弃的飞机副油箱加工成单人艇划船去钓鱼。不过在炙热的热带阳光之下，大兵们每隔20分钟左右就要跳到海里去躲避一阵，以免造成晒伤。

依托美军强大的机械化能力，大批的半圆拱形活动房屋建筑起来以后，居住条件还是得到了很大改善。

在基地里的居民之间，酒才是真正的硬通货，尤其是威士忌。特别是刚从国内或者夏威夷过来的军舰上，水兵们或者舰载机飞行员都会偷偷地带一些酒来贩卖，一瓶黑标威士忌可以卖到40美元一瓶。当时，“企业”号航空母舰上的飞行员最擅长做这个生意，不愧“企业”号的大名。

如果提尼安岛没有成为美国陆航的基地，这个马里亚纳群岛的第三大岛恐怕始终是太平洋诸多岛屿中籍籍无名的一个罢了。但是，在被美军攻占以后，提尼安岛修建了6条巨型跑道，成为地球上最大的航空兵基地。

提尼安岛机场修建工程量之巨大，可以用直观的数字来表述：110亿立方码土方开挖和填埋量，运载土方的装卸卡车车次依次排列起来

美国建筑工兵的两名黑人士兵正在一起驾驶压路机平整跑道。

从高空拍摄已经完工的塞班岛基地，从图片中可以看出每一条跑道及滑行道的尺寸都相当惊人，宽度120—150米，可毫不费力地容纳三排当时世界上最大的轰炸机。跑道四周，每一架B-29都停在设施完善的停机位当中，得到妥善的保养。

照片拍摄于塞班岛基地，这一片连绵不绝的帐篷便是机组、地勤人员和美军士兵的临时宿舍。虽然靠近海边，而且轻便凉爽，但帐篷遮风避雨的功能毕竟有限。在太平洋地区的台风来临之时，帐篷地带便会变成充斥着泥浆的汪洋大海。随着时间的推移，机场设施日益完善，人员开始转移至正式营房中。

足有1500公里长；平均每天消耗12吨炸药、爆破5000次；总工程量相当于建筑3个顽石坝（美国科罗拉多河上的大坝，高221米，坝顶长约360米）。

不过，在马里亚纳群岛上修筑机场并不是平整一条又长又宽的沥青路面就完工大吉的。热带气候下，暴雨随时降至，排水工程至关重要。因而，跑道表面的倾斜度是经过工程师精心计算后设置的，以一条宽150米的跑道为例，其中间要比两侧高出1.2米，在跑道两侧是排水沟。

在海陆两军建筑工兵的奋战之下，机场的建筑进度大部分如期完成。三个小岛上，“海蜂”们一共修筑了6条B-29跑道，总面积约770平方公里。1944年8月，马里亚纳群岛三个岛屿上的各个机场驻扎了999架各型作战飞机。到1945年7月时，这个数字上升到3000架。1945年8月15日，日本投降时，在马里亚纳群岛和硫黄岛上一共有1437架B-29和42架F-13（B-29的侦察型）。

尽管工兵们拼尽全力，但是工程进度还是没有赶上第21轰炸机司令部指挥官海伍德·汉赛尔少将的计划。1944年10月12日，在两架P-47战斗机的护航下，汉赛尔亲自驾驶一架被命名为“太平洋先锋号”的B-29在塞班岛的埃斯利机场上降落，这也是第21轰炸机司令部抵达马里亚纳群岛基地的第一架B-29。一方面，这体现了汉赛尔身先士卒的领导精神，另一方面也反映出汉赛尔在来自华盛顿的压力下，急于促使他指挥下的B-29部队能早日有所表现。

B-29重轰炸机群大批进驻，随之而来的机组成员和地勤辅助人员把太平洋上这一座座岛屿变成了一个个新兴的都市。推土机几乎改变了整个岛屿的地理面貌，大片的树林乃至整座山丘都被推平，原有的地标几乎荡然无存，四通八达的道路如同蜘蛛网。由于基建工程规模太大，道路标志牌根本来不及随之安置，因此到了晚间，美军士兵们如果进入不熟悉的区域常常会迷路。

马里亚纳群岛位于赤道15度内，经常遭遇突如其来的倾盆暴雨，有时一天还会来几次，配合炎热的气温，整个群岛始终给人大型桑拿浴室的感觉。加上登革热的流行，经常有人病倒。以至于很多老兵在几十年后回忆起当年的经历都还是咬牙切齿的。

对于塞班岛上的美军而言，自然条件之外

马里亚纳群岛的三个巨型B-29基地之上，一开始所有设施均因陋就简。例如，这个做礼拜用的教堂便是一个四面通风的大帐篷，在中间，128个空弹药箱搭建成一排排座椅。每次布道，大批美军蜂拥而至，没有位置的美军士兵只能站在帐篷外能看到牧师的位置。

还有其他敌人，那就是残存的日军。据情报部门估计，日军数量可能有近千人，他们三五成群地躲藏在山区的树林和洞穴中，甚至包括一些被击毁的坦克或者其他车辆的残骸里。白天，日军潜伏不动，晚上就出来袭击落单的美军或者是抢夺物资。一些精神濒临崩溃或者是极度绝望的日军就像月圆之夜嚎叫的狼人一般，在美军的营地附近发出悲鸣。

不过，日军残兵总还是有威胁的，即使是战争结束后，夜间外出也不是一件多么安全的事情。埃斯利机场的卫兵们就曾经设立过一个专门猎杀日军残兵的陷阱：把一辆单独的运输车停放在距离机场大约1.5公里外，伪装成故障不能启动的样子。在运输车周围隐蔽安排了伏兵，等到日军残兵被吸引过来后就施放照明弹突然开火。以这样的布置，美军先后击毙了近70名日军。

有时，还有些疯狂的日军士兵揣着手榴弹潜到机场跑道附近，然后试图冲上跑道，与正在滑跑起飞的B-29同归于尽。不过这种行为毫无希望：每次起飞前，卫兵们驾驶着装备机枪的中型吉普车沿着跑道来回巡逻，稍有异动就猛烈射击。由于塞班岛是个面积较大的岛屿，在清剿完有组织的残余抵抗后，总能剩下相当数量的日军残兵在雨林和山洞里苟延残喘。其中最著名的残兵当属大场大尉，此人在1945年12月才投降。

从美军夺取马里亚纳群岛之后，日军一直

随着时间的推移，B-29基地的功能逐渐完善。各种生活设施丰富起来，酒吧就是非常受美军官兵们欢迎的休闲场所。一天的战斗和工作结束以后，官兵们可以到这里，享受清凉可口的啤酒。注意墙上和柜台上张贴的广告女郎招贴画，这是美国基地的传统格调。

战争前，表现东京风光的明信片。从图中可以看出，东京已经是相当繁华的一个都市，西式高层建筑、有轨电车、路灯一应俱全。虽然杜立特空袭对日本军民造成巨大的心理阴影，但实际上仍不足以影响这座繁华都市的日常运作。

以零星的空袭来反击，但完全不足以影响到机场的建设以及B-29部队的成军。

随着时间的推移，进驻塞班、关岛和提尼安岛的B-29兵力越来越雄厚，不过这些机组也都还没有什么实战经验，属于菜鸟级别。于是，第21轰炸机司令部最开始给这些轰炸机机组分配轰炸周边岛屿的一些任务作为实战训练，一方面加强机组内配合和实战水平，另一方面也顺便压制和瘫痪盘踞在特鲁克和硫黄岛的日军航空兵。

通往东京之路

一切准备完备之后，日本本土最大的岛、也是最主要的军事工业集中地——本州已经进入B-29的攻击范围，对轰炸目标的选择也就随之成为第21轰炸机司令部，乃至第20航空队和参谋长联席会议的重要议题了。

对于第21轰炸机司令部参谋军官们而言，东京是个必选目标，除了东京本身就是个重要的军事工业生产城市外，轰炸日本首都也是心理上的一个好选项。轰炸日本战争机器的核心这一行动，无疑对B-29机组、其他美军以及同盟国国民心理上带来极大的鼓舞，而且也会沉重打击日本国民的战争信心。

当然，轰炸日本的主要目标还是针对日本的航空工业，1944年日本各航空制造公司一共生产了28180架各型飞机，其中主要是由三菱、中岛、川崎和立川这四家工业联合体完成的，它们的产量加起来超过67%。此外三菱、中岛和川崎还生产了日本80%份额以上的航空发动机。这些庞大的军事工业联合体集中分布在东京、名古屋和大阪这一带。

第21轰炸机司令部排列的攻击目标清单中，最主要的是摧毁日本航空发动机和飞机制造厂，以及大修和维修工厂，排列如下：

1.主要的航空发动机制造厂：

1）三菱重工名古屋发动机工厂

2）中岛飞行机株式会社武藏野制作所

3）川崎重工明石制作所

4）中岛飞行机株式会社田町制作所

2.主要的飞机装配组装厂

1）中岛飞行机株式会社太田制作所

2）中岛飞行机株式会社各务原制作所

3）中岛飞行机株式会社

4）三菱重工名古屋工厂

5）爱知时计电机名古屋工厂

作为目标第二位的区域轰炸，B-29将依靠雷达瞄准日本主要港口和城市实施轰炸，港口目标主要包括大阪、名古屋、东京、川崎、横滨、下关、吴市、广岛、神户、长崎、佐世保和横须贺，城市目标主要包括广岛、吴市、新潟、八幡、户畑、若松、久留米、黑崎、小仓、福冈、长崎、大牟田、门司和延冈。

目标选定之后，就需要详细了解目标区域的详情，以便能实施针对性的攻击。因此，第20轰炸机司令部早早就从中国的基地派出F-13侦察机执行航拍侦察任务。但是从成都基地起飞的B-29航程有限，不能覆盖到所有目标。因此，在夺取了马里亚纳群岛之后，第21轰炸机司令部很快开始部署B-29侦察型，开始对选定目标实施侦察。

10月30日，两架F-13侦察机经历了33小时飞行后，从美国加利福尼亚飞抵关岛。在经过短暂休整后，11月1日，其中一架绰号为“东京玫瑰”的F-13，在机长斯特克雷上尉的驾驶下前往日本，中午时分以9800米高度飞过东京。

地面上，东京居民涌上街头，惊恐万分地端详头顶上接近十公里高度这架傲然不群的巨型轰炸机。这是他们第一次看到B-29，也是第一次看到能够飞这么高的现代化飞机。流线光顺的轮廓深深地印在日本人的脑海里，这将在未来几个月之后一再重现，成为他们一生中挥之不去的梦魇。

当天天气晴好，斯特克雷上尉驾机沿着东京湾在横滨至东京一线拍摄下超过7000张清晰的照片，这也是美国陆航第一次能够仔细观察到此前一直隐藏在迷雾之下的日本航空工业区。

如入无人之境的侦察机激怒了日本战斗机飞行员，在东京西北的成增机场驻扎有陆军的第47飞行战队，这支成立于1942年的老牌“精英部队”立刻在13:00出动所有堪用的战机升空拦截。该部装备的中岛Ki-44“钟馗”以速度快、爬升强著称，几年以来在东南亚战区堪称战功累累。

不过，在8月20日这天，日本飞行员们发现自己的战机不适合在B-29侦察机的高度飞行，由于翼载荷过高，在接近10公里的高空中只要稍稍进行转弯机动，飞行高度就会骤降数百米之多。

有几架Ki-44勉强爬升到9000至9500米左右的高度，却只能眼睁睁地看着眼前的这架巨型飞机毫不费力地越飞越远。在F-13下方1000米，有几架Ki-44猛烈拉起机头进行急跃升，抓住对准目标稍纵即逝的几秒钟开火射击。

不过，在高空中日本战斗机操纵极其困难、几乎无法进行精确的瞄准，这些攻击全然没有命中。据统计，大约100架日军战斗机在这架侦察机进出日本上空时实施了拦截，但完全无法阻止斯特克雷将宝贵的航拍照片带回马里亚纳群岛。

这架“东京玫瑰”号F-13侦察机开创了历史——有史以来，敌方巨型战略轰炸机第一次飞临东京上空，而且与两年前的杜立特空袭不一样的是，它完全如入无人之境。

奥宫正武在回忆这次里程碑式的侦察行动时与美军资料有些出入，他记录的是两架B-29侦察机：

> 11月1日下午1时30分，B-29第一次出现在东京上空。地面观察哨汇报说有两架巨型飞机正在飞过，它们没有投掷炸弹或者传单什么的，显然是在进行侦察。这些巨型飞机的出现给负责本土防空的战斗机部队人员很大震动，我们的战斗机完全无法达到它们的飞行高度。很难想象今后如果有大批这样的轰炸机出现的话会带来什么样的灾难。

此后，更多的F-13陆续进驻马里亚纳群岛，对日本本土进行密集的侦察飞行。对于这些高高在上飞行的侦察机，日军很是忌惮，但是无论是战斗机还是高射炮都对在9000米以上的F-13无能为力，只能期待对方机械故障降低飞行高度，才有攻击的机会。

从马里亚纳群岛起飞B-29对日本实施轰炸是美国陆航前所未有的战斗行动。从距离上而言，从马里亚纳到日本是2400公里，往返距离则是超过4800公里、15个小时以上的航程，挑战是空前的艰巨。

在此之前，第20轰炸机司令部虽然也从印度、成都实施过超远程轰炸。但对于从印度或成都起飞的那些B-29，大部分时间还是在陆地上空飞行；而第21轰炸机司令部的那些机组成员只能依赖他们的导航员和B-29的发动机了——何况后者往往是主要的麻烦制造者。如果遇上恶劣天气或者别的什么麻烦，等待B-29机组们的只能是在茫茫大海上迫降，以及期盼可能的救援。

除此之外，天气是第21轰炸机司令部在太平洋战场上始终不变的敌人，太平洋战区美国陆航指挥官米德勒·哈曼中将在评价天气因素的影响时这样说道：

在塞班和东京之间，天气状况通常都很糟糕，我从没有经历过如此多麻烦、如此多出乎意料和如此多突发因素的地区。在东京上空万米，风速很快，超过世界上很多地区，甚至比珠穆朗玛峰的风速还要高，可以达到200英里（320公里）/小时。而且气流中温度都很低下，通常是在摄氏零下40多度。

1944年11月24日。当天对东京的空袭是美国陆航对日本战略轰炸的一个重要里程碑，这是B-29第一次飞临日本核心地区实施轰炸。目标是中岛公司位于东京市中心西北约18公里的武藏野制作所，该企业产能占据日本航空发动

东京上空的F-13侦察机，完全无视下方的防空炮火或者拦截机。在执行侦察任务时，F-13的飞行高度极限在12000米以上，这已经远远超出了日军战斗机的通常作战高度，而且，在万米高空，“双旋风”发动机仍然能够保持澎湃的动力输出，使得高度成为B-29或F-13的最大优势。因此，当“东京玫瑰”第一次在东京空域自由翱翔时，日本平民和军人受到的心理震撼远远大于杜立特空袭。

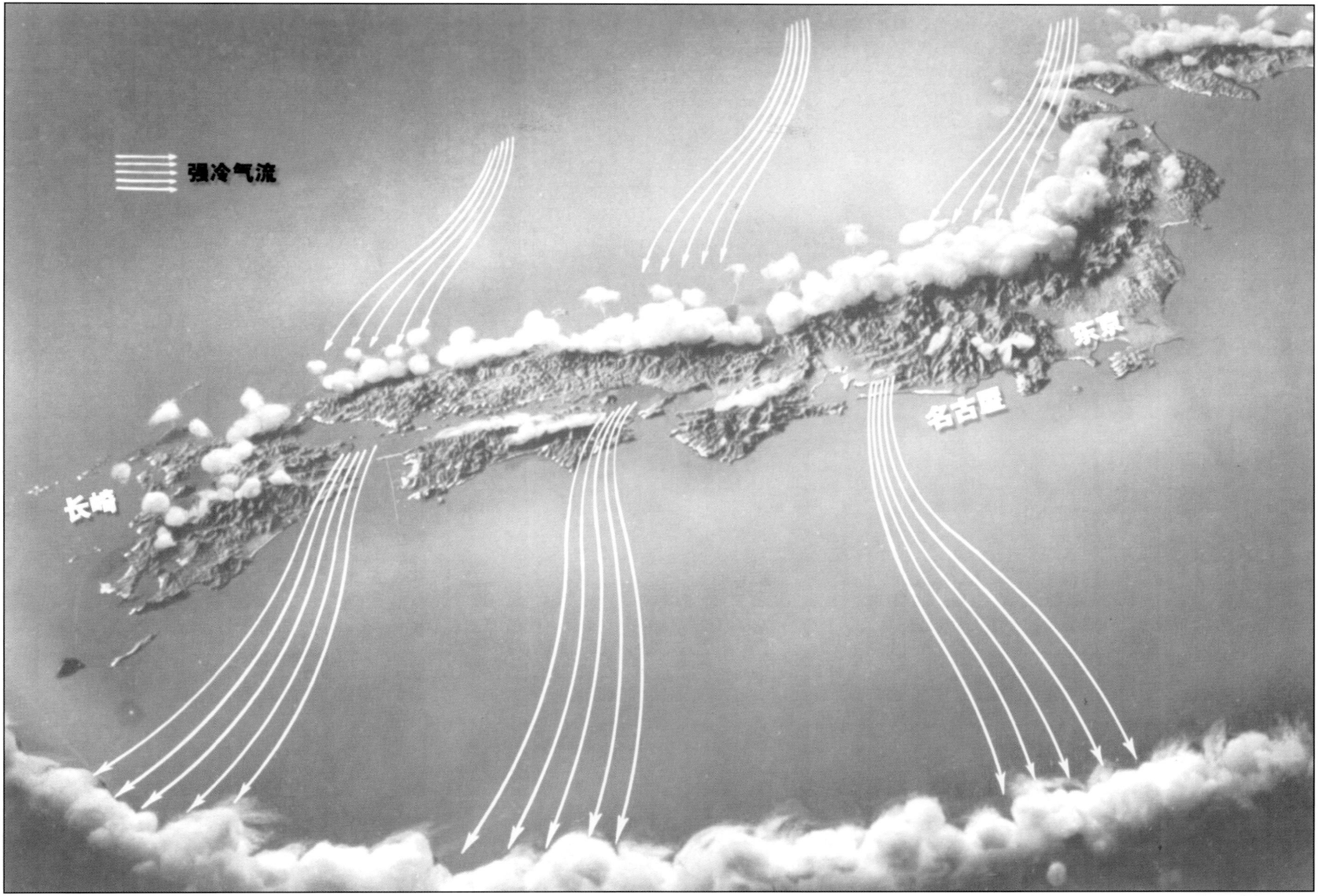

日本高空的气流分布。冬天，强劲的冷气流从北方的西伯利亚来袭，严重影响投弹的命中率。

夏天，来自北方的的冷气流减弱，高空出现来自太平洋的强劲暖气流，同样影响投弹的命中率。

机的30%，属于头号优先目标，美军将总共对其发动超过十次的大规模空袭。

因此，在这具有历史意义的第一击中，第73联队指挥官奥唐纳准将亲自驾机带队，担任他的副驾驶是罗伯特·摩根少校，曾担任过著名的B-17“孟菲斯美女”号飞行员。

早晨6时15分，绰号为“无畏的多蒂”的B-29启动了发动机，开始滑行。在后面的跑道上110架B-29也开始发动。每架轰炸机装载了8070加仑汽油和2.5吨炸弹，整个机群的载弹达到了277.5吨。

起飞后的B-29机群在8100—9900米间的高度上编好队形，朝东京飞去。途中，有6架B-29因为机械故障而提前返航，此外还有11架B-29因为台风带来的浓密云层而偏航退出。

在东京地区上空风速达到120节，由于B-29是顺风方向进入的，因此借助风势，轰炸机的速度一度达到了惊人的716公里/小时。B-29机群顺利抵达中岛发动机工厂空域，不过其上空有浓密的云层，只有24架B-29能够依靠目视瞄准投弹，另外有35架依靠雷达瞄准完成了投弹。最后总计有64架B-29投弹到了港口和城区内，只破坏了中岛发动机工厂1%的建筑。

在防守一方，大约125架各式日本战斗机起飞参与拦截，包括零式、钟馗、川崎5式、屠龙战斗机等等。相比在欧洲拦截第八航空队的纳粹德国空军同行而言，日军战斗机飞行员无论

1944年11月24日，巨型B-29轰炸机飞抵东京上空时，城区内响起凄厉的空袭警报，市民们有人匆匆跳下电车、有人加快脚步。注意中间的土堆，那是路边挖掘的简易防空掩体。

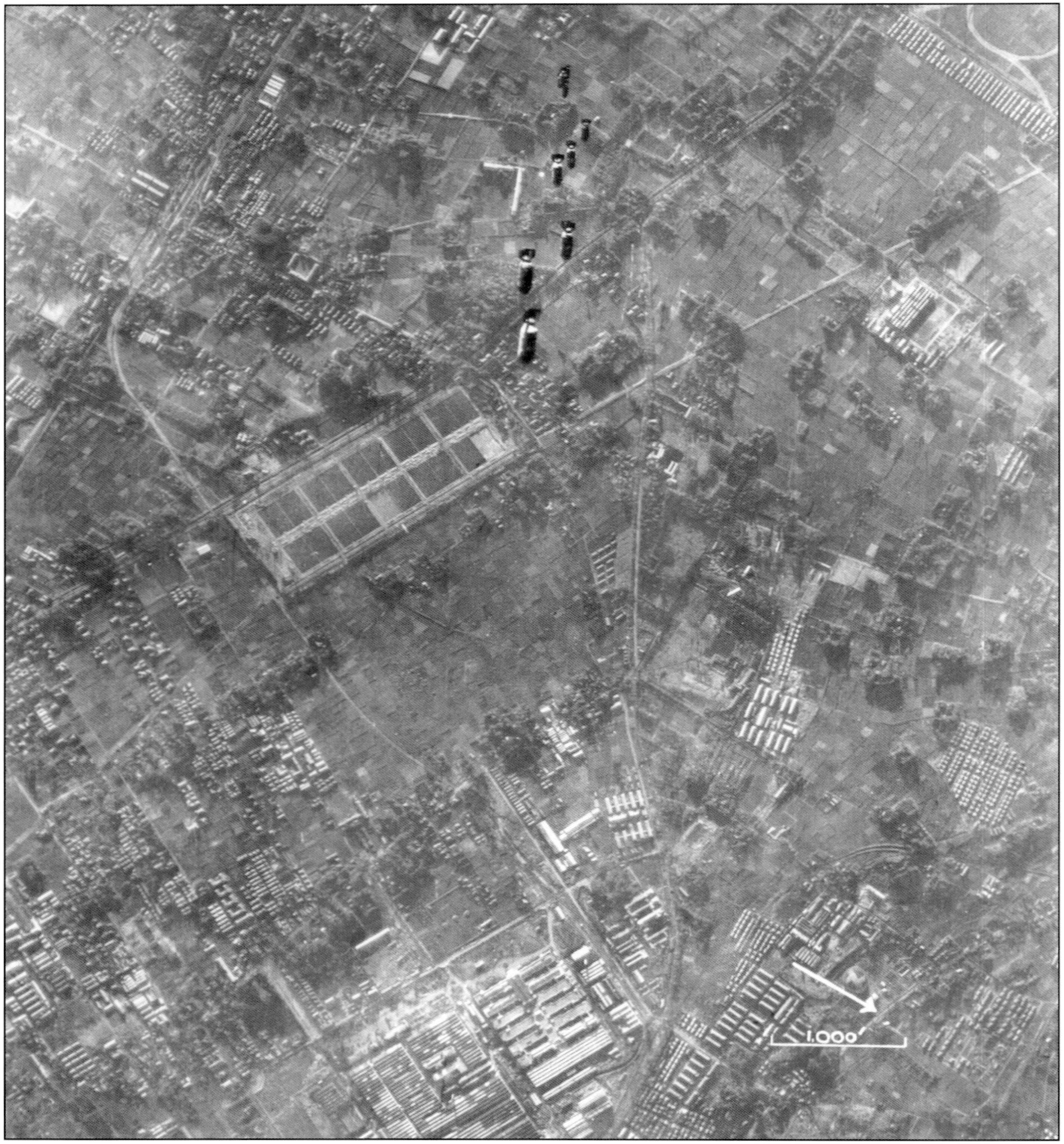

1944年11月24日，东京上空再一次落下复仇的炸弹。不过，这已经不再是当年那次杜立特一闪而过的奇袭，而是预示了一场彻底摧毁日本法西斯的终极决战。注意下方的箭头，表示正北方向。

是从技术还是战术上都相差甚远，攻击既没有配合也没有章法，只会乱哄哄地一拥而上，作战效率非常低下。

乱局当中，第47飞行战队的见田义雄伍长驾驶一架Ki-44战斗机插入美军第497轰炸机大队的编队中，机炮喷射着火舌，朝山姆·瓦格纳中尉的“幸运的爱尔兰人”号B-29（美国陆航序列号42-24622，垂尾编号A方块26）追杀过来。这一刻，“幸运的爱尔兰人”遭遇了厄运，所有的点50口径机枪全部哑火！左侧800余米开外，“哈丽的彗星”号B-29发现了这一异常，该机尾枪手弗雷德·洛度维希下士和中央火控机枪手一起调转枪口，朝向见田义雄伍长的座机猛烈射击。交叉火力网命中了这架不顾一切的Ki-44，但丝毫无法阻止它，对此洛度维希回忆道：

它冲过来，距离（A方块）26号机的尾巴只有150到200码（135到180米）远，这时候，我们的右侧机枪手也开火了。它看起来在半空中犹豫了一阵子，然后滚转起来，它的右翼撞上了（26号机的）垂尾。接下来，它机头冲上，压到了左边的升降舵上。然后它们两架飞机都掉下去了。

Ki-44切掉了目标的升降舵和方向舵，爆出一团巨大的火球解体坠落，见田义雄伍长当场毙命。与此同时，“幸运的爱尔兰人”机头向

1944 年 11 月 24 日的空袭过后，日本市民正在查看被破坏的建筑。

上、陷入尾旋坠毁，这是当天B-29部队的唯一损失，机上无人生还。

在返航的途中，台风带来的气流把B-29机群吹得七零八落。由于航线判断错误，一些B-29甚至降落到了关岛而不是塞班，第499轰炸机大队的1架B-29燃料耗尽在海面上迫降，救援水上飞机赶来救起了全部机组成员。

尽管轰炸效果并不好，但还是不愧为一次历史性的行动：大机群B-29在无护航的情况下飞行超过4800公里轰炸敌国首都的目标，战损也很轻微；机枪手们宣称击落7架日军战斗机，其中5架得到日方记录的证实。

此战过后，第498轰炸机大队的飞行员杰克·卡顿表示信心十足：

我第一次到东京的任务非常重要。之前，我没有参加过战斗，我当了三年飞行教官，然后才拿到了这个机会。我现在还能栩栩如生地回忆起保持在编队中飞行了1600英里（2560公里）到达本州岛，再抵达我们的轰炸航路起点富士山的情形。在富士山上空，我们开始进入投弹航路，我们遭遇到了现在叫做高空急流的气候现象。不过，在那个时候，没有人听说过这个事情。

我们在35000英尺（10700米）高度飞行，达到了每小时500英里（800公里）的高速。我们之前被告知高射炮火打不到我们这个高度。然而它们打到了。我们冲了过去，正当我们飞

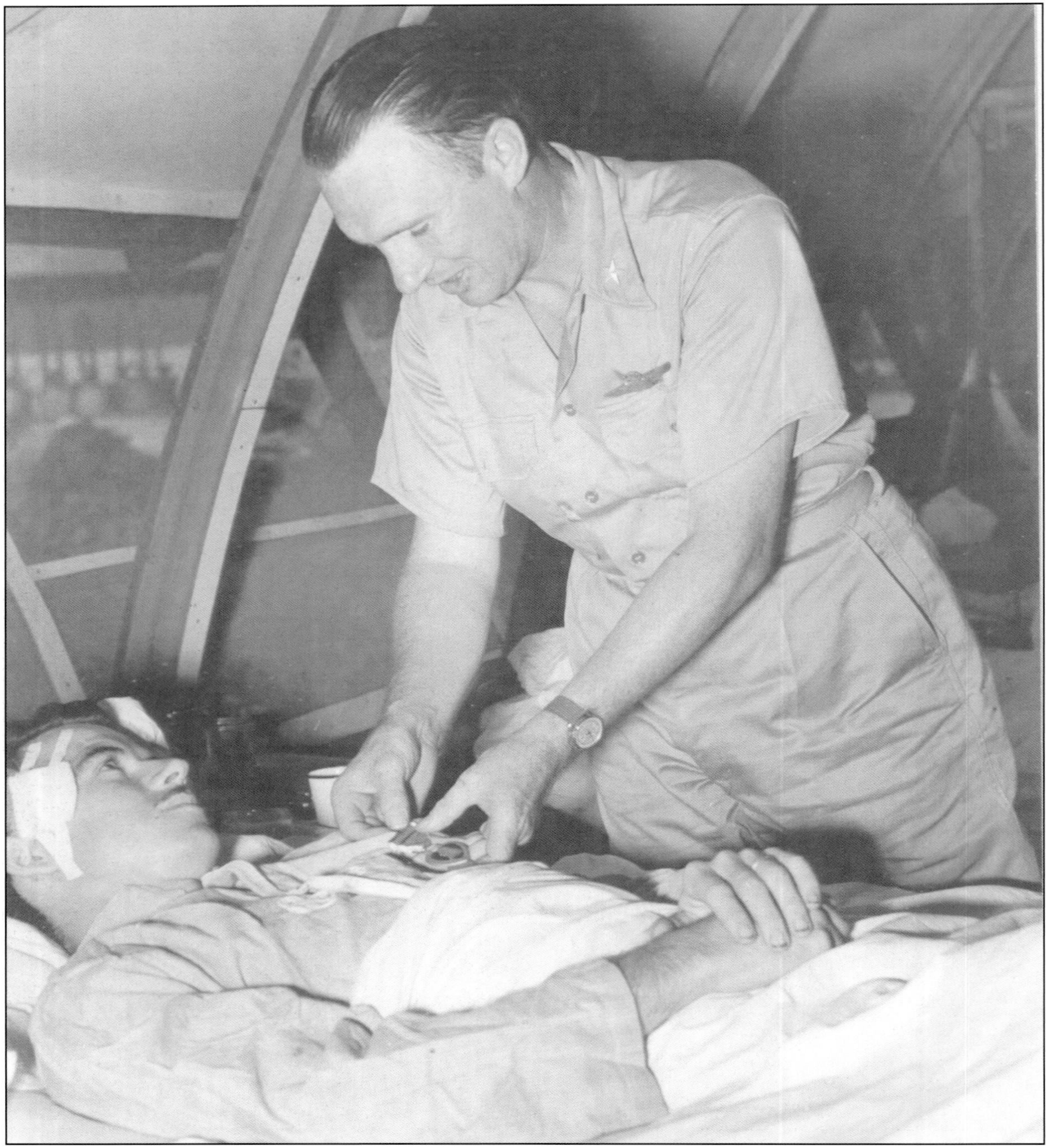

B-29首次东京空袭顺利完成，美军伤员正在接受勋章。

过高射炮火防线的时候，战斗机上来拦截我们了。我们之前也被告知战斗机一样上不到35000英尺。但它们也杀了上来，非常有侵略性地发动攻击。

我们保持着编队，飞到了目标上头，投下炸弹，再飞出目标区。我向左看、向右看，看到这些威武雄壮的战机并肩飞行、队形紧密。我对自己说：那些日本人没有获胜的机会，我们会把他们彻底打垮，这一点毫无疑问。

东京遭受的大规模空袭给予日军极大的震撼。三天之后，也就是11月27日，日军从硫黄岛机场起飞两架一式陆攻，发动了对塞班岛美军基地的反击，妄图挫败美军的进攻势头。

袭击发生的当时，汉赛尔还在指挥部里和参谋们策划第二次轰炸日本的计划。当听到外面传来高射炮声和爆炸声后，汉赛尔和他的作战部长约翰·蒙哥马利上校一起冲出指挥部，跳上吉普车冲向机场。就在他们行驶途中，一架零式战斗机从他们上空掠过，蒙哥马利上校一个急刹车，然后拉着汉赛尔跳出吉普扑倒在路边的壕沟里。这架零式战斗机扫射过B-29行列后，被高射炮击中。但是日军飞行员设法把飞机降落到了跑道上，然后爬出座舱用手枪朝着地勤和卫兵们开火，最后，他被赶来的卫兵们打成了筛子。

和日后的多日骚扰性空袭一样，零星的日军轰炸机部队根本无法动摇马里亚纳群岛上的

1944年秋天，这个被强制疏散的东京大家庭在家门前做最后的合影：有人强颜欢笑、有人满脸不甘。实际上，他们要到来年春天，才能意识到自己实际上属于最幸运的日本市民。

三个巨型B-29基地。美军在轰炸日本本土任务的间隙，同样对硫黄岛的日军机场发动多次空袭，这种轰炸机部队之间的你来我往的对决还要持续几个月之久。

到1944年年底，第21轰炸机司令部对日本本土实施了5次主要轰炸行动，累计415架次，损失19架，损失率为4.5%。这个损失率，以欧洲第8航空队的标准堪称良好，但是对于B-29部队来说就难以接受了。在这5次轰炸行动中，只有2次战果评价被定为“好”，目标都是名古屋的三菱工厂。在所有轰炸行动中，没有哪一个目标是达到了被摧毁的程度。

几乎每次轰炸行动中，都有不同数量的非战斗损失，这一点让阿诺德相当忧心。在1944年，每架B-29的成本是60.5万美元，3倍于B-17重轰炸机。这样一来，非战斗原因损失便显得代价极为高昂。对此，阿诺德在写给汉赛尔的信中很明确地说：“在我看来，B-29是不能像普通战斗机、双发轰炸机，或者B-17那样来看待的，我们必须把B-29当成一艘海军主力舰来看待，海军可不会无缘无故地就在航行中损失船只，我们必须彻底地分析原因而且采取预防措施以在将来避免这种损失。” 汉赛尔自身承担的压力越来越大，使得这个一贯性格温和、言辞礼貌的将军开始变得焦躁，对下属经常颇有怨言。

在日本方面，B-29来自马里亚纳群岛的最初两个月空袭的确没有造成太严重的破坏，但也使中岛公司武藏野制作所大约20%的工厂建筑被炸毁。同时，轰炸还炸毁了大批设备、图纸和工具，246名工人和技术人员死亡、105人受伤，这也导致该厂的产能从1600台发动机/月下降到1200台/月的水平。

奥宫正武在他的日记中写道：

从1944年下半年开始到1945年2月，B-29轰炸机对名古屋、东京一带的飞机制造厂集中轰炸，昼间和夜间持续不断。虽然美军轰炸并不算精准，但还是对飞机产量造成重大影响，厂房设备被炸毁烧毁，人员也有伤亡。无论是三菱还是中岛等的发动机和飞机制造厂，都是日本陆军和海军航空兵的支柱，现在面临严峻的局面。

掘越二郎（零式战斗机的设计师）在回忆他亲历的空袭时写道：

今天下午B-29第二次来轰炸三菱的飞机制造厂。警报响起以后，我们立即疏散进入防空掩体。即使是在地下，我也似乎能听见B-29轰炸机的发动机声响，随之而来的炸弹呼啸和爆炸声，地下室里灰尘弥漫，声响之大震耳欲聋，我在之后数小时内都听不清别人说话的声音，耳朵里一直在嗡嗡响。

由于防空能力羸弱，日本政府先前曾考虑将城市居民疏散至农村。不过，这一举措会对市民士气和战时生产造成严重影响，因而一直没有执行。直到1943年10月，内阁决定撤离城市中与军工生产无关的市民。在八幡钢铁厂遭到空袭的1944年6月，日本政府出台了《鼓励学童撤离疏散大纲》，先后从5个主要大城市里疏散30万名3—6年级学童、10万名1—2年级学童。在政府的推动下，部分居民开始自主地逃离。东京遭受的空袭毫无疑问地加速了疏散的速度。截至1945年3月，已经有大约170万人离开了东京市，但仍有上百万居民滞留在市内。疏散工作不可避免地给涉及的家庭带来了很大精神创伤，但这些逃离大都市的日本人将很快意识到自己有多么幸运。

名古屋奇迹

1945年伊始，汉赛尔化压力为动力，从1月3日到13日间连续组织了4次对日轰炸。第17号任务的目标是名古屋的港口和工业区。

这次行动与1944年的轰炸行动相比，最大的区别就是B-29的载弹：燃烧弹的比例明显增加。97架起飞的B-29中，有18架提前退出，几乎达到了20%。尽管名古屋上空云层密度达到了6/10，但是相比防空严密的东京地区，名古屋的防空火力要弱得多。

后续轰炸效果评估侦察报告显示：大约1.3万平方米的港口区和城区被炸毁，轰炸机机组的报告中提到目标区有超过75处起火。在损失方面，1架B-29被日军击落，另有3架在返回时损失，原因不明。

日本上空，第497大队的“美国女仆号”B-29上诞生了一个小小的奇迹。先前的一次任务中，该机顶部机枪手的半球形有机玻璃观察窗破裂，机舱内的空气向外面快速泄漏，形成的强大气流险些将一旁的左侧机枪手詹姆斯·格朗兹中士卷出机舱。

降落后，格朗兹中士发挥自己的机械天赋，利用降落伞背带手工制造了一副强化的加长版安全带：一条腰带牢牢地缠住腰间，两条肩带向后绕过肩膀、在背后扎紧。安全带的长度超过1米，另外一端固定在B-29舱内，足够可以使格朗兹在自己的战位附近自由活动。

1月3日的名古屋空袭是格朗兹的第七次任务，他对此有着如下回忆：

“美国女仆”号B-29的机组乘员合影，注意机头涂装，这是一架军旅生涯波澜不惊的轰炸机。不过，该机在名古屋空域出了一次机械故障，进而引发了一次小小的奇迹——万米高空的绝境生还。

早上6点30分，我们从塞班起飞执行第七次任务。我们的目标是日本名古屋的工业区，在这之前我们已经轰炸过那里了。我的轰炸机——“美国女仆”号处在第一个轰炸机编队的中间位置。我们觉得这挺好的，之前我们发现了领头的轰炸机通常遇到的麻烦都比后面的少，因为（到后面）小日本的战斗机和高射炮火都被惊醒了。

向北飞行，一切都风平浪静。这是个多云的天气，我们看不到太多的地面。我没有背着降落伞，不过我的确戴上了上次任务之后我发明的安全带……

下午时分，我们飞到了日本，天气晴朗了，我们能够看到下面大约30000英尺（9000米）的陆地。在抵达目标区之前大约30分钟，我们遭到一大群日本拦截机的攻击。它们的数量大概在90到100架之间，包括双引擎的“埃尔文（Irving，美国陆航飞行员给中岛公司J1N‘月光’起的绰号）”“尼克”，单引擎的“托尼”和“东条”。

这不是我们第一次遭到攻击，不过，在它们逼近、我们开火还击的时候，这的确是我们的机组第一次打中任何飞机。这之前碰到的所有拦截机都被防御火力赶到射程之外了。很多B-29的机组乘员都发现如果在这些小日本进入射程之前你就开始射击，他们没办法靠近我们。一旦他们逼近过来，就很难转弯了。

我看到第一架小日本飞机突入到射程之内，然后被击落了。我们联队的轰炸机击中了它，然后它就炸开了。不过，这只是个开始。

詹姆斯·格朗兹中士作为机枪手，战位是轰炸机的左侧观察窗。B-29机舱内保持气密、气压与海平面相当，观察窗一旦破损，机枪手将有被气流吸出机舱的危险。

我们陷入了一场激烈的短兵相接，一直在打个不停。不过，这时候我不知道我们的尾枪手唐纳德·威尔逊中士击落了另外一架小日本飞机。

但是，几分钟之后，我们正在进入轰炸航路的时候，他遇上了麻烦。当时他正在射击一架飞机，然而另外一架从顶上偷偷摸过来。在他反应过来之前，两枚20毫米炮弹打中了我们的飞机。一枚炮弹打中了他的前面，在头顶上飞了过去，另外一枚正打中他的后面，一枚弹片打到他的降落伞包里头。与此同时，一枚12.7毫米子弹击中了他，把他的左手无名指整个打了下来。

就在这一瞬间，我还是不知道发生了什么事情。可能是机尾被击中的位置引发气压泄漏，也有可能是一块高射炮弹片击中了我的球形观察窗。不管怎样，整块有机玻璃爆开了，我被（气流）一头吹到了观察窗的外面。

一分钟之前，我还站在我的战位上，一分钟之后，我却飞到了半空中。我感受到的第一件事情是我的安全带把肩膀重重地扯了一把。我飞出去的时候，我想办法把我的左腿卡在观察窗孔洞的边上。我的另一条腿和脑袋都挂在了外面。气流吹动着我，在机身上撞了一下。我的点45口径手枪从枪套里掉了下去，我的手套和氧气面罩没有系紧，被气流吹走了。

我真切感受到了寒冷彻骨。后来我发现当时的气温是零下九摄氏度。我不知道那具体有

“美国女仆”号左前方，其他机组拍摄下这绝无仅有的一幕——飞机的左侧观察窗破裂，詹姆斯·格朗兹的大半身子被气流卷出机舱，只有一条腿和他的安全带卡在机身内。格朗兹的氧气面罩已经脱落，在9000米高寒缺氧环境、每小时数百公里的高速气流冲击下，能够坚持15分钟存活下来，堪称奇迹。

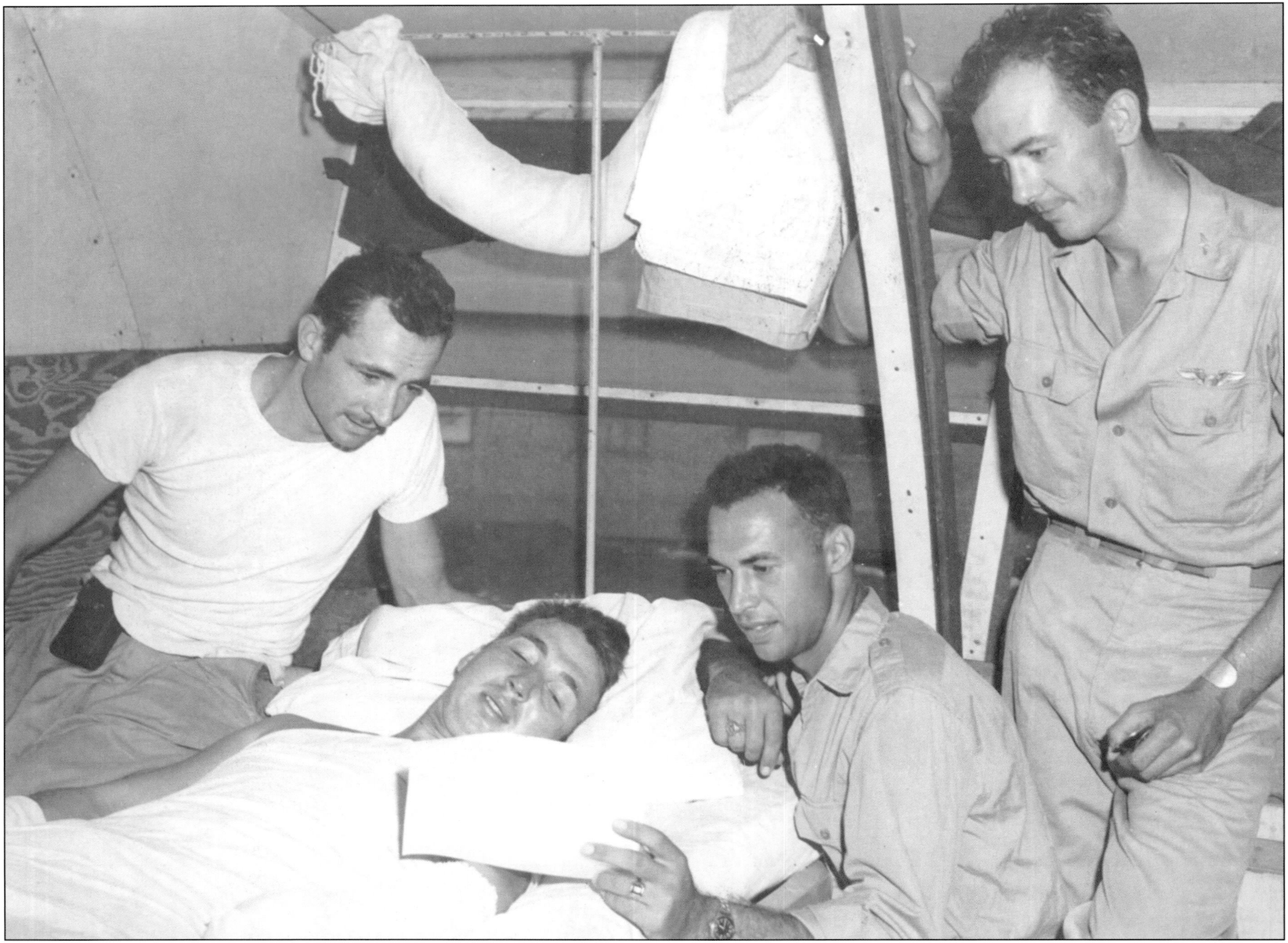

詹姆斯·格朗兹最后脱离了生命危险，在病床上饶有兴致地和战友们一起阅读和自己相关的报道。

多冷，不过已经足够了。有那么一秒钟时间，我感受到一阵晕眩，但我没有太害怕。我很确定我的安全带会把我拉住，再加上我的一条腿卡在观察窗里，我确定有人会把我拉回去的。

有一条线缆从飞机垂出来，我试着抓住它、把我自己拉回飞机里头去。不过，在飞机外面挂成那个样子，我使不出力来。我记得当时努力挣扎，想顶着气流回到飞机里面。我知道的下一件事情，就是躺在飞机里，副驾驶和顶部机枪手正在给我输氧。我刚才晕过去了。

……他们告诉我，在晕过去的时候，我的左腿滑出飞机去了，我就像一只洋娃娃似的挂在那里。当时我们就要完成投弹航路，大部分机组乘员忙成一团，没有办法马上来到我这边。最早赶过来的是副驾驶和顶部机枪手。副驾驶富兰克林·克洛维少尉把身子探出（观察窗外）去，想要抓住我，不过他能抓牢的只有我那把点45手枪的枪套。另外就是我穿的制服太紧了，他抓不住。他想直接把我拉上来，但我的重量加上气流的力度对他来说太困难了。

我当时穿着高射炮防弹衣、戴着头盔，所以我应该是挺重的。气流也是非常猛烈的。我们当时处在100英里（160公里）/小时以上的顺风里，这意味着我们的飞行速度超过350英里（560公里）/小时。

几分钟过后，投弹手H.K. 惠特尔少尉来帮忙了。他们三个人一起使劲，把我转了一圈，抓住了我的一条安全带。就这样，他们把我拖回了飞机。其他一架轰炸机上，有一名医务人员看到了整件事情的经过，后来说我在飞机外面挂了15分钟。整个过程中，我保持清醒的时间大概只有两到三分钟。让他和其他所有人不理解的是，当他们把我拉进来的时候，我居然还活着。

在30000英尺，也就是9000米以上的高空中温度极低、氧气浓度只有海平面的1/3不到，这就是高空飞行需要准备氧气面罩的原因。格朗

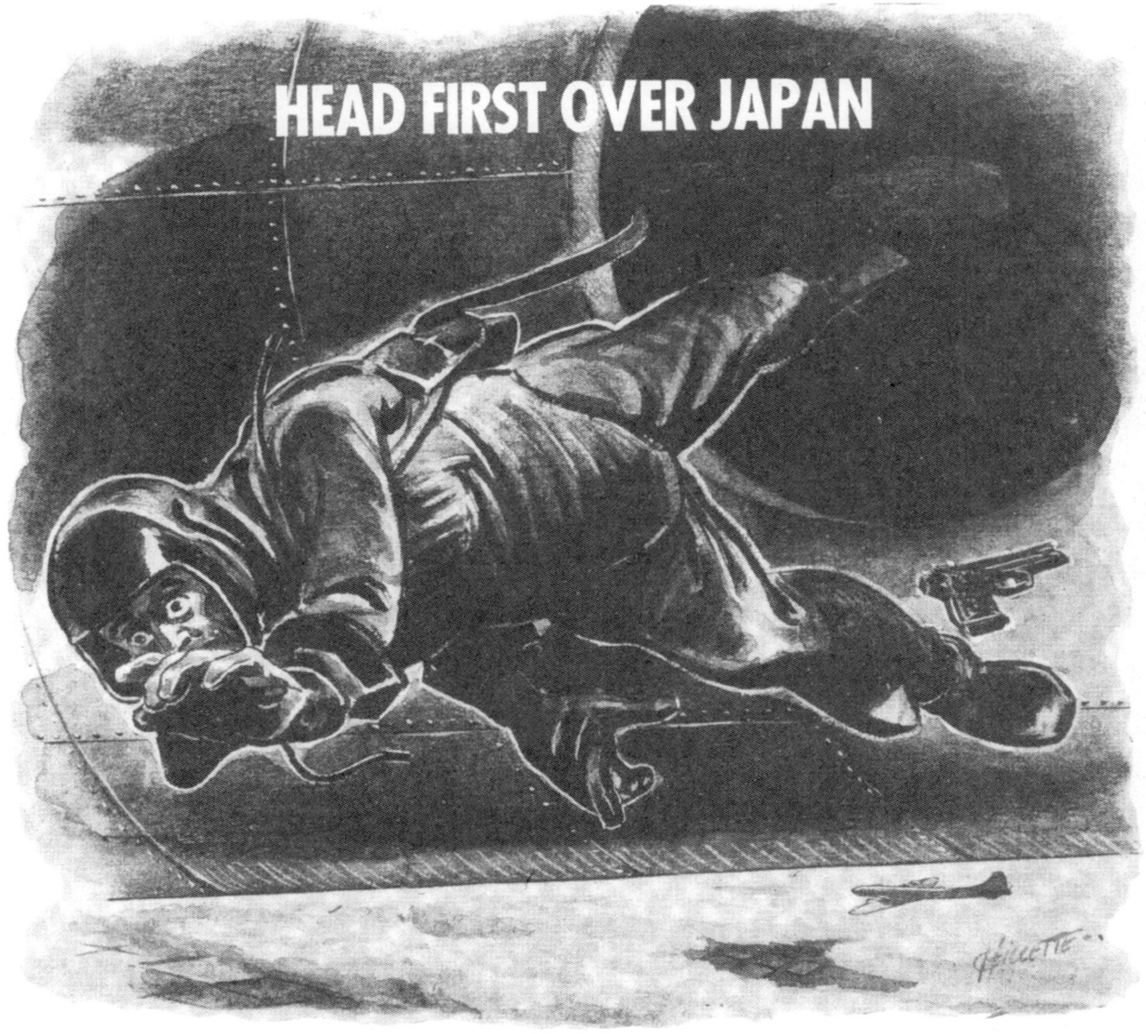

美军杂志上，画家描绘的詹姆斯·格朗兹被吸出B-29机舱的一瞬间。

兹能够在如此极端的环境下支撑15分钟，堪称神奇。不过，对于轰炸日本的超级空中堡垒部队而言，他们的传奇故事才刚刚开始书写。

易帅李梅

B-29部队在马里亚纳群岛站稳脚跟后，阿诺德作出一个决定：所有的B-29部队都归属在第21轰炸机司令部指挥下，新任指挥官由李梅来担任。这也就意味着第20和第21轰炸机司令部将要合并，而汉赛尔将要在李梅的领导之下。

这次任命更迭，可谓是阿诺德在对日战略轰炸作战中最重要的决策之一，汉赛尔此后一直怀着郁闷的心情，从此消失在美国陆航的历史长河里，而李梅这颗本来就闪耀夺目的新星继续延续其上升的趋势，直至成为美国陆航和今后美国空军中最闪亮的一人。

1月19日，李梅来到关岛，并和汉赛尔在有点尴尬的气氛下展开会面。阿诺德已经给汉赛尔留了点情面，他答应汉赛尔可以在新的第21轰炸司令部任副指挥官。不过至此，汉赛尔也想明白了，李梅“不需要什么辅助性的副职，而我也不会情愿完全做幕后的副职”。

不过，李梅也挽留汉赛尔多留下一些时日，以便在交接期间能顺利过渡。对李梅来说幸运的是，汉赛尔的作战参谋长约翰·蒙特戈梅里中校是他的老相识——此君作为第一批B-17轰炸机飞行员之一，曾经和李梅一起飞行过。

也就在1月19日，汉赛尔发动了对日第19次轰炸行动，目标是明石市的川崎飞机制造厂。此地的飞机产量占日本作战斗机的17%，航空发动机占12%，由此可见其地位之重要。80架B-29参加了此次行动，其中62架在主目标区上空投弹。当天，天公似乎也为汉赛尔而开恩，云层密度不到3/10。轰炸效果是显著的，62架B-29投下了近155吨炸弹，近40%的工厂区被炸毁。该工厂几乎所有重要的工厂车间和设备——包括机车间和发动机车间——都遭到了严重的毁损，产量一下子暴跌了90%，可以说几近停止，而且该厂从此之后就再也没能恢复到轰炸前的生产水平。

这天的战斗可谓是汉赛尔指挥B-29部队以来最成功的一次行动。而且，在这次轰炸行动中，没有损失1架B-29。这也算是汉赛尔为自己的B-29指挥官生涯画下了一个堪称圆满的句号。第二天，20日，汉赛尔将指挥权移交给了李梅少将，黯然离开了他为之奋斗和付出的B-29轰炸机部队。从此，第21轰炸机司令部进入李梅时代。

李梅背后，是阿诺德的殷切期待和巨大压力。后者给他捎去口信：“如果你也没能搞定的话，那么你也要走路的……如果你不能摧毁日本的战争能力，而最后美国被迫采取大规模两栖登陆入侵日本本土的话，那么代价将会是50万乃至更多美国大兵的性命。”这位B-29部队新任指挥官肩上的重任由此可见一斑。

在这样的背景下，李梅接手的也是一个复杂和困难的局面。此前，第21轰炸机司令部圈定的11个必须用昼间精确轰炸摧毁的目标，至今还无一达成。虽然其中多个飞机和发动机制造厂遭受猛烈轰炸，但是距离摧毁这个程度还差得远。在过去的11周里，第21轰炸机司令部一共有17次出击记录，平均每周轰炸日本本土一次。在总计950架次出击中，170架次（18%）的轰炸没能在主目标区上空投弹，加上指挥层经常切换选择轰炸目标，使得在被轰炸的这些日本目标中，没有哪一个能够被成功摧毁。

李梅接手以后，顶着华盛顿的巨大压力，一如既往地坚持先从抓部队的基础训练，聚焦在“再来一次真正的训练”。所谓磨刀不误砍柴工，也就是这个道理。

除了进行这类补救性质的训练，李梅还要全力去应对管理上林林总总的问题，主要是后勤补给、情报侦察、目标选择策略以及对飞行机组们的关注。

在李梅的铁腕政策下，第21轰炸机司令部迅速锻造成军，斗志昂扬地投入到第二次世界大战最后一年的战斗中去。

1月27日，第73轰炸机联队全体出动执行第24号轰炸日本任务。不过，在起飞之前，飞行员们不知道他们要面对的是有史以来最恶劣的一场战斗——恶劣的天气、密集的高射炮、疯

马里亚纳群岛之上，B-29 基地旁的美军墓地，白色的十字架整齐排列。美军已经为这三座基地付出数以千计的牺牲，而李梅必须使战友们的鲜血不至于付诸东流。同时，他还必须率领旗下这支部队，以最小的代价赢得对日战争的胜利，避免美军陷入血腥的日本本土登陆作战。

日本上空，第 497 轰炸机大队的 B-29 机群。在 1945 年 1 月 27 日这一次轰炸东京的任务中，该部损失严重，总共有 4 架轰炸机被击落、1 架返回基地后由于受损过重被除役。不过，随着美军作战经验的日益丰富和兵力的日益增强，空袭日本的战略轰炸机编队越来越强大，相对的损失也在随之降低，在战争结束时，已经很少出现如此惨烈的战斗。

狂的日军战斗机。

任务之前，两架B-29气象侦察机分别前往武藏野和名古屋侦察气象状况，以便选择轰炸目标。根据侦察结果，美军选择了武藏野的三菱工厂。不过戏剧性的是，当1个小时后60架B-29起飞前往武藏野时，天气状况完全逆转，足足10/10的浓厚云层遮盖在目标区上空。在此情况之下，美军以雷达瞄准的方式轰炸了东京市区，放弃了对武藏野目标的轰炸。

地面上，松户空军基地记录下当时的情形："14:20左右，云层里闪电耀眼，一阵阵滚雷撼动大地。东京上空的天空很快被黑烟覆盖，就算在白天也能看到火光冲天。没有发现飞机。B-29的轰鸣从头顶上的云层中滚过。"

与此同时，负责东京地区防空的日军战斗机以撞击等各种方式对美军轰炸机机群实施攻击，交战高度从7200米到8700米，12.7毫米机枪子弹在空中划出一道道火网。日军战斗机完全不顾美军自卫火力，密集地扑上来。

第497大队是被日军攻击得最猛烈的一个单位。其中，"哈丽的彗星"号机被猛烈的高射炮火击中，炸弹舱燃起大火，逐渐落在编队后方。此时，该机遭到日军教导飞行师团的小林雄一军曹的自杀性攻击。Ki-45"屠龙"双发战斗机猛烈撞上B-29机身，两架飞机同时解体坠毁。小林雄一军曹和它的后座机枪手鲤渕夏夫兵长双双毙命，而"哈丽的彗星"号机上有两人成功跳伞逃生，活到战争结束。"人狼"号B-29的炸弹舱位置遭到猛烈攻击，断裂成两截坠毁，虽然有4名机组乘员跳伞逃生，但他们全部死在日本的监狱中。"绯闻女士"号B-29在日军战斗机的围攻之中蹒跚飞向目标，拖着浓烟一头扎进云层中坠落，结果遭到第47飞行战队的一架Ki-44撞击，飞行员铃木精曹长与B-29机组乘员们无一生还。

大致与此同时，罗伯特·海茵斯中校的"重击者"号B-29陷入日军第244飞行战队的Ki-61和第47飞行战队的Ki-44包围，激战中一台发动机毁坏。这时候，第244飞行战队的二号B-29王牌市川忠一中尉找到机会，驾驶他的Ki-61飞速撞上了"重击者"号。市川忠一中尉当即宣称撞落一架轰炸机，实际上结实的B-29没有坠毁，不过海茵斯中校气得七窍生烟，按下内部通话按钮大声宣布："坐稳了，伙计们，我们现在去揍这些王八蛋！"他扳动操纵盘，驾驶巨大的B-29急转弯冲入日军战斗机群，毫无畏

"重击者"号是第二次世界大战最著名的B-29之一，与"孟菲斯美女"号B-17齐名。该机的吉祥物是一只站在炸弹上的可爱兔子。右侧的三排小兔子代表着该机参加过的每一次任务，目的地写在炸弹之上，从特鲁克到东京。如果任务中宣称击落日军战机，兔子将会举起一面代表日军的旭日旗，可以看到，最后一次东京任务，该机总共宣称击落6架敌机。此战过后，"重击者"号名声大噪，被派遣回国进行战争债券宣传。

1945 年 1 月 27 日东京空袭，日本记者从目标区之外拍摄到的连续爆炸场面。

惧地与对方展开了正面搏杀！

这时候，正前方出现了更多的Ki-61，原来这是日方设下的陷阱。但“重击者”号毫不畏惧，越战越勇，一番鏖战之后宣称击落6架敌机、击伤12架，傲然返航。

该大队中，劳埃德·艾弗里中尉的“爱尔兰少女”号险些成为日军战斗机的又一个牺牲品。当时，该机被一群日军Ki-44战斗机围攻，其中一架突破了B-29火力网后直接扑在轰炸机左翼两个发动机之间的部位上，撞击直接洞穿了机翼内的油箱，燃起了大火。就在此时，第244飞行战队指挥官小林照彦少佐驾驶他的Ki-61从机尾方向径直撞来。

“爱尔兰少女”号尾枪手马里根反应迅速，连续击中了这架试图同归于尽的战斗机。但是Ki-61还是狠狠地撞在了轰炸机的尾部。小林照彦少佐当场眩晕了几秒钟，恢复清醒之后迅速跳伞逃生。“爱尔兰少女”号的左水平尾翼被撞断，碎片像炮弹一样密集地打在B-29的机身上。

这架B-29机身上顿时布满了弹孔，原本密闭加压的机舱立即失去了压力，气温也急剧下降。尾部机枪手马里根被困在毁坏的尾部机枪塔里动弹不得，由于气温剧降而被严重冻伤。中央火控机枪手和侧翼机枪手两人冒死爬过去用安全斧砸开机枪塔的舱门，把马里根拖了出来。两人用手边能找到的衣物把马里根包裹起来，才算是救了他一命。

在此情况之下，艾弗里立即驾驶受伤的B-29开始俯冲，以降低飞行高度，加速向塞班岛方向返航。虽然燃油泄漏，飞机控制困难，但是他还是设法把这架伤痕累累的B-29飞回了塞班。最后，“爱尔兰少女”号几乎像苍蝇拍一样直接拍到了跑道上，并因超过可维修程度而直接报废，不过身负重伤的机组成员们得以幸免于难。

在第499轰炸机大队的编队中，“漫游男孩快车”号B-29穿越高射炮火网，在目标区上空打开炸弹舱门的时候，正前方一点钟方向出现大量装备37毫米加农炮弹的双引擎Ki-45战斗机。飞行员刚刚来得及发出警告，加农炮弹便如雨点一般泼了过来。导航员雷蒙德·哈罗伦表示：“忽然之间，一阵可怕的爆炸，声音震耳欲聋，火和烟雾从我们的前半段机身蔓延开来。”

当时，敌机从侧下方与机身垂直方向快速掠过，机炮炮弹转眼之间击毁3台发动机、重创机头，侧翼机枪手阵亡，飞行员爱德华·史密斯中尉和投弹手受伤。“漫游男孩快车”的炸弹舱内还满载着炸弹，失去3/4的动力之后高度迅速下坠，掉出编队。

鉴于这架B-29已经重伤无法挽救，史密斯命令弃机跳伞。然而，内部通话系统故障，这个消息无法传送至后方的机舱之内——那里的四名机枪手和一个雷达操作员丝毫不了解飞机前方的严重状况。这时候，一名勇敢的机组乘员站了出来，雷蒙德·哈罗伦是这样回忆的：

危机关头，我们不会抛下“漫游男孩快车”的后机舱乘员不管。我们的无线电操作员盖耶·科贝尔脱下了背上挂着的降落伞，这样他就能从连接B-29前后机舱的那条管道里钻过去了。当盖耶爬过管道的时候，我们遭到一架单引擎的“东条”战斗机的猛烈攻击，飞机在

1945年1月27日，东京市内浓烟冲天，消防车冲向火场。在这次大轰炸中，东京的消防抢险工作尚属井然有序。不过，这些消防员还不知道在六个星期后东京即将陷入怎样的火焰地狱。

半空中被打成两端。他是一个勇敢的人。

后部机舱之中，尾枪手当场牺牲，另外有三人跳伞逃生。雷蒙德·哈罗伦抓起他为午饭准备的火鸡肉三明治，啃了几大口之后跳出飞机。因为在B-29机组成员们里流传日军飞行员习惯射杀跳伞后的机组人员，哈罗伦在6900米跳出B-29后没有立即拉开降落伞，而是一直保持自由落体，直到大约1000米高度上才拉开降落伞。令他胆战心惊的是，刚拉开降落伞不久，就听到了飞机发动机的声音——日本陆航第39教导飞行队的三架二式单发高级教练机从远方飞来，长机教官大石代三郎围绕着哈罗伦盘旋两圈之后飞走。在他身后，森胁公之伍长朝哈罗伦挥了挥手致意，海法秀一伍长则向着这位对手敬了一个礼。

残酷的战争中，如此具有骑士精神的日本军人堪称寥若晨星。哈罗伦在战俘营中坚持到战争的最后胜利。55年后，哈罗伦和海法秀一见面，共同纪念当年那次邂逅。

这场任务也给第500轰炸机大队的飞行员留下鲜明的回忆，“杨基佬的荣耀”号B-29之上，飞行员弗兰克·卡利科中尉闯过了上千公里的艰难征途：

当我们穿越海岸线的时候，我们发现了第一架战斗机，它飞上来，到达我们的高度之后，跟着我们飞进目标区再飞出来。在轰炸航路起点之前，我们碰上了一架双引擎的“埃尔文”。它在九点钟水平高度飞了几分钟，用它的机枪塔不断地冲着我们打着点射。然后，它对我们的飞机发动了一次攻击，我们的伙计们干掉了它。

我们还没有打开炸弹舱门，就挨上了结结实实一顿好打。我们投下炸弹的时候，所有的机枪都是在火力全开，一架“托尼”很准地打出一梭子，命中我们的二号发动机。当时，罗宾森（卡利科的副驾驶）中尉负责控制飞机，我们处在编队的左侧位置，我告诉他保持控制，和编队在一起。

我试着给那个该死的螺旋桨顺桨，但它就是不听使唤。这时候它已经烧得很厉害了，我朝着机械师伍德沃嚷了起来，叫他切断发动机油路，打开灭火器。当时他已经把油路切断了，当他拉动灭火器拉杆的时候，整套设备都从面板上被扯下来了。

大概这个时候，螺旋桨完全失控，把火完全扑灭掉了。我们的速度掉了下来，落在编队后面。就在这当口，我们的机头又挨了一通扫射，两大块（树脂）玻璃风挡被敲掉了，一发子弹从旁边打进来，从我的两条腿中间穿过仪表板。我们的投弹手腿上受伤了，我们的机头就失去了保护。在我们掉出编队之后，机头总共遭到了九次集火攻击。

我们失去增压的时候，天体观测窗爆掉了，结果风就从机头部分呼啸穿过，我感觉罗宾森中尉和我会被冻僵的。我们穿上了飞行夹克、手套和靴子，但我们的腿还是冻僵了。所以我们找来了防弹衣、地图和其他能找到的东西，把腿包裹起来。（在那样的条件下）你飞上个几分钟，就会因为发抖得太厉害，没办法继续保持控制。这时候，机组乘员们已经准备跳伞了，因为我不想让他们跟着这架着火的飞机从25000英尺（7500米）一路栽下去。

我告诉罗宾森要一直飞下去，直到螺旋桨掉下来，这样我就可以知道它能够扛到哪里了。这时候，我让所有的人在跳伞位置上准备好。在16:25，那副螺旋桨掉下来了，不过，它没有乖乖照着教科书上写的那一套掉下来……螺旋桨水平向左脱落，马上打到了一号发动机。它破坏了下面的两个发动机安装支架，把上面两个打弯了。与此同时，一号发动机的四副桨叶几乎被弯成对折。螺旋桨没办法顺桨，震动非常可怕。

左侧机翼现在上下猛烈震动，幅度足足有20英尺（6米），我准备再一次让机组在水面迫降，刚要按下麦克风按钮，那副该死的螺旋桨又顺起桨来。哈奇上尉的飞机跟了过来，询问我们现在怎么样了，于是我们从他那里得到了准确的位置，推算出返回基地的大致时间。我们的油抗不了那么远了。

我叫哈奇上尉飞近一点，因为我们所有的导航设备都完蛋了，剩下的只有一张地图和一支铅笔。我们一直飞到天黑，月光非常明亮，所以我决定继续飞行，最后借着月光在海面上迫降。黑暗中，我发现我的仪表板照明灯都不亮了，月光的亮度刚刚足够映衬出仪表板上的微弱荧光指示，于是罗宾森继续飞行，一直到21:00。

这时候，我们手忙脚乱，需要我们两个人来维持住飞机。我们两个人一起在他的位置上忙活：他保持机翼水平，我控制飞机高度。

我们非常精确地计算出返回基地的大致时间，发现我们缺少10分钟的燃油。我呼叫哈奇上尉，告诉他我们会一直飞到剩下15分钟的航程，然后在云层下迫降。我又把机组乘员叫到了水面迫降的位置。这时候我的工程师呼叫说他发现了中央油箱里头还多出75加仑的燃油。于是我们又能扛下去了。

我们抵达基地的，开始右转降落的流程，因为我没办法以失去动力的左侧为轴心旋转。我们保持2000英尺（600米）的高度，当我对准基地跑道的时候，我们把所有配平调整片打开了，放下了机轮。我下降到接近1500英尺（450米），知道我们可以降下来了，马上关机。我们切断了所有动力，压低机头，但速度还是掉得太快，因为我们速度降到140英里（224公里）/小时以下的时候，飞机失去了对襟翼的控制。

不过，我们改平的时候，我们又恢复了襟翼的控制，它降落得很漂亮。我们的降落过程还是两人的联手操纵。一切都平安无事，除了投弹手和我，机组成员的腿上都挨了一点弹片。

“杨基佬的荣耀”号B-29完成了一段几乎不可能的返航之旅，从着陆后拍摄的这张照片可以看出：该机的二号发动机受损、螺旋桨脱落，顺带着严重破坏一旁的一号发动机，使其螺旋桨严重折弯。另外，该机的风挡破损，机内失去增压，所有导航设备失灵，遭受这样的重伤依然能够返航着陆堪称奇迹。

“杨基佬的荣耀”成功降落，成为第一架仅靠两台发动机安全返航的B-29——后续的战斗中，很少机组能够获得弗兰克·卡利科这样的好运气。

在这一天，日军声称的战果是击落22架B-29。实际上，包括机械故障等其他原因，第73轰炸机联队一共有9架B-29损失，其中2架B-29因为撞击而被击落。总体而言，这次行动对第21轰炸机司令部来说是个重大损失，尤其是人员方面，共有60名机组成员阵亡或是被俘。在付出严重损失的同时，B-29机群投下的炸弹没有准确命中目标，仅对东京市区造成有限的破坏。这迫使李梅重新审视自己的轰炸战术。

五、天火焚魔

李梅接手指挥第21轰炸机司令部以后，从1月23日到2月19日期间，一共发动了6次对日轰炸行动，累计出动646架次（其中提前返航88架次，达到了13%的高记录）。整体来看，大约1/3的机组能够击中主要目标区，这一表现的改善主要归功于训练水准的提高，不过其间天气状况较为良好也是十分重要的因素。B-29部队对应的损失也很明显，虽然其中直接被日军战斗机和防空火力击落的并不多。例如2月12日轰炸大田飞机制造厂的行动中，一共损失了12架B-29，其中被日军击落的只有1架。

在数字之外，一个基本事实就是，在李梅指挥下B-29部队并没有比在汉赛尔指挥下摧毁更多的日本目标。这一点迫使李梅必须采取某些行动来改变这一局面，否则他依旧是前景堪忧。

影响第21轰炸机司令部提高其轰炸效果的最主要因素也是最不可控的因素就是天气。来自太平洋暖湿气流和来自西伯利亚的冷空气的交汇，使得日本上空常年都有云层遮盖。在没有办法目视瞄准的情况下，轰炸机部队只能依靠雷达瞄准，而雷达瞄准的精确度在很大程度上依赖导航的精确度。虽然美国国内正在研发更好的瞄准装备，可是前线军情要求更为急切；另外还有一个天气难题就是急流——集中在狭窄、曲折地带的高速运动的气流。对于这一20世纪20年代才被发现的天气现象，当时的气象学家还了解不多，但是这种在8100—9000

美国战争债券海报：下一个，日本！由于战场环境特殊，对日本实施的第一步战略打击只能依靠战略轰炸机部队来完成，画面左侧，从天而降在旭日旗上的炸弹便代表着李梅的使命。然而，种种条件限制了B-29的作战效能，第20航空队必须找到切实有效的解决方案。

米高度上急速运动的气流使得投弹手在计算提前量时判断错误，气流也会把下落的炸弹吹散，无法形成密集轰炸的效果。

盘点第21轰炸机司令部至此以来成功的战例，其中都有一个共同因素：天气晴好能见度佳。而能满足这一条件的日子，在一个月里也就平均只有5天左右。很显然，B-29部队不能指望天气打仗。

此前，无论是在中国还是在马里亚纳群岛，B-29出击时主要挂载高爆弹。随着战争的推进，美国陆航开始意识到了燃烧弹在对付类似日本这样的城市环境是极为有效的武器。原因相当简单：日本城市建筑以木质构造的民居和厂房为主，而且建筑密度极大，是燃烧弹最好不过的目标。

为了检验最佳的火攻战术，美国陆航在佛罗里达州的埃格林空军基地建立了一个日本建筑标准的假想目标群，模拟要被攻击的日本城市。目标群绰号“小东京”，测试各种燃烧弹的攻击效果。各式武器轮番上阵测试一番后，美国军方很快就发现凝固汽油装填的燃烧弹是摧毁日本的首选武器。

凝固汽油弹是由哈佛大学化学博士路易斯·费舍尔领导的团队研制成功的，在和杜邦公司、标准石油公司竞争新型燃烧弹的竞赛中胜出。它的英文名Napalm来源于“脂环烃”和“棕榈酸”这两个单词的混合，一开始指二者反应所得到的化学物。这个化学物作为稠化剂

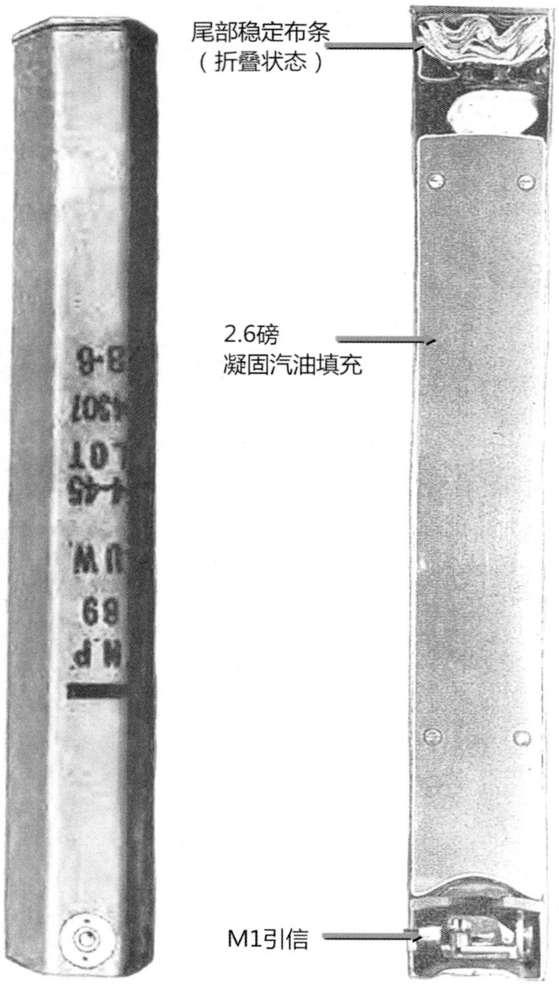

M69燃烧弹，横截面为六角形。

38枚M69组合为一个集束燃烧弹，前后各有19枚。

与汽油混合后得到一种胶冻状混合物，而后来这个汽油混合物就习惯称为凝固汽油，广泛用在航空燃烧弹和火焰喷射器上。

装填凝固汽油弹的M-69燃烧弹重2.8公斤，从高空投掷这么轻的燃烧弹散布肯定是大得惊人的。因此，陆航采用了集束式结构，每个集束燃烧弹包含38枚M-69，呈X型捆扎在一起，通常在600米高度上散开。这样既能保证投弹的精确性，又能形成一定面积的散布。

除了M-69外，还有两种燃烧弹也用在轰炸日本的任务中：重型的M-74燃烧弹及227公斤重的M-76型，后者主要适用于B-29探路者机组们用来在地面上标示出轰炸瞄准点。

阿诺德的副手艾拉·埃克将军说过一句话，堪称当时陆航高层指挥官和美国军方对燃烧弹区域轰炸日本城市的意见总和："以区域轰炸烧毁整个城区从而大量杀伤熟练工人是很有意义的。"这句杀气腾腾的话，就要靠李梅和他的第21轰炸机司令部去实施了。

接下来，从1945年2月后，李梅和他的参谋们开始尝试增大B-29投放燃烧弹的比例，并决定在2月25日凌晨轰炸东京的第38号行动中实施大规模燃烧弹攻势。

该次行动又创下了一个新的出击记录：229架B-29从马里亚纳群岛出击。战术上还是高空昼间轰炸，但是载弹都换成了燃烧弹。对于各个飞行机组来说，看到如此之多的B-29并肩飞行，就像是一支巨大的空中舰队在集结准备毁

在后方的试验场地，美国陆航参照日本民居样式，1:1 等比例建造的燃烧弹轰炸目标，以竹木结构为主。在试验中，轰炸机投下的凝固汽油弹击中这个假想目标之后，当即燃起大火。从图中可以看到，风助火势，猛烈的大火已经从一楼烧到二楼。凝固汽油弹的威力将在东京得到完美的体现。

灭日本，很大程度上也鼓舞了士气。

最后，202架B-29飞抵日本本土，总计投下了454吨燃烧弹，其中有30架因为航向错误而轰炸了备选目标。由于当时是日本冬天，在白雪覆盖的地面上被烧毁的区域格外清晰。在其后的战果评估侦察分析中，燃烧弹轰炸的效果大大超过了预期：大约有2.5平方公里的城区被彻底烧毁，估计摧毁建筑物28000栋，造成至少35000人无家可归。连日本天皇的皇宫也被炸中，一处卫兵兵营、一个图书馆和部分住处被烧毁。

这次接近饱和轰炸的行动也大大出乎日军的意料，在第21轰炸机司令部的行动报告中对日军防空火力的描述是：高射炮火——轻微、战斗机拦截——无。参战的三个联队中，有两个联队的自卫武器系统一弹未放，而另一个联队唯一的开火时机就是在进入日本上空前的试射。整个行动中，只有两架B-29因机械故障问题而损失，战斗损失为零。

第38号行动取得的空前胜利，使之成为美国陆航对日战略轰炸的一个关键性转折点，标志着从高爆弹精确轰炸为主的战术转向燃烧弹区域轰炸的战术。

这时，李梅开始考虑对战术作出重要的改动：降低轰炸高度，“以避开气流干扰”。这个改变和陆航一贯的高空轰炸原则是相背离的，李梅知道这是一次危险的赌博。为了获得对日轰炸攻势的胜利，一场远超过“有点非常规”的变化正在悄悄进行，李梅实际上已经把陆航以往常规的剧本丢到九霄云外。

在2月末，李梅已经初步形成了低空燃烧弹轰炸东京的战术构想：低空夜间大编队突入日本防空圈。

按照李梅的情报，日军雷达预警体系水平低下，夜间高射炮防空效能微弱，大口径高射炮无法形成足够的射击密度，依靠人力操作瞄

1945年2月25日，东京遭到燃烧弹空袭，火光冲天。

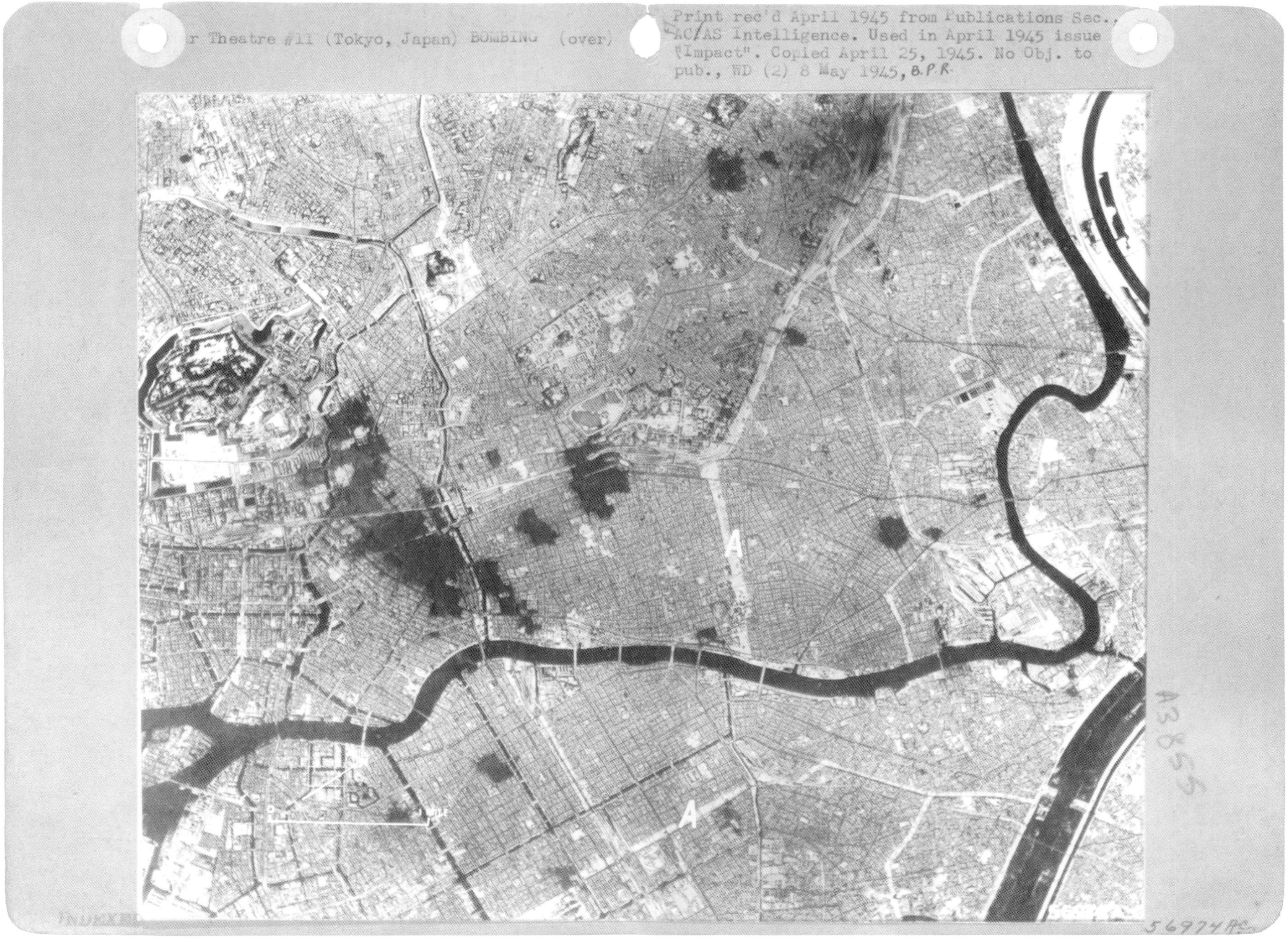

1945 年 2 月 25 日，空袭过后的美军航拍照片，白雪覆盖的地面上，被烧焦的黑色区域尤为突出。注意图片左侧为皇宫。

东京城区中的工厂群落，类似无数小型工厂组成了整个日本的军工体系，区域轰炸就是针对这样的小型工厂目标。在日本的各个城市，大量小型兵工厂聚集在市中心之内，而且厂房建筑主要为竹木结构，极易燃烧。这直接启发了李梅针对东京采用燃烧弹轰炸。

准的小口径高射炮又对B-29构不成威胁，而且日军缺乏合格的夜间战斗机，大编队的B-29能够压倒日军的防空兵力，并形成足够的轰炸密集度来造成地面上尽可能大的损失。

对东京的轰炸计划确定以后，李梅把轰炸瞄准点选择在了下町区。从地理位置上看，下町位于东京市区东部隅田川河岸较为低洼的地区。隅田川由北至南横穿东京，流入东京湾，在河西侧地势较高，称之为山手，也是皇城和高级住宅区所在，下町则为普通市民聚居区，街道狭窄，遍布各种小型工厂和家庭作坊，人口密集。因此这两部分也称之为上城和下城。

进入太平洋战争后，东京的老城区已经沿着隅田川扩展了很多，河西岸地势相对较高，东侧地势较低。在东岸的北面是本上区，东南面为深川区，这里密集了无数的小作坊和商店，依赖为那些大的财团工厂提供部件而为生，在这些小型家庭式工厂里聚集了大量的工人及其家属，同时也衍生出无数周边的第三产业。例如浅草是东京最大娱乐区，在这里有众多的小酒馆和妓院。

按照官方不完全的数字记录，在整个7—10平方公里的下城两区，大约有超过70万人在此工作和居住，堪称当时地球上人口密度最大的市区。此外在深川区的东侧，还是一片主要的物流区，大量原材料、半成品都储存在这里等待转运。

与东京城区重要的地位形成鲜明对比的，是日本政府脆弱的民防体系。

在日本，民防体系的首要致命缺陷就是缺少防空掩体。与德国城市里有大量公共防空掩体所不同的是，日本城市里几乎很少有这类大型设施，建造能抵抗高爆弹的大型公共防空掩体要消耗大量钢铁和水泥，而这对资源贫乏的日本来说未免过于奢侈。

加上日本政府对大规模空袭也没有足够认识，认为如果大规模建筑防空掩体，会给国民带来心理恐慌，从而干扰国民的日常生活，并影响战争军事工业的生产效率，因而修建掩体的计划便一再拖延。

结果，到1945年，东京只有18个合乎要求的公共防空掩体，总计能容纳大约5000人，和上百万的人口数量相比就是个笑话。东京况且如此，其余日本城市的状况自然可想而知。

和缺乏防空掩体平民相对比，日本皇室是个特别的例外：早在1942年，日本皇宫内就构

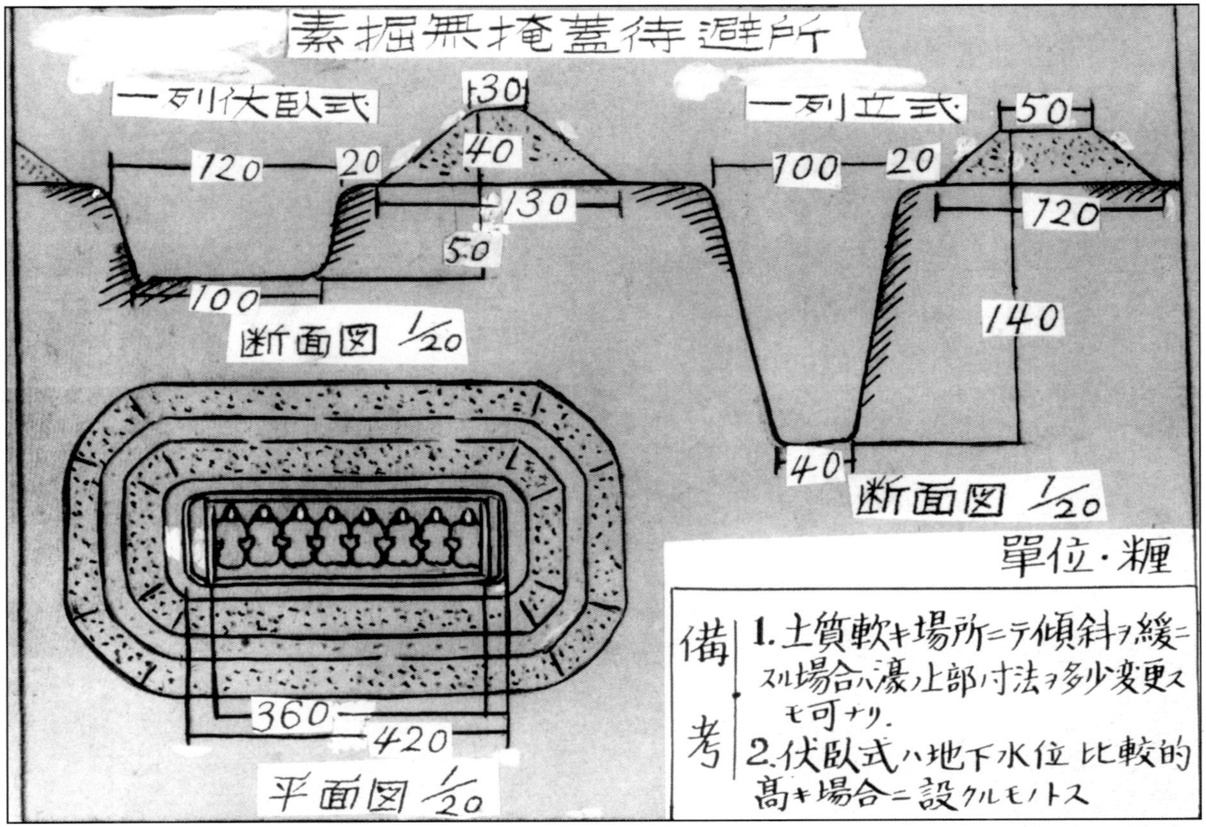

日本政府颁发的防空掩体挖掘说明书，专供市民参照。由图中可以得知，防空掩体有两种类型：一种较浅，成年市民只能躺在中间；一种较深，勉强可以保持半蹲或者坐姿。防空掩体顶部没有任何遮蔽，只是在四周垫高土层以抵御横飞的弹片，这对于从天而降的凝固汽油弹而言没有实际意义。

空袭之前，东京市民在住所周围挖掘的简易防空掩体。从图中可以看到，这个掩体的深度为一米多，可以容纳十余名成人，这种级别的防空掩体在上千吨的凝固汽油弹之前形同儿戏。不过，此时的日本市民并不知道这一点，并信心满满地合影留念，摆拍的意味非常明显——防空掩体周围还摆上一排花盆！

筑了为天皇和其他皇室成员而设的防空掩体，对外为了掩人耳目，号称这个工程是要建筑一个图书馆。

由于缺乏防空掩体，一旦燃烧弹从天而降，日本民众只能指望消防人员迅速赶到，扑灭自己家园的大火。这就涉及民防体系的第二个问题：缺乏现代化的消防体系以及设备。

尽管日本历史上遭遇过很多次不同原因导致的大火灾，但是奇怪的是，在日本无论政府还是民间都极度缺乏对现代消防体系的认识。关东大地震引发的毁灭性大火22年之后，仅仅在日本前六位的大城市里设置和保有全天执勤的消防队，其余城市完全依靠志愿者。

而且就算是在东京，按照日本历史学者的说法，东京消防局的运作是按照老黄历的惯例而不是按照科学而行事。除了东京以外，其余地方的民防体系都是由社会团体性质的组织来负责。这样一来，缺乏协同和效率低下就是必然的结果了。

基于陈旧的物质基础，日本政府在1928年6月举行了第一次防空演习，到1932年防空演习成为东京市每年一次的例行演习活动，不过其水平也就是灯火管制这个级别。直到1938年中国空军远征日本的“传单轰炸”后日本政府才开始重视起来，立法通过了国家民防法案，授权内阁和各县政府负责建设和组织。东京还进行了一些防空演习，不过次数很少。

不过从1937年到1941年间的战争赌博都是

日本在节节进攻的状态，资源的投入自然朝着扩大和巩固现有战果的方向，本土的防御只能居于次要地位，所以该法令也就只是停留在纸面上了，实际上几乎没有实施。

1941年偷袭珍珠港、战争全面打响后，日本开始加大消防体系的建设，不过在当时日军正在东南亚高歌猛进的“大好形势”下，国家资源主要还是投在军备上，消防人员的征募也让位于征兵，所以妇女被大量用于辅助消防单位。唯一明显的改观是消防人员的数量大为增加，许多单位的人员数量已经达到了战前的3—5倍。

然而，迅速增加的人员并不等于就形成了战斗力。缺乏基础训练的征募人员和普通平民没有任何区别，何况消防设备数量一直不足。以东京消防局为例，人员从战前的2000人增加到了8100人，分布在全城287个消防站。1945年后还计划增加到12500人，不过战争导致的日本人力资源短缺使得这一计划成为纸上谈兵。作为比较参考，美国纽约市1945年有全职消防员9000人，分为365个单位（225台消防车，126套吊钩和云梯，以及一些救援和辅助支持单位）。

1942年的杜立特空袭沉重地打击了日本国民士气，降低了政府和“无敌皇军”的威望。在此情况下，日本政府反倒没有立即投入精力去加强民防设施建设和进行相应演练，因为这将传递出一个负面的信息：“皇军”无力御敌于国门之外！如此一来，愚民政策就算是失败了。

实际上，大本营战报中“皇军”还在节节胜利。1944年7月，美国海军打下了塞班，日本国民才愕然地发现，原来战争已经不再遥远。不过直到这时，日本政府还是把民防建设的优先级押后，原因很简单：日本政府的资源已经近乎山穷水尽了。

于是乎，到了1945年，整个日本的民防建设近乎儿戏。在燃烧弹投到家门口的关头，日本消防员的制服和装备却可以追溯到1880年。更有甚者，对高层建筑灭火工作必不可少的车载消防云梯，整个日本列岛中只在东京市有一具能够运作！

另外，作为岛国，日本本应是拥有一支强大的水上消防船队的。但实际上，在1945年，东京市只有8艘喷水能力为500加仑/分钟的小型消防船，用来应对大约160公里长的运河、河流和海岸线。相比之下，纽约消防队拥有10艘7000加仑/分钟喷水能力和2艘18000—20000加仑/分钟喷水能力的消防船。

为了应付预想中的燃烧弹大空袭，每个消防局的汽油储备只够每辆消防车工作2个小时，对于已经资源匮乏到窘迫的日本来说，这也是无可奈何的。结果，大火烧到家门口之后，发生过大批消防车因为没有油而只能抛弃、被大火烧毁的惨剧。之后消防车的汽油配给理论上增加到了4个小时，这个配给额度依然时常难以达到。因而，即使在有消防车的地方，很多车辆也被迫处于闲置状态。维修人员和备件的缺乏，使得在1944—1945年间，日本城市里的消防车出动率仅仅只在20%左右。

这时，日本军方也意识到了美军轰炸威胁之下日本城市的脆弱性，在一些重要地区开始清理建筑物，建立防火带，仅在东京一地就统计拆除了61.5万栋各式建筑。有意思的是，这个数字4倍于未来毁于轰炸的建筑物，而且它们的拆除在铺天盖地的燃烧弹攻势面前毫无作用。

最后，日本政府只能寄希望于广大市民本身，试图引导其掌握足够的消防知识、迅速扑灭大火，减少损失。为此，进入战争后，日本政府印发大量与防空、消防相关的宣传资料，对老百姓进行知识普及。

到1945年，东京的市民都处在有组织的民防体系下：超过14万个邻里互助组织，每个包括10—20个家庭，包含了至少275万人。参加邻里互助组织的市民都心怀人定胜天的信念，宣誓在空袭火灾发生时要听从指挥，“完全忘我和无私”地投身于灭火活动。而且，政府还一再宣传：只要邻里互助协会能团结一心，那么“无论米鬼怎样的空袭都会在国民团结一心的努力下被化解”。

很快，李梅将向世人证明日本人的努力是全然徒劳的。

经过多方面的考量，第20航空队把东京列为日本列岛上首要的火攻目标。不过，李梅计划的不仅仅是摧毁东京，还包括一个持续大约10天的连续对日本主要工业城市的闪电攻势。

进入3月，在马里亚纳群岛各个基地里，燃烧弹轰炸的准备工作开始紧锣密鼓地进行。李梅命令各个联队指挥官抓紧时间训练各个大队的夜间低空飞行技术，要求飞行员在1500米高度上实施大编队飞行。不过，很多官兵心中还是存有很大疑虑，一名第73联队的上尉在自己的日记中写道："在过去的一个星期中，我们一直都在担心，可能我们正在计划一场前所未有的大失败……"

根据李梅的指示，非常规的战术安排还包括只保留尾部自卫武器，其余的12.7毫米机枪全部都拆掉，以节约重量来装载尽可能多的燃烧弹。同时不用满载荷爬升，也有助于避免R-3350发动机过热，降低机械故障发生的概率。

接下来，参谋们和负责计划安排的军官们就忙得不可开交了。轰炸行动中，各个环节往往是一环套一环，相互依赖的。例如时间安排，考虑到马里亚纳群岛各个基地之间的地理位置距离（从关岛到提尼安再到塞班，距离为220公里），基本上各个机场以每分钟1架B-29的速度安排起飞，算下来300架B-29组成的机群从头连到尾接近600公里长了。从中队—大队—联队各级组织，数以百计的B-29要按照预定

任务在即，地勤人员正在准护B-29的螺旋桨。注意螺旋桨惊人的尺寸与一名成人男子的鲜明对比。

的飞行路线，在导航员的引导下于预定地点集结，再进入日本实施轰炸，这是一项规模空前而且复杂的战争行为。

3月8日，李梅的作战命令下达给各个轰炸机联队——火烧东京的"会堂"行动马上开始。此时，马里亚纳群岛的各个基地已经忙成一团，机械维护人员在检查每一台发动机，军械兵把燃烧弹一枚枚装入B-29的炸弹舱，燃料也在注入飞机内的每个油箱。

计划中，位于队列最前的、先导中队的

火烧东京任务之前，地勤人员正在装载燃烧弹。热带地区气候炎热，所有人都是赤膊上阵。右侧的垂直构件便是挂载燃烧弹的挂架，安装在舱壁之上。虽然燃烧弹相当危险，可地勤人员毫不在乎——右边这位仁兄甚至还叼着一根雪茄！

“探路者”们装载了180枚M-76型燃烧弹。攻击机群中，每架B-29装载了24枚227公斤M-69集束燃烧弹。这样的载弹配置使得每架B-29载弹量翻了一番，达到了前所未有的近6吨，从而能保证在每平方公里的东京城区内投下大约10吨燃烧弹。可起飞参加轰炸的B-29总数超过300架，总载弹量超过2000吨，这是第21轰炸机司令部有史以来最强大的一次打击行动。

时间来到了1945年3月9日，“会堂”行动拉开帷幕。当天下午，李梅来到关岛北机场，观看这里的机组们起飞。此时，天气侦察机发回的情报也显示东京上空天气良好，云层密度在1/10到3/10之间，能见度超过15公里，可谓是天助李梅。

17:36，第一架B-29腾空而起，此后每隔30秒，就有一架B-29起飞。对于李梅来说，这无疑是他战争生涯里最长的一夜。总共334架B-29满载燃烧弹起飞升空，大戏上演了。

3月9日夜间是个晴好的夜空，1/4弦月悬在天际。前往战区途中，轰炸机群一路顺风顺水。从空中望下去，日本海岸线清晰可见。战斗即将打响，B-29机组成员们开始穿上防弹背心和头盔。

就在B-29机群飞向东京的同时，对日本人来说可谓屋漏偏逢连夜雨——一股强烈的冷空气在晚间8:00猛烈地袭来。风速超过70公里/小时，给东京带来了漫天的灰尘，能见度降到几乎伸手不见五指的地步。坏天气还让日本的雷达警戒系统大出故障，纷纷上报了很多轰炸机来袭的假警报。因此，等到B-29轰炸机群真的飞临日本上空时，日本人已经警报疲劳了。

22:30，东京上空开始响起空袭可能来临的警报声。灯火管制立即开始执行，从睡眠中被惊醒的市民纷纷钻进室外的简易防空掩体中、准备应对空袭。不过，警报很快又取消了，市民们又穿着衣服继续回到房屋内休息。

接近午夜时分，日军预警体系的工作终于正常。在海岸线上的观察哨汇报：确切听到了大量机群飞行的发动机噪音，认定是B-29来袭。但是接到汇报后，日军高层还是认为东京不会是目标——毕竟在B-29不止一次的夜间对日本轰炸过程中，从来没有这么大数量的机群

第 314 轰炸机联队的 B-29 在夜色中依次起飞。摄影师用长时间曝光营造出奇幻的效果。（陈震协助制作）

在低空飞行进入的。因此，负责民防体系的日本官员稍显迟疑，并没有立即命令发出空袭即将到来的警报。

在日军预警体系犹豫不决的关头，第一批 B-29“探路者”机组在1500米高度左右以480公里/小时的速度突入东京，准备为后续机群标识出轰炸瞄准点。无论是日军夜间战斗机还是高射炮，在缺乏雷达支援的情况下，都对这个高度上快速的B-29无能为力。各个“探路者”机组如入无人之境，投弹手们借助于雷达瞄准器和良好的能见度，在午夜12时15分从容地投下了目标指示弹。M-74燃烧弹在30米高度上爆开，熊熊燃烧的凝固汽油立即泼洒出去，在下町区地面上形成了一个巨大的X形燃烧带，就像是两条交叉对角线，从而标注出了一个大致是长方形的轰炸目标区。

和计划预想的一致，被轰炸的这个长方形区域大致是6.5公里 × 5公里，估计人口密度大约为4万人/平方公里。建筑区域占总面积的40% – 50%。根据航空侦察和情报研判，这个地区密集分布了大量的家庭式作坊和小型加工场，而且建筑结构主要是木材和竹制，极易燃烧，采用燃烧弹区域轰炸的话能够最大限度地摧毁这一地区的工业和杀伤工人。

“鬼畜李梅”（日本人对李梅敬畏的称呼）的大攻势序幕就此拉开了。

这时，凄厉的警报汽笛声方才姗姗来迟、

日本外海，目的地在即，从 B-29 上拍摄下的照片。前方的光柱便是东京市区慌乱而又绝望的探照灯光。

黑夜中，成千上万燃烧弹从天而降的宏大恐怖场景。（陈震协助制作）

响彻东京市的夜空。随后，电台播报：有美国轰炸机机群在千叶县铫子市上空集结——这里是第21轰炸机司令部选定的进入日本海岸线地标点。不过，7分钟之前，第一批B-29已经投下了炸弹。整个东京东部地区都在浓烟和烈焰笼罩之下，不用发警报，人人都明白已经发生了什么。

锁定了“探路者”机组们标注的地标后，一个个大队的B-29依次进入轰炸路线。所有升空的轰炸机中，有279架飞到了东京上空，累计投弹量约为1665吨。在1500米到2800米之间高度上，轰炸机分别按照事先规定好的方位在X型燃烧带的不同侧面投下满载的燃烧弹，该战术是为了避免机组们把燃烧弹过于集中地投在某一个区域，而忽略了其他区域、达不到最大的轰炸效果。

正如李梅所预测的那样，日军夜间防空体系对于低空高速的轰炸机应对无力。虽然探照灯光束很努力地在夜空中试图捕捉B-29的踪迹，但是B-29往往都是在光束中惊鸿一闪就又消失在夜空中了，地面高射炮的炮手完全无法射击。美军机组乘员是这样在战斗日志中描绘当晚日军防空体系的虚弱：“夜间燃烧弹轰炸，高度5000英尺（1500米），偶尔会有探照灯从我机划过，地面高射炮火完全没有准确度，没有弹片击中我机，没有发现战斗机。”

当时，维希法国驻日本的日报记者罗伯特·格林巴利在东京亲历了大轰炸之夜。他是1938年被派驻到日本的，珍珠港事件之后就滞留在日本。在1981年出版的名为《我目睹了东京在燃烧》的书中，格林巴利描述了他在3月9日夜间的亲身经历：“明亮的火光照亮了夜空，仿佛白昼来临，夜空中不断爆裂开来的燃烧弹倾泻而下时就像一棵棵燃烧的圣诞树，同时伴随着尖利的啸叫声。在轰炸开始后不到15分钟，火焰风暴就已经席卷开来，原本是雪夜还有些寒冷的，现在一下子变成了温暖的感觉。”

格林巴利是幸运的，他所在的位置距离下町区还算有足够的安全距离，因此他还能算是淡定地观察和记录那一晚发生的事。

B-29机群投下的燃烧弹一共散布出十万余枚2.8公斤的小型M-69燃烧弹，每一枚尾部带着一根银白色的布带，起稳定作用。燃烧弹在集束散开后如瀑布般从天而降，落在哪里，就在哪里喷发出一团橘黄色的热焰，数秒后就把周围变成大熔炉了，翻滚奔流的燃烧剂贪婪地吸收着空气中的氧气，把它们所接触到的一切物体都吞入火焰之中。无论是建筑物还是人类，结果都只有一个，那就是毁灭。

转瞬之间，火势排山倒海一般爆发起来。火舌从相毗邻的建筑物之间一个个蔓延开，日式建筑的木制、竹制内构件成为最好的引燃物。火焰不断地吞噬着周围空气中的氧气，需要越来越多的新鲜空气。作为轰炸瞄准点的下町区的火势最为凶猛，这里中心燃烧区的温度甚至超过800摄氏度，简直就像是一个巨大的熔炉。灼热的空气向上涌动，带动周围的温度较低的空气向火焰中心流动，同时也把周围的火势向中心拉动。这样一来，灼热的气旋与周围其他温度低的空气之间就形成一个强烈的吸入效应，就像是自然界的龙卷风一样，在外围的风速可以达到30公里/小时。这就是火焰风暴——在汉堡曾经埋葬了数以万计德国人的人工风暴，在东京市再次闪亮登场。在火焰最猛烈的地域，其中心温度接近1000摄氏度，池塘、沟渠里的流水都被煮沸化为蒸汽。除了葬身烈焰之中的死者，更多东京居民死于缺氧或者是燃烧带来的有毒气体。

这种灾难是日本国民从未见过的。美国陆航第21轰炸机司令部的B-29机群以完全超乎日本人想象的毁灭能力，真切地告诉当年那些绕着皇城鞠躬欢呼“班哉”的日本人：这就是战争，你们对那些被侵略的国家人民所做过的，如今会百倍地回应在你们身上。在这一晚，东京的市民们意识到了战争的真实和残酷，地狱之门已经打开，献祭的是数以万计的性命。

一切忽视民防体系的举动都让东京在3月9—10日夜间的火焰风暴之夜付出了代价。在那个燃烧弹如雨点般落下的夜晚，东京那点可怜的消防力量很快就被饱和轰炸给压倒了。一架B-29投下的燃烧弹能覆盖大约450—600米长、90米宽的地域，产生的巨大热量绝对是日本消防员从未见识过的。事实上，在轰炸开始后30

日本政府颁发的《防火基本训练》教材，指示市民：一旦住所遭到燃烧弹空袭，使用水、砂土和湿布加以扑灭。这套教材理论上合乎逻辑，但是美国陆航的凝固汽油弹威力远远超过日本人的想象。但凡主动救火的居民，绝大多数会葬身火海。

普通市民的努力在成千上万的凝固汽油弹之前完全徒劳无功。这是东京火场的照片，可见除了少数砖石结构建筑之外，其他民房完全烧为废墟。

分钟，东京消防局就认定火势完全失控了。对于消防队而言，这是一场注定要失败的战斗，但依然尽其所能地来对抗大火，大约100辆消防车、近8000名消防员和5000余名辅助人员投入了灭火行动。不过，在对抗近2000吨凝固汽油弹所引发的烈焰时，完全是杯水车薪。为数不多的消防车在起火地区遭受逃难的人群堵塞，加上大火带来的高温使得道路上的沥青开始融化，消防车几乎无法从一个大火燃烧的区域调动到另外一个区域，近乎废铁一堆。消防队自身也造成了巨大损失：96台消防车被毁，128名消防队员丧生或失踪（也就是被烧得没人能识别了），此外还有至少500名民间辅助消防员丧生。

空袭开始时，大量居民们老实地遵从了政府所教导的邻里救助政策，主动扑救附近的火势。这些老百姓们竭力用自来水、沙子和湿布去对付凝固汽油弹，很快就发现这是完全无济于事的，可是等他们想起来要逃离火场的时候，蔓延开来的火势已经将他们重重包围了。

在如此短时间内上千吨凝固汽油弹造成的大火中，很多家庭都全部死亡，只有在火势初起就果断逃离的人才有机会幸免。佐佐木房子在她战后的回忆中是这样描述的："我也不记得为什么当时就下定决心要立即逃走了，就在我离开住处不到10分钟，身后就已经被大火完全淹没了，浓烟是如此厚重，以至于我连5米左右外就已经看不清楚。如果我稍微迟疑一点，那么我就会像同住的13个女工那样成为焦尸了……这一天，我才真正明白了什么是战略空袭。"

在地面上，狭窄的街道上顷刻间挤满了从住宅里跑出躲避空袭的市民，很多人还带着早就收拾好的贵重物品，这样就更加剧了拥挤程度，不少人还扛着装满大米和豆子的袋子——因为这是他们生活的唯一依靠了。不过，在无尽的恐慌中，逃离火场也是个技术加运气的艰难任务，远非拔腿就跑那么简单的。

高桥进当时是个医学院学生，正在忙着考试前的复习。警报响起后，他带着课本躲到庭院里自家挖掘的简易防空掩体里，准备继续用功。不过，这次凝固汽油弹引发的大火显然不是简陋掩体就能扛得住的，高桥进很快就发现掩体里温度已经上升到难忍受的地步，于是他抓起装着课本的书包从防空洞里逃出去。等他来到地面上，发现自家的房屋已经几乎要烧塌了。烈焰几乎立即把他的眉毛和头发等暴露在空气中的毛发全部烧焦，而且朝着火场猛烈旋转的空气流推着他踉踉跄跄地扑进火场。

慌乱中，高桥进被地上一根倒下的电线杆绊倒，顺势趴在地上，奋力朝着门外的街道上爬去。极其幸运的是，在他爬出家门来到街道上时，正巧遇上了一辆救火车。两个消防员架着他走开，并告诉他通过神田川上的桥就能疏散到安全地区去。也许是已经和死神擦肩而过的缘故，在摸索着前往神田川桥的路上，高桥进身上多处烧伤、鞋底也在灼热的地面上烫掉、脚底伤痕累累，但是他还是活着走到了那座混凝土桥，从而离开了火焰风暴的控制范围。而在他身后，街坊邻居也好，同学们也好，那些消防队员们也好，就都无一幸免了。

即便市民清醒地做出逃跑的决断，能够逃离火场的道路也是有限的。只有通过宽阔的主干道、已经清除建筑物的防火隔离带或者电车道路逃命才有机会活命。如果处在那些巷道狭窄的密集住宅区之中，逃出生天的概率就非常低下了：有可能在巷子里摸索逃命时就被浓烟熏昏倒毙，也有可能迷失方向而被大火吞噬。大火熄灭后，清理过程中，士兵们曾在一条巷子里发现接近30余人倒毙在一起，几乎人叠着人。显然，这群人在集体逃命途中，前面有人倒下，后面跟着的人无法看清而被绊倒，转瞬之间就全部被火焰吞没了。

和世舟户一家人和其他几户邻居一起逃到住处附近的一个小学操场上。在操场边缘，已经挖好了防空壕，于是这些逃难者就都趴到防空壕里躲避。但是，随着B-29发动机的轰鸣声的靠近，燃烧弹坠落时"嘶嘶嘶"的声音使得人们开始无比恐惧。不知道是谁喊了起来："火就要烧过来啦！再不跑的话，在这里我们就死定了！！"在慌乱的情绪驱动下，壕沟里的人都纷纷爬出来，毫不犹豫地开始朝着看起来安全的方向狂奔，殊不知这反而是一条通向地狱的便捷通道。在逃跑的途中，几乎每过数米就有一个人倒下，和世的姐姐弘子头戴的消防头巾被飞溅的凝固汽油点燃了，一开始她还试图用手把头巾摘下来扔掉，但是在抓头巾时手上沾上了凝固汽油，接着头发也被迅速引燃。她试图用树枝帮姐姐灭火，但弘子在惨叫声中倒下，挣扎了不到1分钟就死去了。就在这时，有数个一起逃亡的市民被烟熏窒息而先后倒下。瞬间，和世意识到自己这样乱跑只会更无生存的希望。于是，她果断地跑回学校操场边的防空壕里。这里周围没有什么建筑物，也缺少助燃物，她最后活了下来。

就在东京日本桥区附近的一处青年旅舍，旅社经理把春野益子和其他一些年轻人召集起来："我们要和空袭战斗到底，不死不休。"如他所说，没过多久，旅馆就和这位经理一起化为灰烬了。益子没有像宣誓的那样战斗到底，而是独自逃走了，朝着她工作的一个家庭作坊式的航空辅助电动机制造厂跑去——工人们在那里的仓库后挖了一个还算不小的防空掩体。不过，这一路上同样也是危机四伏：到处都有被遗弃的衣物、包裹、箱子和倒闭的死者，一不小心就会被绊倒，有时还会有冒着电火花的电线，或者是熊熊燃烧的大树横在路上。途中她身上多处烧伤，头发和眉毛都全部烧光，一只眼睛肿得几乎什么都看不到了。幸运的是，她在途中发现了一个还在冒水的消防水龙头，于是就用水把消防头巾浸湿透，包在头上抵抗灼热的气流。在干渴和烧伤疼痛的双重折磨下，她几乎是全无意识而本能地蹒跚行走，但最后幸运地走出了火场。

实际上，日本政府倡导的邻里互助协会并非全然一无是处。有的协会负责人在组织街坊邻居逃离时，明智地要求人们丢弃所有衣物财物、轻身脱逃，并用一根绳子让人们拉着，以互相搀扶避免失散。

小烟正毅就是一个例子，作为一家小型工厂的老板，他负责为三菱发动机工厂提供发动机支架，这也是美国陆航区域燃烧弹轰炸针对的典型目标。空袭这晚，工厂里除了他自己一家人外还有另外7个工人。除经营自家的小工厂之外，小烟正毅还是一个志愿防空警戒员，因此当炸弹落下时，他就意识到了这次的空袭不同寻常。小烟正毅迅速地召集家人和工人，抛弃所有财物、立即朝隅田公园方向撤离。小烟正毅认为那里靠近隅田川，而且公园地势开阔，应该是个安全的选择。离开前，小烟正毅没有忘记志愿防空警戒员的职责，通知到了所有负责的街坊邻居、要求他们也一起撤离，之后才转身追赶家人，但是，小烟正毅还没走出3米远，一枚燃烧弹在正前方坠落，一团燃烧的凝固汽油正好打在他头部，小烟正毅顿时倒地昏迷。也不知道过去了多长时间，当小烟正毅在一阵疼痛中苏醒过来时，发现自己的裤子和鞋子几乎化为灰烬，大脚趾也快要烧掉了，胳膊上还有点小火苗在缓慢地燃烧。他就地滚动几下，扑灭了身上的火苗后挣扎着站起来，发现周围已经是遍地尸体和各种包裹箱子。小烟正毅捡了一根树枝作拐杖，一瘸一拐地继续朝着隅田公园方向走去。

途中，小烟正毅路过一处观音寺。作为17世纪的古建筑，这里每天接纳的上香祈福的游客不下于6000人。在1923年大地震中，古寺幸

日本的防空志愿者，全身严密防护，手持水桶。固然装扮威风凛凛，但实际上不一定能起到小烟正毅的作用。

存了下来，但是在现代化武器的威力面前，古寺的木质结构建筑成了最佳助燃物——庭院里的几株高大的银杏树叶都变成了树形火把，连带周围一片街区烧成一片。小烟正毅发现被大火隔断了道路，他折向河岸边继续前进。依靠朝日啤酒企业在河边仓库的厚重外墙作为掩护，小烟正毅算是避开了火势和灼热的气流。映入他眼帘的是在河岸斜坡上层层叠叠的尸体，河水中还有更多尸体在漂浮，大量幸存者慢慢地踩着尸体爬上河岸。但是，火焰带来的有毒气体、缺氧和烧伤使得他们在河水中几乎无法站稳，只要脚下一滑，这些可怜人就随波而去了。还有一些人走着走着就倒在地上，撕扯着衣服痛苦死去。小烟正毅回忆道："像是即将干涸的池塘底部一群群扑腾着喘气的鱼一样。"

待火势渐熄后，小烟正毅挣扎着走到了一处收容点，找到医生请求救助。医生只看了他一眼，就对旁边的几个士兵说道："把这个人抬走吧，送到楼下陈尸间去，对他来说不需要多久就能躺在那里了，反正没希望了。"于是，倒霉的小烟正毅就被搬到陈尸间，完全无人过问。空袭过后，他的母亲一个个救助点地寻找死者和伤者，找了整整三天才发现小烟正毅。神奇的是，此时的小烟正毅居然还活着，他被扔在一张草席上，没有水没有食物，也没有任何治疗措施。和亲人团聚后，奄奄一息的小烟正毅才得知自己的妻子、四个孩子和两个姐妹都已经死在逃往隅田公园的途中了。

火势肆虐之时，沸腾的河边还有少数幸存者，他们基本上幸运地找到了某处可以躲开火势的避难所。例如，家庭主妇村下留美带着孩子跑到隅田川河岸上。这里已经遍地都是死者了，还有很多尸体漂浮在水面上。大火距离河岸很近，很多人为了躲避而选择步入河水中。在水火交攻之下，很多人为了躲避猛烈的热空气旋风，试图走到河中离岸边更远一点，一旦滑倒在水中就多半会溺死。不过，村下留美碰巧找到了一个城市污水下水道排污口。水管之大足以让她带着孩子躲在管口，这里既不会被燃烧弹的火焰直接袭击到，也不至于会在水中溺死。唯一的麻烦就是污水和垃圾带来的恶臭，一家人依靠淤泥和垃圾在身上形成的保护层才免于烧伤。

一般来说，在空袭发生时逃命到附近的某些公共设施是比较好的选择。这些公共设施一般都是钢筋混凝土结构的坚固建筑物，相比木制的日式住宅要坚固得多。因此，有不少人在

这位带着孩子的母亲没有村下留美那么幸运，其在逃难的过程中被火海无情吞噬。

逃命时选择了附近的学校、医院、政府机构等等地方，但是这并不意味着就百分之百的安全了。

土仓秀明在一家为飞机组装厂提供配套零件的小型工厂里当职员，他的一家人就住在距离工厂不远的一个街区里。轰炸开始后，他立即带着家人逃命，这显然是他第一个明智的决定。刚刚跑出密集的工人家属住宅区，土仓秀明就意识到了他们已经被大火所包围了。土仓秀明想起了附近的双叶学校，这里以其规模巨大的游泳池而闻名，校舍是混凝土和砖石结构的，显然比起木质建筑要耐火烧。不过，怀着类似想法的人也不少。土仓秀明发现一家人瞬间卷入了试图躲入学校的汹涌人群之中。土仓秀明放弃了躲在游泳池或者学校地下室的念头，避开人群带着家人跑到校舍楼顶。

土仓秀明发现楼顶上有个储水池，一家人随即躲了进去。储水池的水逐渐被周围的高温烘得热腾腾的，但还不至于被煮沸，因为砖石结构的校舍还算坚固，水温低于大火环绕的地面温度。土仓秀明带着孩子们泡在储水池里，等水热难耐时就爬出来，过一阵子又躲回到水池里，反复如此，直至火势消弱。

大火后东京留下的现场老照片之一，马路之上死者比比皆是，大部分都已经是肢体残缺。

回忆起那个恐怖的夜晚，土仓秀明总是形容那就像但丁神曲里描写的地狱一样，刺眼的火光和雷鸣般的爆炸声交织在一起，就如同地狱之门在隆隆开启。

空袭结束，校舍周围的火势逐渐熄灭后，土仓秀明惊愕地发现躲进学校的数千人中，除了他家3人外只有另外12人幸免于难。躲进地下室和校舍房间中的人，大都因窒息或高温而死，另外那幸存的12人也都是躲到屋顶上才得以幸免。“整个校舍有三层楼，当我从屋顶走下来时发现这里已经变成了一个巨大的坟场，到处都是类似木乃伊状或焦炭状的尸体，尤其是在房间门口和楼梯口，尸体堆积如山，看起来是人们在试图离开这里时相互践踏倒下的。但是在学校最著名的游泳池，那里是我见过的最悲惨和令人心悸的一幕，估计可能超过1000人的尸体堆积在已经被烤干的游泳池里。太多逃难的人把这里当成了避难天堂，结果却成了他们的人生终点。我猜最初的死者可能是溺死的，再后来可能就是践踏、缺氧等原因导致的。”

在东京火焰地狱之上的千米高空，则是另外一幅景象，烧灼尸体的恶臭直扑轰炸机群，涌进B-29机舱当中。尽管飞行高度低于要求使用氧气面罩的3000米，很多机组成员都主动戴上氧气面罩，以避免闻到让他们反胃的臭气。最后，机舱内这股恶臭久久不散，伴随轰炸机飞行上千公里，一直带回到后方基地！

熊熊烈焰使得灼热的热空气迅速向上升腾，这对从东京市区上空飞过的B-29驾驶员来说也是个威胁，他们要小心控制飞机。当中心温度超过800摄氏度，火焰风暴卷起狂暴的飓风，垂直方向上的剧烈空气变化可以轻易将55吨重的四发重型轰炸机吹翻过来。

第29大队的高登·罗伯森上尉是第一次参加战斗行动，对于他们这些新手来说，这晚的场景实在是太令人瞠目结舌了。机组成员没有等到预料中猛烈的高射炮或战斗机攻击，来回划过的探照灯反而制造了更大的麻烦，罗伯森上尉和他的副驾驶被探照灯照中后，两人顿时短暂失明，基本上凭直觉控制飞机在热腾腾的上升气流里飞行。投弹手打开弹仓投下载弹后，负重减轻的B-29一下子向上蹿升了近1500米，按照罗伯森上尉的回忆："这是在飓风中水面上漂浮的一个软木瓶塞。"最后，罗伯森上尉控制住飞机，平安踏上返航之路。而身后的地狱火焰是如此的猛烈，以至于很多B-29机组的尾枪手都反映在飞离日本近240公里后还能在地

从火场之外的远处拍摄的东京大火照片，由此可见怒焰冲天，直扑数百米之上的夜空。在火光的映衬下，可以勉强辨析出工厂的烟囱和高层的建筑。

天亮之后，鬼城一般的东京市区。

平线上看到火光。

3月10日凌晨02:37，防空警报解除。火焰地狱中的东京市民萌生出一丝求生的希望，目送着头顶上银色的B-29在火光映衬下被涂上金色、灰色、黄色或者红色，如同流星一样从夜空中掠过，昂然消失在远方的地平线上。

警察和士兵逐渐反应过来，开始清理废墟和尸体、搜寻幸存者的行动。上级要求他们尽可能清晰完整地统计空袭伤害情况，但是实际上这完全是不可能的任务——很多尸体被烧得连男女性别都无从分辨，隅田川里的尸体更是没法统计。考虑到在3月10日之前的空袭只在东京累计造成1292人死亡，而在这一夜，死亡人员数字何止十倍于此，清理死者遗体、鉴定身份和后续处理都是令人瞠目结舌的工作量。

天色逐亮，随着助燃物的消耗殆尽，火势逐渐熄灭。在乌蒙蒙的天光下，幸存者开始陆续返回他们的住地——但一切都已经被彻底改变了。很多建筑物中的铁板和其他金属器件被高温灼热而变形，扭成各种怪异的弯曲形状。道路上散布着各种姿势的死者尸体、交通工具残骸，倒塌建筑物的砖石瓦砾等等。一些还未熄灭的火场中还不时传来噼噼啪啪的爆裂声。

充满废墟的街道上，蹒跚行走的幸存者一个个精神恍惚、面目漆黑，无声无息的样子就像后世恐怖电影的僵尸一般。破晓时分，前田秀子在姐姐的带领下，慢慢地随着人群走回住所的街道。无论自家的住宅还是周围邻居都已经找不到了，两人还都有不同程度的烧伤，只是此时太过震惊的思绪令她们两人近乎全然麻木，感觉不到烧伤的痛苦。

两人在路边下水道里找到了一点水，稍微擦洗了一下面目，疼痛让她们回到了现实。周围能看到的人都是满脸浑身黑漆漆的，几乎人人都是衣衫不整。很多人裸露出来的皮肤在今后数天、数周、数月后还是暗黑色的——高温导致皮下黑色素大量聚集而彻底改变了肤色。道路上和废墟中遍布碎玻璃片、钉子、铁片和木头碎片，赤脚走上去就是一道道伤口，尽管两姐妹很小心地尽力避免，但实际上于事无补，很快两人脚底就几乎满布伤口了。周围遍布的尸体有的已经被烧成焦黑的一小段。无论是怎样的尸体，看上去都无法分辨死者的面目或性别了。两人发现在居住地的那条街上只有她们两个幸存者，其余邻居都没有再出现过。

此时，大量的幸存者还在废墟中挣扎，忍受火焰风暴带来的伤痛。凝固汽油弹带来的火焰附着力极强，很多人只要沾上一点就会在身上烧伤一大片。不少人身上被烧焦，起泡剥落的皮肤一条条地挂着。巨大的疼痛使得他们无力站起来，而是躺在地上蜷缩成一团抽搐着。

相比贫弱的民防体系，医疗救助能力更是微不足道。当天，仅有9名医生和11名护士前来实施医疗救助，相比数以万计的伤员来说，这个数字简直可以忽略不计。在这之中，久保田重则是日本陆军军医学校的教师。3月10日凌晨03:50，他接到命令带领一支医疗分遣队前往被轰炸的城区救治伤者。给他的命令中含糊提到：伤者可能超过1万人，被轰炸的地域面积大约25平方公里，他还可以征调任何民间医疗人员加入他的分遣队。当久保田重则带队进入被轰炸地区时，到处都是还在冒烟的废墟，有些地点明火还没熄灭，空气中弥漫着刺鼻的焦煳味和蛋白质被烧焦后的特有的臭味。路过一处神殿时，他发现这座曾经宏大的木制建筑看上去就像是炭笔素描画一般，就剩烧得半截的柱子还立在那里，周围全是灰烬。

久保田重则来到两国桥附近，这是隅田川上最古老的一座木桥，全长175米，于1659年为古代江户闹市区防火避难而建。久保田重则惊愕地看到桥上一片黑森林似的尸体，而木桥面已经被燃烧弹烧断了。据分析，当时逃在前面的人发现桥面大火、不能通行而试图返身，但是后面接踵而来的逃难者已经堵得无路可退。在大火、缺氧和有毒气体的交织下，成群的人就这么站立在桥面上死去了。

东京墨田区的菊川桥，桥下死者枕藉，层层叠叠。照片拍摄之时，已经有更多尸体随着河水漂入东京湾之中。

不过，相比隅田川河面上的景象，两国桥就逊色多了：在视力所及范围内，整个河面已经被黑色的尸体填满。而且，由于高温和大火，尸体上没有留下任何衣物或可以辨认身份的服饰，加上水浸泡后肿胀起来，看上去无论男女、也无论成人或小孩全都是一个样子，甚至很多都已经是残缺不全的了。这些或肿胀或焦炭状的尸体就在河面上随波起伏，缓缓地朝着东京湾海面方向漂去。从久保田重则的角度看来，起码有数千具尸体就这样漂入了大海。

久保田重则在位于东京西北区本庄设立了救护站，这里立即被涌入的各种伤患挤满。他的患者大部分都是烧伤伤员，几乎所有伤员都因为烟雾熏燎和高温的影响而产生眼结膜炎，以及吸入烟尘导致的呼吸系统炎症。一个伤员向久保诉苦说他的胸口是如此之疼，以至于他想拿刀切开自己胸膛来呼吸点空气。即使久保是个医疗经验丰富的医生，但是面对如此之多的伤患，他带领的这支缺乏药品的小医疗队实在于事无补。久保田重则目睹了数以千计的伤

1945年3月10日，东京大火熄灭之后，日本的警察开始活动起来，在逐一统计遇难者。

者没能挺过第二天，而他手头的医疗器材是如此缺乏，以至于最基本的绷带都要从不治的死者身上拆下来、蒸煮后重新使用。在战后，久保田重则把这段参加东京大空袭的救援活动的经历，全部记录在著作《东京大轰炸——救护队长的记录》一书里。

不需要太多时间，日本政府清晰地意识到结果：这是日本自开战以来其首都遭受到的最惨重损失，甚至超过了1923年关东大地震。政府下令，东京市其余地区的寺庙、学校、影剧院等等公共场所全部都开放，作为收容难民和伤员的场地。

在如此巨大威力的空袭面前，日本政府领悟到了此前拖延疏散所带来的代价，立即安排29列特别列车用于疏散市民。在难以名状的绝望和恐惧心情下，市民们也开始利用自己所能找到的方式自行撤离。在离开城市的道路上，手推车、自行车、牛车、马车等一切不需要汽油或者煤气的交通工具络绎不绝，上面堆满了很多人一生的积蓄，夹杂着步行的人群。据估计，大约100万人在轰炸后逃离东京。

李梅的“陆军节大烟火表演”圆满结束，产生的附带效果就是彻底摧毁了日本民防体系的信心。无论是消防队、辅助消防员或是邻里互助协会的志愿人员，全都失去了对抗空袭的士气：在这般无法抵御的轰炸攻势面前，无论做什么都是无力的，还不如尽快逃离保命要紧。官方也很快清醒过来，在此次空袭后放弃了所有防空演习和训练，要求关闭所有学校，把学生们编入工厂或者后备军。

3月10日当天，东京没有任何报纸出版发行，黑烟遮蔽下的城市还处于混乱的状态。不过，与这个悲惨景象极其不协调的是在大街上列队行进的陆军士兵们——日本陆军节的盛大游行如期举行。为纪念日俄战争中的当天战胜俄军、夺取奉天（即中国东北沈阳市），“无敌皇军”照例向市民们展示“雄伟军姿”。不过，道路两侧扛着行李惊慌失措的逃难市民只怕没有心情驻足欣赏。

旋即召开的内阁会议上，日本政府的头头脑脑就东京大空袭进行讨论，他们唯一的决定是要控制舆论报道，不能让日本其他地区的民众知道这一消息，也不能让外界知道首都地区被大面积摧毁。实际上，东京大轰炸的消息已经不可避免地散布出去了。

虽然美军陆航的轰炸并不以皇城为目标，躲在特制的防空掩体里的裕仁天皇等人安然无恙，但是大火散布开来后还是烧毁了皇城的外围的几处警卫岗和外墙周边的树木。3天前，日本刚刚举行了天皇42岁生日的举国庆典，而3月10日是天皇孙子的一岁生日。但从这天开始，天皇一家就只能困守在防空掩体里，即便通风

美国陆航在火攻东京之后的首批航拍照片之一。中间偏右的深色轮廓建筑区便是皇城，而下方灰白的一大片则是火焰风暴的杰作。天皇裕仁由于政治因素被美军留下一命，但几乎是近在咫尺的这场惨剧对他造成巨大的心理震撼。

和过滤设备品质一流，但依然抵挡不住皇宫外焦煳臭味的侵袭。

在皇城护城河和高墙之后，天皇裕仁收到了第一份损失报告。虽然一整晚的火焰地狱已经让他有了心理准备，而且损失数据还是不完整的，但上报的数字依然令他震惊不已：被轰炸区域里近13000栋各式建筑物中仅有不到50栋还没倒塌，初步统计至少已经有1万多人死亡，通电线路和供水系统基本全毁，堆积的废墟清理也还需要大量人力和时间。

在火焰风暴之夜过后，裕仁天皇外出视察了被轰炸的城区。一般情况下，天皇外出前都要事先通知被视察的地区，这次裕仁只带了少量随从悄悄出门了。不过，据当事人回忆：这样做的主要原因是为了避免大队出行引起美军轰炸机群的注意。

东京的火势熄灭之后，裕仁开始视察废墟遍地的市区。身后的随从是他的管家和私人医生，在镜头之外有三辆车在待命。所目睹的一切让裕仁震惊不已。

在路边挖掘废墟和搬运残骸的东京市民们面无表情，静静看着他们所谓的“神”坐在车里缓缓而过。此时，东京市区内恐怕找不到1937年那股狂热欢呼“班哉”的热情劲了。战争已经在日本人生命中烙下了不可磨灭的印记：失去了家园、失去了财产、失去了亲人，“帝国的荣耀”已经是虚无缥缈，只剩下悲伤、惶恐和无奈了。

在这个原本应该是樱花开放的时节，隅田川河畔没有飘扬的樱花花瓣，仅剩满天飞舞的灰烬，以及倒在河边的一具具尸体。被轰炸区域的景象令天皇一行人深感震惊：已经整理到路边的死者尸体堆积起来足有2米多高，浓烟滚滚遮盖了天空，烧毁的建筑物废墟一眼望不到边。裕仁闪闪发光的奔驰770专车以大约30公里的时速缓缓地从街上驶过，路边清理废墟和残骸的人们太累了，以至于很多人没有注意到是天皇的座驾在经过，按照礼仪，市民需要朝专车鞠躬致敬，但此时的天皇显然没有心情在意这些细节了。

轰炸后，日本政府控制下的各媒体大肆渲染了所谓美军的残暴，把这一晚称之为“轰炸屠杀”，东京电台讲道：“被熊熊烈焰包围和吞噬的居民区和商业区，令人想起传说中尼禄的罗马大火灾。”显然这是在影射李梅就是1945年的尼禄暴君。美军情报机构监听到日本

上野公园中露天摆放的尸体堆，很多已经是无人认领，只能草草掩埋了事。

硝烟之中，日本军警在竭力恢复秩序，指挥搬运尸体的工作。

广播中报道：“红色火焰形成的烟云滚滚而上，国会大厦的屋顶都消失在烟雾中不可见了，夜空完全变成红色，此情此景简直叫人以为东京已经被彻底摧毁了。”

轰炸过后，日本政府的新闻报导只一味渲染“美军无差别轰炸之凶残”，具体损失没有提及。在民间，老百姓惶惶不可终日，纷纷风传东京被烧毁了四成之多。这个数字明显被人为地夸大了，东京毕竟还是一个占地面积甚广的大都市。

不过，所有的损失仅仅是在3个小时的轰炸里造成的，如果按照每天一次的频率连续轰炸，美国陆航有能力在2周内把这个城市全部化为灰烬，这一点足以叫日本人为之胆战心惊了。当然，日本人不知道李梅手里的燃烧弹库存只够他挥霍一周左右，而此时在美国国内燃烧弹库存仅剩不到17万吨。

美方事后统计表明，299架实施攻击的B-29共有14架损失，战损率4.6%，和李梅在行动前预计的5%几乎吻合。人员损失方面，共有90名机组成员阵亡，大约6人被俘。考虑到损失的B-29中有2架因遭遇恶劣气候坠毁、3架因机械故障坠海、1架迫降损毁在硫黄岛。这次空前规模和大胆的“会堂”行动最终损失轻微、大获成功，以至于今后美军类似的区域轰炸行动都被称为“会堂行动”。

根据日本政府的官方统计：下谷、浅草、深川、本庄和城东五个区几乎全毁；其他7个区——若林、神田、小岛、桥东、本乡、志波和荒川遭到50%左右的不同程度损失；总共有267171栋建筑物被烧毁，相当于当时东京建筑物总数的1/4；工业能力方面，被摧毁的工厂有43家之多。

在人员损失方面，东京警察局的最初统计是：大约1008005人无家可归，79466人死亡。值得注意的是，在这么多的死者中，只有64人被家人认领。其余有1805人被民间火葬场收容火化，2495人在废墟现场即被火化，6002人在识别身份后被埋葬在临时的个人墓穴里，69100人被以20人或者更多人数一组地埋在公共墓场里。这个看起来颇具日式精细风格的数字和大本营战报一样完全不靠谱，因为大规模的疏散和人员流动使官方统计无法确定一个准确的基数，轰炸也毁坏了市政管理当局的户籍档案和人口迁移统计，被河水卷走冲入大海的尸体更是无法估量。稍后，官方更新了伤亡数字——83793人死亡、40918人受伤，但这个数字还不包括在清理废墟后新找到的伤患。

3月9日/10日的这次大空袭向日本政府和国民传递了一个清晰的信号：继续顽抗只能面临毁灭。不过，对于冥顽不灵的日军来说，显然这一次刺激还不够。李梅和他的小伙子们还得

带着近3300吨燃烧弹和高爆弹。李梅预计这次轰炸至少能摧毁13平方公里城区。

不过，在各个大队出击前的简报会上，机组们还是被要求尽量避开轰炸到皇城。鉴于未来还可能会利用天皇的政治价值，简报中说的很清楚“现在对我们来说他是一个敌人，未来可能是个能利用的资产”。负责标注投弹指示点的探路者机组们受命把指示弹投在皇城以南和港口区以西的地域。这次夜袭的时间安排也是空前紧凑的，平均每分钟有4架B-29通过瞄准点上空。

任务再次大获成功。夜间日军战斗机的拦截几乎可以忽略，虽然地面有至少150部探照灯在寻找B-29轰炸机的踪影，但是高射炮的射击依然漫无目的、混乱不堪。

毁灭性的火焰风暴再度降临东京市区，最后进入轰炸路线的机组成员汇报声称地面上火焰十分猛烈，浓厚的烟柱一直上升到近2000米，以至于一些机组不得不用剧烈的机动动作规避躲开这些浓烟。在猛烈上升的热气流当中，巨大沉重的B-29不停地晃动摇摆，飞行员必须格外注意观察前方和上下方，避免与过于接近的友机相撞。

此时，如果能从更高空域向下俯视，熊熊燃烧的城市就是一幅巨大的橘黄色背景。星罗棋布的探照灯柱之间，一架架银白色的B-29穿梭其中，投下一连串燃烧弹和高爆弹。地面上爆炸形成的强烈闪光和白色冲击波气浪此起彼伏，把天空映照得宛若白昼，可谓好一幅梵火天降荡魔图。

战争进展到此时，一些早期就投入战斗行动的飞行机组成员已经积累到了35次出击记录。对于这些已经久经战阵的老兵们来说，这一夜的景象还是让他们为之震撼。第314大队的一个轰炸投弹手保罗·埃尔森在他的日记中写道：“当伙计们投弹完成返航时，我们彼此对视，都从对方的眼里看到了自豪和震撼混合的复杂心情，一直到返航着陆写出击报告时，这股心情都没有能平息。”

另外一名尾枪手凯文·赫尔伯特是爱好文

5月24日，劫后余生后的东京，战略轰炸的噩梦折磨了东京市民半年之久。

东京市民被史无前例的天降大火彻底震慑住了。火焰平息下来，劫后余生的居民纷纷收拾生活用品，乘坐各种交通工具逃离首都。随着后续空袭的继续，东京市民的撤离大军一直持续到当年夏天。

学的青年，寥寥几句回忆便勾勒出当时地狱般的情景："地面上的世界宛若传说中的阴间，即使是维吉尔（古罗马诗人）、但丁（意大利诗人），或者弥尔顿（英国诗人）恐怕都无法形容这一场景，血红的火焰背景下，黄褐色的烟柱扶摇直上，给人的感觉就像是天地颠倒，我头顶上漆黑的夜空才是安静的大地，而下方则是狂暴的天空。探照灯柱胡乱划过，高射炮炮弹烟云偶尔爆炸开来，耳机里传来通讯系统里各种嘈杂的呼叫，有人在提醒各机组注意避开探照灯，有人在惊呼一股热气流把他吹得几乎失控，有人在喊小心高射炮。这一切提醒了我，这才是人间。"

B-29返航后，日本军队、警察、消防队和被组织起来的居民照例开始收拾废墟、救治伤员和运走死者遗体。就在他们还在进行这一工作时，不到26个小时，460架B-29又在5月25日继续"热情问候"东京。这一次，地面上探照灯和高射炮都成了象征性的存在，大概日军觉得与其徒劳地把高射炮炮弹浪费掉，还不如留着等待所谓本土决战。这次，东京又被抹去了大约44平方公里，大量政府机构，例如外务省、海军省办公楼、所谓大东亚共荣圈总部和商业金融区化为废墟，连首相的官邸也被一把火烧光了。轰炸效果极其显著，一些机组成员开玩笑说："这才是东京应该的样子嘛。"

在美国陆航的规律性"热情问候"之下，不少普通市民为了自保，已经与时俱进地形成了条件反射式的自救动作。在3月9—10日夜间火焰风暴中幸存下来的佐佐木房子这次又躲过一劫："当我一听到空袭警报，我就知道又来了，家里人已经都送到乡下亲戚那里去了，我还在一个小作坊里工作挣钱糊口。等我开始躲避到防空洞里前，天空中已经有一朵朵类似烟花似的火焰爆开，我知道这是燃烧弹正在爆炸，接下来我就看到一些人被凝固汽油浇中，变成一个人形火炬，虽然他们尖叫着试图扑灭身上的火焰，但是无论是满地乱滚还是试图往水里跳，结果都是一样，不到1分钟后就倒地身亡了。"

与之前很多次轰炸不同的是，这次火势相当接近皇城了。此前的轰炸都局限在皇城外墙之外，对城内影响甚小；而这一次，天皇一家人及皇城工作人员，都切切实实地感受到了什么是火焰风暴来袭。热空气形成的小型飓风夹杂着火星席卷过护城河，点燃了皇城内的多栋建筑物，一时间还有火势失控的苗头。虽然东京市的消防体系已经基本退化为火灾后现场清理队的角色，但是大批消防器材和人员依然集中在皇城内，以确保天皇一家人的安全。为了控制火势，在近14个小时的扑救中有28人丧命。

当B-29机群离开以后，日本人无奈地接受了现实：从1944年11月第一次轰炸以来，近半个东京已经沦为废墟，散发着恶臭，堆积着破砖烂瓦。尤其是5月23—25日期间，连续两次大规模轰炸的战果足以让美军情报判读人员得出一个结论：东京已经不值得消耗B-29的汽油和燃烧弹，失去了继续轰炸价值。从此，B-29就没有大规模"问候"过东京市民了。从某种意义上讲，东京人也算是提前结束了战略轰炸的噩梦。

火攻神户

神户位于大阪湾西北，在古代曾是生田神社的领地，并居住有生田神社的神封户，因此而得名。神户地区海岸风浪平缓、沿岸水深较深，是极为优良的港口地形。江户幕府末期的1868年，日本在欧美的压力之下被迫打开国门，神户正式开港，成为日本的五个对外开放的通商港口之一。

此后，神户开辟专供别国人士居住的"外国人居留地"，由此成为日本最早实施近代都市计划的地区之一，同时也属于日本最国际化的几个地区。作为西洋文明在日本的窗口，神户在东西方文化交流中的地位举足轻重，大量西方先进技术便是从神户进入日本的。在20世纪初期，神户成为远东地区最重要的港口之一，和伦敦、纽约、汉堡并称为世界四大海运城市。

沿海地区，神户的钢铁、机械等重工业极为发达，在城区内，极具异国风情的建筑一直吸引着源源不断的游客。不过，李梅则从另一

日本开国之初，描绘神户港口景色的明信片。在这个时期，神户（Kobe）是白人水手们最为熟悉的日本地名之一。照片中，老式的东方帆船和新型的西方蒸汽船混杂，为未来几十年神户港口的发展定下基调。

个角度看待这个城市——神户的人口密度为每平方公里3.8万，90%的民房都是木头和纸张建造的，可燃性极高；更重要的是，城市之内几乎没有大型河流的分割，是非常理想的纵火场地。

1945年2月4日，作为火攻东京的预演，第73和313轰炸机联队出动110架B-29在昼间空袭神户，平均每架轰炸机挂载3100公斤燃烧弹。分别有69架和30架轰炸机飞抵首要和次要目标上空，机组成员们观察到205架战斗机升空拦截，发动273次攻击。然而，没有一架B-29在日本领空被击落，只有一架B-29返航途中在即将抵达塞班岛时迫降在海面上，另一架在降落时烧毁。在7500至8200米的投弹高度上，冬季的风速超过200公里/小时。尽管如此，所有投下的炸弹落在距离瞄准点2000米的范围之内，烧毁24万平方米的建筑。

1945年3月17日，作为火烧东京后的“闪电周”的一部分，第73、313和314轰炸机联队出动330架B-29再次“光顾”神户。平均每架轰炸机挂载6800公斤燃烧弹，依靠夜色的掩护在1400至2700米的高度进入投弹航线。在密集的高射炮火之外，美国机组乘员观察到280架日军战斗机起飞升空，其中有96架发动104次攻击。这次任务中，日军战机明显吸收了先前几次夜间任务的经验，90%的攻击从轰炸机编队的上方和水平方向发起，借助地面火光的映衬搜索并锁定B-29。在轰炸机群的返航阶段，甚至有15架日军战机对一架B-29穷追不舍，一路反复纠缠达500公里！

不过，日军战机的拦截成效甚微，只有两架B-29在目标区因敌方拦截损失。根据战后研究者的分析，第313轰炸机联队的“印第安纳”号B-29遭到第246飞行战队藤本研一大尉的撞击坠毁；第73轰炸机联队的“阿尔伯克基任务”号B-29遭到第56飞行战队的Ki-61战斗机撞击，飞行员绪方淳一大尉与之同归于尽。另外，第313轰炸机联队的一架B-29在神户空域被高射炮火击落。

总体而言，这次空袭依然没有受到太多的干扰，轰炸机群从容不迫地投下大批燃烧弹。地面上，神户的日本居民顿时陷入火焰地狱当中。

当时，25岁的日本孕妇三木谷希美子正背着自己一岁大的儿子，在兵库区的御崎本町散步。她的丈夫在神户城外十公里的三菱飞机的一家工厂工作，两人憧憬着战争结束后能建立一个美满的家庭。忽然之间，空袭警报开始发

凭借地理条件的优势，神户地区迅速建成一个航运以及重工业中心。神户制钢所便是其中的代表，该企业在1911年建立，30年后已经是日本帝国海军的重要供应商，这样的一个重要目标势必要落入美国陆航的打击范围当中。

出尖叫，街道上的人们慌成一团、四处奔跑，竭力寻找一个能够躲避美国轰炸机的藏身之地。希美子的家就在新川运河对岸，只有几百米远，她立刻加快脚步，走上跨越运河的大和田桥。

还没有上桥的时候，希美子向右下方瞥了一眼，看到许多人蜷缩成一团，挤在桥洞之下，有人干脆就泡在运河清冷的水中。很显然，有人告诉他们大和田桥的木质桥面和防空掩体一样坚固——而日本民众也就信以为真了。

这时候，B-29轰炸机一架接着一架地出现了，希美子估计它们的飞行高度就在大桥上方不到200米高。它们开始打开弹舱，希美子能看到的就是铺天盖地的燃烧弹纷纷落下。大和田桥面上、新川运河里、河岸上，到处是燃烧弹爆炸的耀眼白光，紧接着就是一团熊熊的大火。

这些燃烧弹中装填有1.8公斤重的金属镁，落在河水中之后燃烧更加猛烈，并喷发出大量浓烟，在水面上和桥墩四周萦绕。一时间，大

3 月 17 日的燃烧弹袭击席卷神户，日本居民正在徒劳地排队用提桶灭火。

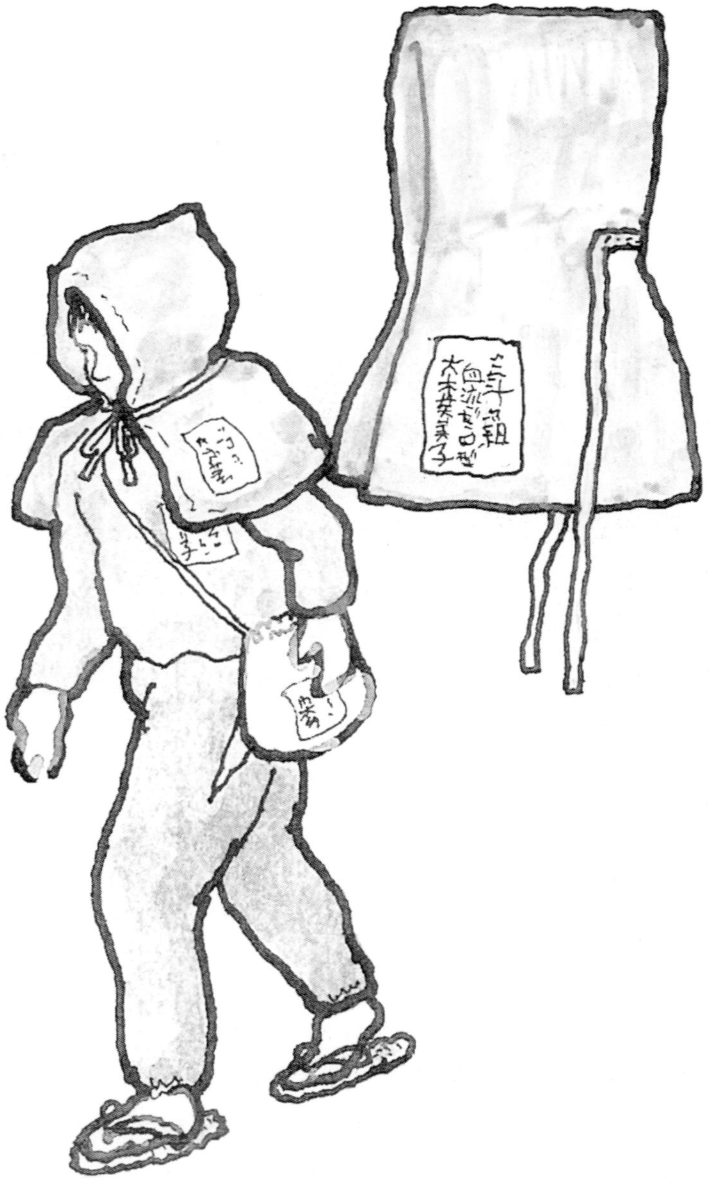

希美子穿戴的所谓“防空头巾”，在头巾上写有携带人的姓名、家庭住址、血型资料。除了能给老百姓一些心理安慰之外基本没有作用。

和田桥下伸手不见五指。

大桥的木质结构开始烧起来了，风助火势越烧越烈，吞噬着一切生灵。肆虐的火龙点燃了希美子的衣服，把她一把推倒在桥面上。希美子的“防空头巾”毫无悬念地烧了起来，连带着头发中的蛋白质被点燃的焦臭，极度刺激着希美子的神经。

希美子的手脚已经全部被烧伤了，这时候火焰汹涌而来，转眼之间便把她背上的儿子卷走。极度的震惊和悲痛没有使希美子丧失理智，她意识到自己正在被大火所吞噬，立刻跳下大和田桥，在河水之中翻滚，直到身上的火焰全部熄灭。随后，她爬上河岸，开始不顾一切地奔跑，她不知道自己要去哪里，也不知道奔跑的原因是什么——完全是恐惧和本能所驱使。

等到希美子回过神来的时候，她发现自己已经回到了自家住宅的附近——它已经被烧成了一团废墟。这时候，大和田桥方向传来一声惊天动地的巨响和一阵绝望惊恐的尖叫，回首望去，大桥已经被烧塌，整个落入水中。桥洞下，在新川运河中躲避燃烧弹的数百名日本人顿时灰飞烟灭。

在希美子视力所及范围之内，大火仍然在熊熊燃烧，一连几个小时，整晚的神户被火光映照得彻夜通明。三木谷希美子最终和丈夫在神户市中心的避难所团聚，活过战争之后生下了腹中的孩子。对她而言，3月17日的神户之夜是永生难忘的痛苦回忆。

随后，日军大本营发布了一份夸大其词的通报，声称：

3月17日凌晨4点左右，60多架B-29攻击了神户地区。其中，有20架被击落，几乎其余所有飞机被击伤。空袭的危害并不大。

接下来，四天之后，日本军国主义政府的喉舌《朝日新闻》煞有介事地炮制出一系列数据：

美国飞机仓皇逃窜。它们轰炸东京时，兵力有130架B-29，随后有130架轰炸名古屋、90架轰炸大阪、60架轰炸神户。这个数字一直在削减，是因为日本军队勇猛还击敌军，大量杀伤它们。

实际上，神户市遭受了何等伤害，最有发言权的还是三木谷希美子等普通市民。美国陆航判定神户区域内，有7.8平方公里的建筑被烧毁，占城市面积的21.4%。根据日方统计，神户市内有2598人死亡、8558人受伤，超过650000人无家可归、近百万市民的房屋受损。至于接下来美军进攻浪潮是否会削弱，其他城市的日本人将亲眼目睹真正的答案。

1945年6月5日，第20航空队发动对神户的最后一次大规模空袭。从中国战场辗转来到马里亚纳群岛的第58轰炸机联队加入战斗，与第73、313和314轰炸机联队出动527架B-29飞向神户，平均每架轰炸机挂载5980公斤燃烧弹。计划中，这次任务安排有P-51“野马”战斗机的护航，但由于天气恶劣被迫取消。

早晨8点22分，B-29机群飞抵神户空域开始投弹，高度在4000米至5700米之间。由于轰炸机群没有P-51的护卫，投弹高度又相对较低，当天神户上空的日军战斗机部队得到一次极好的拦截机会，竭尽全力地对B-29机群发动进攻。

美军机组乘员称当天遭到“有史以来最猛烈的抵抗”，共观察到150架战斗机升空，发动647次拦截。混战中，共有9架B-29由于日军战机拦截、高射炮火和机械故障等原因损失

其中，第73轰炸机联队的“火箭”号B-29在目标区上空被击伤一台发动机，返航飞出日本海岸线时落后在编队后方1公里左右。带队指挥官命令降低飞行速度，以便“火箭”号机跟上编队。此时，指挥机的飞行员们发现“火箭”号背后出现了一架日军的“乔治（George，美军给日军N1K“紫电”战斗机起的绰号）”战斗机，立刻以无线电呼叫该机加以防范。

实际上，这是明野教导飞行师团的一架Ki-100，由日比重亲少尉驾驶。“火箭”号艰难地一点一点追赶编队，而Ki-100保持在其后方达四分钟之久。日比重亲少尉没有开火射击，而

轰炸机之上的尾枪手也是按兵不动。

在飞出海岸线30公里之后，日比重亲推动节流阀加速，把Ki-100稍稍拉起、再朝着“火箭”号尾部冲刺。轰炸机尾枪手立刻打出一连串长连射，但完全没有击中目标。Ki-100不偏不倚地撞上B-29顶部机枪塔后方的位置，日比重亲当场毙命。与此同时，“火箭”号的垂直尾翼几乎被完全撞毁，立刻失控坠落，共有4名机组乘员跳伞逃生。

美军第40轰炸机大队中，“无名残骸”号B-29经历了一场标准的负伤返航险情，飞行员伊凡·波茨中尉有着这样的回忆：

天气非常好，下方云朵点点。早晨的降雨把日本空域清扫得干干净净，只留下一点点雾霾。当我们还在大阪湾上空集结的时候，一下子炸锅了。因为八点整，第一个大队在16000英尺（4800米）高度飞过目标，我们比他们晚快一个小时，高度一样。这给日本战斗机留出重新加油、爬升上来拦截我们的时间。在我们飞向目标区的途中，高射炮阵地就已经估算好了我们的航线，做好了准备。

在我们接近目标区的时候，高射炮火越来越密集了。集火射击的命中率尤其令人惊叹。日本军舰停在港口当中，它们的火炮准确得残忍无情。我这时候口干舌燥，转过头去看梅里尔（飞机副驾驶），他在那里，就像一尊冷静沉着的雕像。现在，需要我们竭尽全力、全神

1945年6月5日，正在遭受燃烧弹洗礼的神户。从轰炸机上拍摄的这个角度，堪称弹如雨下。神户港区已经被滚滚浓烟全部吞噬。

贯注才能让B-29保持在编队里头。

每一发炮弹在我们的小队前方爆炸，我都会抽搐一阵。它们爆炸时，能听到爆出橙红色闪光和大团黑色烟雾的声音。每一次有炮弹在我们机翼上面或者下方爆炸，整架飞机都会抖动。你能听到高射炮弹破片穿透我们的超级空中堡垒外壁的声音。在投弹前两分钟，战斗机开始穿越自己的高射炮弹幕，一群群地朝我们飞来。

在我们进入投弹航路的时候，我看到一架日军的“乔治”飞机在远处右前方的稍高位置，开始做一个大半径转弯飞来。“战斗机一点钟方向”，我在内部通话系统中呼叫道。正当它完成自己的转弯的时候，我的胃开始一阵不舒服，然后它就咬上了我们——这个预兆真是应验。它几乎水平冲着我们来的，我们能够看到它在螺旋桨后面那大大的一圈汽缸，还有那装载着枪械的短粗下单翼。

几百码之外，它以惊人的速度直接朝我们杀过来。在它对我们发动攻击的时候，我们头顶上机枪塔的四挺和下方机枪塔的两挺点50口径机枪从沉寂中发出震耳欲聋的怒吼，加重了战斗的紧张气氛。

在100码（90米）距离上，它开始用两挺40毫米加农炮朝我们射击，我们能看到每侧机翼中间的闪光。它直飞过来，又开火了一次，迅速滚转成倒飞紧贴着我们的机腹下面掠过。

实际上，伊凡·波茨中尉眼中的这架“乔治”是一架“东条”——Ki-44二型乙战斗机。中央火控机枪手迪克·摩尔对这一刻有另一个角度的观察：

它攻击的时候我们也还手打了回去。我操纵六挺点50机枪连打短点射。很快，它看起来不仅仅是要重创我们的飞机，而且还要撞击我们。这样一来，我就不再顾虑太多我们的机枪会不会过热了，用连射回敬它。它继续逼近，直到滑过轰炸机下方，这架飞机爆炸开来，碎片飞散掠过。

接下来，B-29的驾驶舱内忙成一团，波茨回忆道：

在前面，梅里尔和我是手忙脚乱。一枚40毫米炮弹击中了我们左翼外侧的发动机。猛然间，发动机停了下来，滑油、烟雾和橙色的火焰喷涌出来。飞机就像是有人踩了一脚刹车那

1945年6月5日，从B-29驾驶舱拍摄的神户，硕大无朋的烟柱直上5000米高度，甚至超出了轰炸机的投弹航线。此时，下方的神户已经是一片火焰地狱。

样；螺旋桨没有顺桨，造成巨大的阻力。燃油压力跌到了零。我按下顺桨按钮，很幸运，螺旋桨有反应了。飞行机械师詹恩·布鲁姆打开了灭火器，发动机的火焰熄灭了。

另外一枚炮弹击中了无线电操作员乔治·凯利位置的隔板后面，在前方炸弹舱炸开了，把气密管道炸开了一个洞口，切断了主电缆。弹片炸得满弹舱都是，还切断了起落架的液压管路。驾驶舱内的所有电气系统都完蛋了，包括剩下三台发动机上的涡轮增压器。我们输出的功率现在少了三分之一。我担心能不能扛得过去。我们距离最近的庇护所——硫黄岛还有四个小时航程，没人能够保证飞机支撑到那里。

对我们来说，幸运的是那枚炮弹击中主电缆的时候，我们的炸弹舱门刚刚关上。不然的话，我们就没办法把它关好了，增加的阻力会消耗大量珍贵的燃料。我们的飞机伤痕累累，慢了下来跟不上队伍，眼看着编队一点点远去。我们知道现在遇上大麻烦了。我们不知道会不会突然挨上一发炮弹掉下去，也不知道能不能保持“无名残骸”号飞下去。海岸线还在50英里（80公里）之外。

我们向四周张望——这一秒钟漫长得好像几个小时——看到了一架队友的B-29紧紧靠在我们的右翼，它把速度放慢下来陪我们。他看到了我们遭受的攻击，要帮助我们飞出到海面上去。没有能够操纵的枪炮，我们本来只能企盼敌机不会发现我们。现在敌机又攻击了我们两次，但我们的队友把敌机都赶跑了，我们没有受伤。没有涡轮增压器，三台发动机只剩三分之二的动力，我们能做的只有从日本开始动力滑翔，希望能够把“无名残骸”号飞到四小时航程之外的硫黄岛，提尼安岛就不用想了。

在这里要说一下我们的伙伴制度。B-29执行的任务是历史上最长的。我们离开基地，往返日本上空达15个小时之久，我军从硫黄岛上起飞的战斗机很少和我们联络。一旦落单了，我们就会成为日本战斗机的目标，它们专门猎杀受伤的B-29。为了应对这样的危险，我们发明了自己的伙伴制度。如果一架B-29有麻烦了，最近的飞机会靠过来和它在一起，守护它飞出到海面上或者等到它在水面上迫降，维持在附近，直到我们的潜艇或者从硫黄岛飞来的PBY救援机开始营救落水机组。这个制度拯救了很多飞机，我们感谢上帝有了这些伙伴们。

现在，回到我们跛脚飞机上的挣扎中。在迷糊了一会之后，詹恩开始（爬进气密管道）到飞机后方检查伤势，迪克·摩尔从后方机舱（沿着气密管道）往前爬，他们在炮弹炸开的洞口那里碰头了。他们一起动手，疯狂地想连接上主电缆上的几根电线。过了一会，迪克的手指严重烧伤了，这个尝试也就只能中断，没有结果。

现在，我们在水面上飞行了，只靠着三台发动机。我把螺旋桨的转速降低到每分钟1400转，飞机空速降低到每小时160英里（260公里）。我们的螺旋桨转得那么慢，差不多都可以看清楚每一片桨叶划动空气的样子。低速度引发了可怕的震动，飞行甲板上所有没有固定好的东西都开始跳起舞来。对于梅里尔和我来说，返航的路途是体力的痛苦折磨。大部分的仪表都完蛋了，我们不得不一切依靠自己，而且，我们肩上还担负着11名机组乘员的生命。

经过了漫长得无休无止的飞行，我们抵达了硫黄岛。我们差一点就看不到左边的这个小岛。我们只在水面上300英尺（90米）高度飞行，燃油见底。詹恩努力地想把燃油从那台熄火发动机的油箱里抽出来，但结果只是把汽油喷得到处都是。更糟糕的是，岛上的天气变坏了，一直在恶化，而空中挤满了等待降落的其他飞机。我们听不到控制塔台中的声音。忽然间，我们看到一架B-29落在小岛边缘的海水中。詹恩往后爬过气密管道，和尾枪手唐·琼斯说启动小型发电机的汽油机。然后，詹恩回到了他的位置上。紧急降落设备奇迹般地起作用了，起落架放了下来。没有（起落架）指示灯，我们只能寄希望于起落架能够承受得住降落时的冲击力。我们开始了最后的五边飞行，现在我们做好了准备。

起落架的中央模糊不清。我们看到几乎有一百架B-29停放在跑道上和跑道边，七零八落。我们没有降落的地方！我们向右瞥了一眼。在那里，沿着俯瞰海滩的悬崖，有一条

1945 年 6 月 5 日的神户，距离上一次燃烧弹轰炸已经接近三个月，但神户市民依然只能排队靠提桶灭火。

铺设着碎石的战斗机用短跑道，大概只有2000英尺（600米）长。于是梅里尔大角度转弯，我们向它飞去。我们对准那条碎石跑道的时候，那台停车的发动机又着起火来，这一次我们没有灭火器了。我把螺旋桨调节杆推满。梅里尔降低发动机功率。没有襟翼的协助，我们滑落在碎石跑道上。我们两个人都死死地拉住了刹车，但什么都没有发生——液压管道被炸弹破片切断了。没有刹车制动，我们很快跑完了碎石跑道。当我们滑过跑道尽头的时候，速度还有每小时95英里（150公里）。

迪克·摩尔记下来这最后惊心动魄的一瞬间：

我们迫降的时候，没有襟翼、着起火来，我们尾枪手的舱位里，前隔板受到冲击。飞机里充斥着汽油的味道。我们停稳之后，意识到还在跑道上，一个个欢呼雀跃……

“无名残骸”号在迫降后被迫报废，加上其他迫降基地后无法修复的轰炸机，当天的B-29总损失达到11架，而被高射炮火击伤的达到139架之多！总体而言，这次出击的损失较大，但B-29部队依然出色地完成了任务——神户市区共有11平方公里的面积被烧毁。

加上先前几次任务的成绩，第20航空队成功摧毁了22.7平方公里的神户市区，达到其总面积的56%。据不完全统计，神户共有14万户民宅受损、7000名市民死亡、17000名市民受伤，成为在第二次世界大战中受损比例最高的日本大城市。

神户的终结，超过半数的市区被夷为平地，这个重要的工业中心和港口成为战争中受损比例最高的日本都市。

六、腾云“野马”

美国陆航第八航空队的“野马”战斗机出现在德国柏林上空时，意味着德国天空的制空权已经彻底易手。一年多后，这一幕在日本重演。

在马里亚纳和日本本州之间的小笠原群岛位于二者的正中间，相聚两端的距离都是大约1200公里。群岛中最著名的岛屿就是硫黄岛，也是日军防守最严密的一个基地。岛上建有三个大型机场，日军战机曾经多次从这里升空袭击马里亚纳群岛的B-29基地。此外，硫黄岛也是日军主要的早期预警基地，每次从马里亚纳群岛起飞的B-29都会途经硫黄岛上空。虽然硫黄岛上的日军没有截击能力，但可以为日本本土提供早期警报，为防空赢得时间。

因而，美军早就把硫黄岛列入了攻击计划。只要拿下硫黄岛，就能打掉日军的早期预警能力，同时日本本土就彻底暴露在美国攻击范围下：从这里能起飞P-51“野马”战斗机为B-29护航，在空袭中受损或出现故障的B-29也能在这里迫降求生。

1945年2月19日，美军以3个陆战师的兵力实施硫黄岛登陆战，最终付出惨重的阵亡的代价后攻占了该岛。3月4日，硫黄岛上还在激战中，第9大队的一架B-29便因为燃油耗尽在硫黄岛上最南侧的1号机场紧急着陆。这是硫黄岛的第一位访客，从此拉开了在今后五个月里B-29近2400架次紧急着陆硫黄岛的序幕。

接下来，硫黄岛的真正主人——第七航空

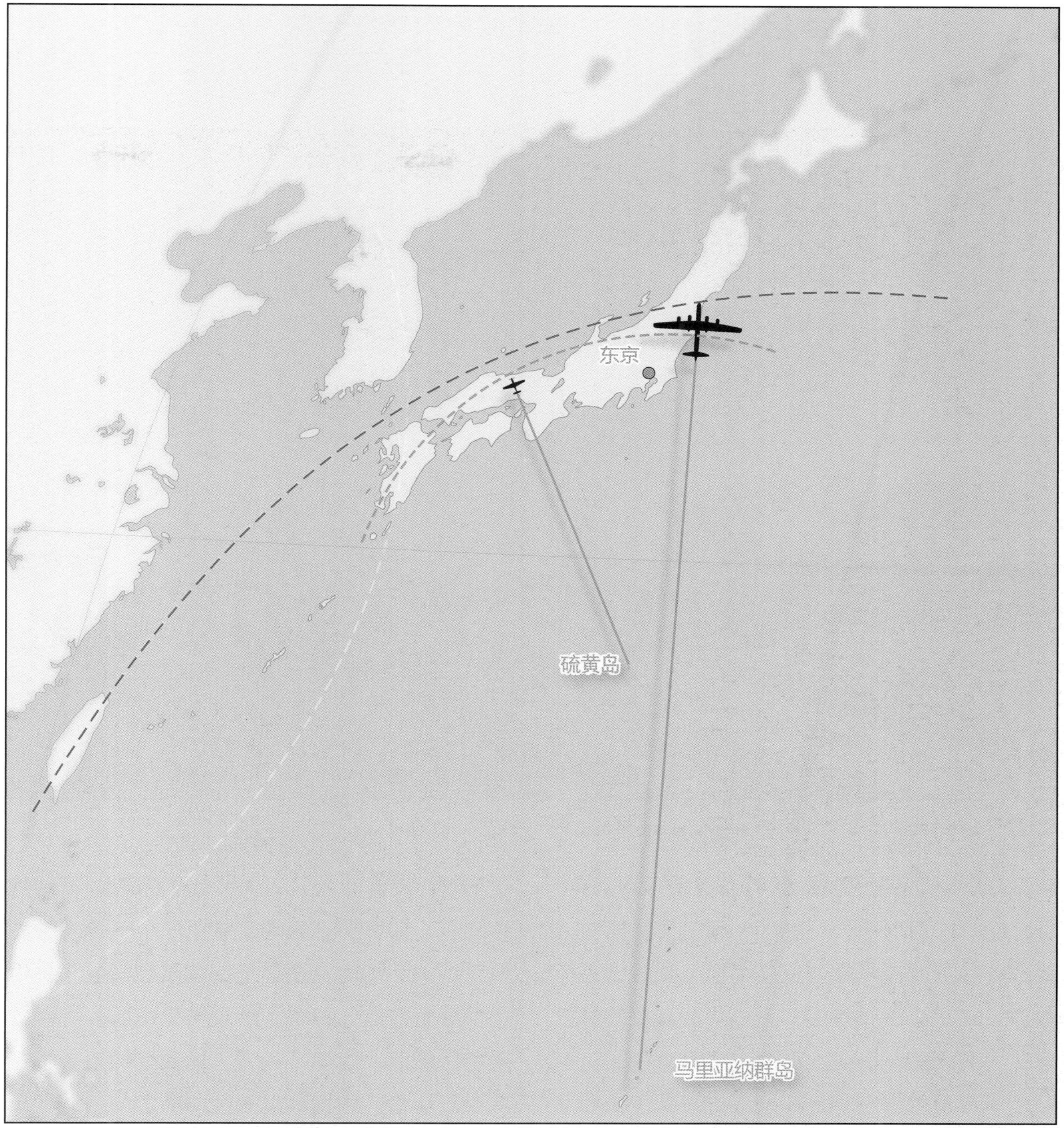

硫黄岛的重要程度可参见这张地图。获得这个中途机场后，日本轰炸任务便能得到P-51“野马”的护航。（陈震协助制图）

“野马”战斗机掠过施工中的硫黄岛机场，左侧便是著名的地标——折钵山。

队第7战斗机司令部的护航兵力到来。1945年3月6日，该部指挥官欧内斯特·摩尔准将驾驶一架“野马”战斗机率先在硫黄岛上着陆。在他身后，3个中队的P-51D“野马”战斗机陆续抵达，驻扎在2号机场。值得一提的是，在这第一批飞行员中，大部分都是没有战斗经验的菜鸟，在“野马”战斗机上的飞行时间不过20小时左右。

随着战机的入驻，美军加紧肃清日军的残存组织，硫黄岛迅速地变成了一个部署各种各样飞机的大基地。在这里有陆航夜间战斗机中队、海军陆战队和海军的攻击机中队、海空救援中队等等。当然，最多、最重要的还是“野马”战斗机。相比马里亚纳群岛上的基地，硫黄岛的条件更为艰苦，按照哈瑞·科瑞姆上尉的说法：“硫黄岛可能是这个地球上最让飞行员们感到郁闷的地方，这里除了一座火山外几乎没有什么其他地形变化，没有自然景色可言，也很无聊，尤其是在飞行巡逻之余，无聊之极。”

虽然硫黄岛自然环境很恶劣，不过美军素有利用所能找到的器材来改善生活环境的习惯。第21战斗机大队的一个外科军医就在硫黄岛搞了一个“矿泉疗养地”（SPA），他利用在折钵山山体里日军挖掘的一个屯兵洞，引入硫黄岛火山地热加热的含硫矿泉水，成了温泉浴室。此外，还能消磨时间的就是军官俱乐部了，这里最受欢迎的也就是制冰机。

第7战斗机司令部刚刚在硫黄岛站稳脚跟，还没来得及投入前往日本的超远程护航任务，就在地面上蒙受了一次巨大损失。3月27日凌晨04:00，8名“野马”战斗机飞行员完成夜间战斗巡逻后，沿着机场跑道走向住宿区。突然间，从跑道一侧的荒地里冲出大约350—400名衣衫褴褛的日本散兵——硫黄岛的日军残部陆续从地下坑道里爬出来聚集在一起，偷袭美军机场。8名飞行员猝不及防，马上就被这股日军所淹没。日军随即朝着飞行员住宿区和飞机停放区猛烈进攻。就这样，“野马”战斗机飞行员们从睡梦中惊醒，发现他们和日军的第一次交火居然是在地面上发生的。

飞行员和机场警卫部队用手枪、卡宾枪和冲锋枪与日军展开战斗。在激战了近5个小时后，海军陆战队控制了局面，肃清了袭击的日军。战后，美军累计清点了330具日军尸体，18名日军被俘。第7战斗机司令部则阵亡了44名飞行员，此外还有百余人受伤，堪称空前巨大的损失。

不过，和“野马”飞行员的这场小型灾难相比，日军经过3年多的战争消耗，无论是战斗机性能，还是飞行员素质，已经完全丧失开战之初的优势。在所罗门群岛、在瓜岛、在拉包尔，日军航空兵战斗机“精英”飞行员一批又一批地葬送在大海和雨林里。无论陆航还是海航，日军后备飞行员训练都无法满足战损补充的需要，恶性循环之下越发显得飞行员储备枯竭。缺乏战斗经验的新手拉低了一线战斗中队的平均水平，到1945年，日军一个海军航空兵中队33名飞行员中，平均只有4人是A级水准，5人飞行小时数超过500小时，平均飞行时间为315小时，近一半人只有200小时飞行时间。美军中，大多数飞行员飞行时间超过600小时，一些老兵则接近1000小时。虽然，日军也有一些技术高超的王牌飞行员（例如赤松贞明中尉，号称其飞行小时达到了惊人的6000小时），但极少数尖子是无力支撑起日本上空制空权争夺战的。对于日军飞行员来说，他们就像被施加了三重诅咒：第一，要面对数量优势的美军战斗机；第二，这些战斗机飞行员普遍素质比他们要高；第三，这些战斗机的性能超过他们所驾驶的飞机。

无论遇到什么样的挑战，“野马”战斗机飞行员们都憋足了劲要和日军较量一番。这里，最大的挑战其实是遥远的距离。第八航空队的战斗机飞行员很清楚1200公里作战半径是什么概念，这意味着他驾驶的战斗机能够把他从英国伦敦带到950公里之外的德国柏林上空，再平安返回。而在硫黄岛上，1200公里作战半径只是刚刚堪用而已。而且，欧洲战场的“野马”飞行员大部分时间是在陆地上空飞行，而硫黄岛的同行们大部分时间则是在海面上飞行。很多第7战斗机司令部的飞行员从来没想到过：自己会驾驶一架单发战斗机独自飞行如此辽阔的海面。为了保留尽可能多的燃油应对紧急情况，很多飞行员在太平洋岛上空巡航时都尽量降低飞行速度，很多时候都只保持在340公里/小时。

在5个半小时到7个小时的飞行过程中，飞行员没有机会调整屁股下的降落伞的位置，时间长了就算是坐得屁股疼也只能忍着。即使是P-51“野马”被誉为战斗机中的凯迪拉克，但是长时间保持坐姿对飞行员的坐骨神经是个不小的考验。此外，太平洋上空炙热的阳光直射进座舱，更是令人疲惫和焦躁。相比而言，B-29的机组成员们要拥有更大的活动空间和舒适的环境。对“野马”飞行员来说，战争意味着在日本上空高度紧张观察敌机、缠斗和躲避、扫射地面上活动目标，战争也意味着呆坐在座舱里勉强支撑打着呵欠返航。

无论如何，“野马”战斗机是美国陆航夺取日本上空制空权、降低B-29战损率的关键因素。日本投降后35年，第7战斗机司令部指挥官欧内斯特·摩尔准将在回忆当年的岁月时说道：“我从不怀疑P-51‘野马’是第二次世界大战期间最好的战斗机，既是最优秀的护航战斗机，也能像P-47那样成为优秀的对地攻击机。”在很多中队和大队指挥官的评价中，对“野马”战斗机一致的描述是：“这是（我们

P-51D 参数	
机长	9.84 米
翼展	11.29 米
机高	2.64 米
最大起飞重量	5493 公斤
最大平飞速度	703 公里 / 小时
升限	12780 米
航程	3411 公里
爬升率	7.3 分钟至 6100 米
固定武器	12.7 毫米机枪 × 6，共备弹 1880 发
乘员	1 人

“野马”战斗机在B-29引导机的带领下飞向日本本土。

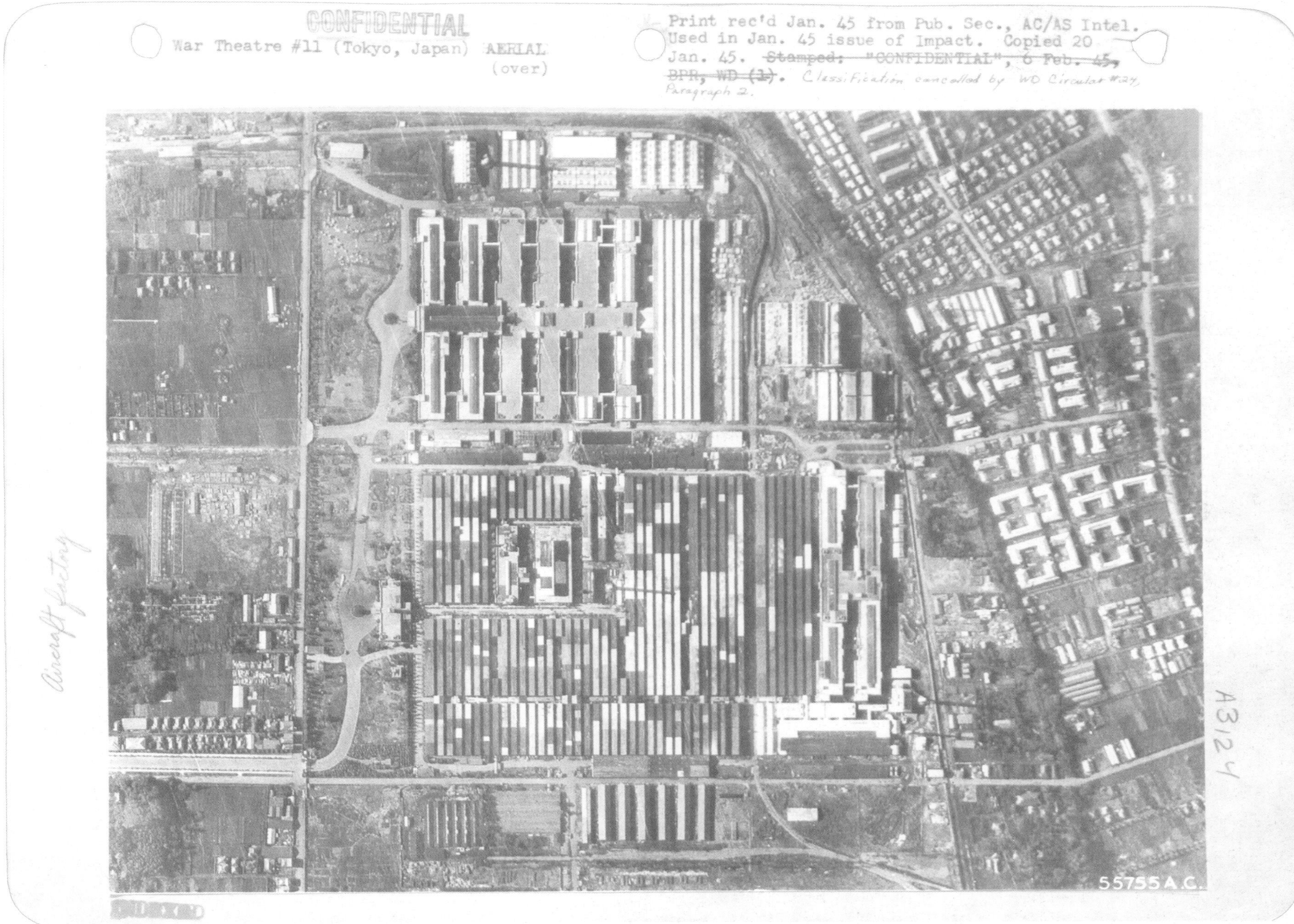

航拍图上，这一排排整齐的厂房是中岛公司武藏野制作所，第 20 航空队眼中的首要目标，在几个月时间里被连续轰炸九次之多。由此可见美国陆航不将其摧毁誓不罢休的决心。值得一提的是，拍下这张照片的正是著名的“东京玫瑰”。

执行的护航）任务的最佳选择。”

为了增大航程，“野马”起飞时都需要携带两个副油箱，起飞重量增大使得起飞变得艰难。原本硫黄岛的1、2号机场跑道长度为600米。考虑到要满足重载的“野马”起飞、B-29紧急着落的需要，美军多次修改工程设计，延长跑道长度。第521战斗机中队指挥部的位置三次被夷平搬迁，就是为了给延长跑道让路。

随着第506战斗机大队进驻硫黄岛，岛上“野马”战斗机兵力增加一倍，可以轮换出击了。这有助于减轻飞行员们连续护航带来的压力，也能让地勤获得富裕时间对战斗机进行检修和保养。

对于“野马”飞行员来说，地勤维护人员的地位至关重要：在浩瀚大洋上空，没有什么比出现机械故障更糟糕了。地勤维护人员尽了他们最大的努力来保障每一架战斗机，往往出击归来的飞行员们进入梦乡时，维护人员还在挑灯夜战。

“野马”面临的另外一个问题就是在辽阔的太平洋之上的导航：以前从未有过单座战斗机飞行2400公里的记录，军方也没有考虑过训练单座战斗机飞行员进行这样远距离飞行。P-51配备有地磁罗盘、陀螺罗盘和无线电罗盘，后者的使用范围是有限的。VHF电台虽然可以保证通讯需求，但是一旦无线电或飞机电机出现故障，那么飞行员就要在无导航的情况下飞越数百公里海面。

为了解决“野马”飞行员的导航问题，6架特别改装的B-29导航机分成3组，两两配对，每组负责为大约100架“野马”提供导航服务。这些B-29在距离日本海岸线一定距离的指定地点盘旋，等着“野马”完成任务返航。当“野马”机群在这些预定地点集结后，第一组两架B-29将带领半数已经集结的“野马”机群开始返航。剩下的两组B-29继续不停地用无线电呼叫还没集结的“野马”，“野马”战斗机只要沿着导航机的信号源飞行，就能抵达集结点。

与在欧洲战场的同行相比，第7战斗机司令部的战斗机并不是为某一个特定的B-29单位实行护航，而是为一条长达300公里的B-29洪流提供掩护。一个战斗机大队负责在被轰炸目标区上空提供掩护，另一个战斗机大队则负责掩护轰炸机的撤离路线。一般情况下，每个大队中，有一个中队的“野马”战斗机在轰炸机群上方600米，另外三个中队分别在两侧和底层飞行，扫荡一切可能出现的日军战斗机。

实际上，“野马”飞行员一直摩拳擦掌地想和日军战斗机较量一番。很快，这场交锋拉开了帷幕。

首次出击

1945年4月7日，硫黄岛上的“野马”战斗机第一次飞向日本，陪伴B-29轰炸机执行超远程护航任务。

当天，天气情报显示日本上空能见度良好，云层稀疏，正是“拜访”日本人的好天气。第20航空队同时发动两波攻势：第313和314轰炸机联队194架B-29对名古屋三菱发动机工厂的空袭，第73轰炸机联队107架B-29对东京的中岛公司武藏野制作所的空袭。

其中，武藏野制作所作为日本首屈一指的航空发动机生产厂，被美国陆航列为头号目标，几个月以来总共被第73轰炸机联队轰炸了九次之多。在这第十次空袭之中，第15和21战斗机大队的106架“野马”从硫黄岛全体出动，在一架B-29导航飞机的引导下飞向日本。

早晨10点20分，在日本外海上空，“野马”机群和第73轰炸机联队汇合。当时，B-29机群处在4500米高度，两个“野马”大队的高度在其上方数千英尺，呈扇面散开的护航队形。其中，第21战斗机大队处在编队左侧，第15战斗机大队处在编队右侧。为了与B-29保持一致的速度，P-51战斗机在它们护卫的对象周围采用Z字航线飞行。

十分钟后，美军编队穿越海岸线，飞临本州岛空域。此时，距离目标区还有50至70公里，近百架日军拦截机群在热海市和平塚市之间集结，“野马”战斗机迅速抛掉副油箱。紧接着，在神奈川县空域，第21战斗机大队的“野马”机群对日军的Ki-44战斗机打出一串串灼热的点50口径机枪子弹，空战开始了。

相模湾上空5400米高度，第47战斗机中队的鲍勃·道恩上尉和迪克·辛特迈耶中尉几乎同时发现一架Ki-45从东北方向接近，当即展开猎杀。辛特迈耶转向敌机，从正面发动一次高空攻击，当即击中对方的右侧发动机，看到浓重的黑烟喷吐而出。

接着，道恩回转至敌机后方的战位，稳稳打出两个连射，先是命中日机驾驶舱，接着重重打在右侧发动机舱的位置。转眼之间，敌机被熊熊烈焰包围、向下坠落，两位飞行员由此取得美国陆航战斗机在日本领空的第一个空战胜利。

几分钟之后，道恩击落一架Ki-44，他的僚机欧里希·布莱特中尉更是取得三个空战胜利：一架Ki-61、一架零式和一架无法识别的双引擎战斗机。

当天起飞迎击的日军战斗机部队中，驾驶Ki-61“飞燕”战斗机的第244飞行战队经验较为丰富，不过第2中队的古波津里英少尉遇到了麻烦：

我的发动机很快出现问题，于是我向带队长机发出信号，说我得脱离编队了。我决定在5000米高度盘旋，很快我发现在川崎市上空出现了一个B-29编队。为了进入到最合适的攻击战位，我努力在B-29冲我飞过来的时候爬升。我们之间的高度差大约有500米。在起飞之前，我们就已经做出判断：只有从正上方或者前下方稍低高度拦截B-29才是最有效的战术。我的

日本陆航第244飞行战队的Ki-61“飞燕”。该型号战机的外观与P-51“野马”极为相似，因而该部飞行员在1945年4月7日的战斗中遭遇这位新对手时颇感惊奇。不过，接下来的战斗让日本飞行员清晰地意识到对手的性能强大，远非本国战机可比。

皇土防衛に殉ず

三神鷲・B29を粉砕

感状上聞

陸軍少尉 小島 秀夫

陸軍少尉 河野 敬

三宅 徹男

和野敬少尉自杀撞击毙命后，日本报纸对其进行大肆吹捧。

高度没有办法从上方展开攻击，所以我在轰炸机的前下方位置开火射击。

古波津里英判断凭借机炮很难击落轰炸机，横下一条心展开自杀性的撞击：

转眼之间，右侧机翼从我的飞机翼根位置脱离了下来。我的飞机陷入了向左的水平尾旋，绕着尾翼旋转。它现在没办法加速、也没办法控制。灼热的冷却液从发动机里激喷出来，风挡的视野被滚烫的滑油盖住了。它也喷到我的脸上来，我几乎都没办法睁开眼睛了。我现在完全抓瞎了，根本看不到驾驶舱外面。不过，我知道我还活着。我试着站起来跳伞，不过被巨大的加速度压了回来。

古波津里英费尽九牛二虎之力才在飞机坠毁之前跳伞逃生。他抬头张望，看到一个大队的B-29轰鸣着飞过，遮天蔽日，有几个机枪手在向他射击，不过子弹没有打中。这一幕让他感慨万千："多么大的飞机呀！我们的战斗机太小了。就像一只老鹰打一只麻雀一样。而且B-29的数量也远远比我们的战斗机多。"

日方记录认为古波津里英的自杀攻击撞毁了第498轰炸机大队的"蒂蒂老鼠"号B-29。不过，美方记录表明该机是被高射炮火所击落，只有无线电操作员跳伞逃生。

就在古波津里英挂在降落伞下徐徐下降的同时，他看到自己的室友和野敬少尉驾驶Ki-61向B-29编队猛冲过去。护航的"野马"战斗机竭力追杀，多次击中了和野敬的座机，不过，这架"飞燕"仍然一头撞上第500轰炸机大队罗伯特·金中尉驾驶的"亚当的夏娃"号B-29。顷刻之间，两架飞机化为一团火焰坠落下去。

耐人寻味的是，和野敬的家人在地面上目击了这一场景，只是当时他们还不知道自杀攻击的执行者是和野敬。根据日军传统，和野敬被特晋两阶，事迹上报裕仁。

大致与此同时，第499轰炸机大队的42-27674号机被第28飞行战队一架Ki-46投下的航空炸弹凌空击毁，只有两名机组乘员跳伞逃生。

B-29机群当中，"仰卧的苏"号B-29是第500轰炸机大队的带队长机。战斗爆发后，该机的一号发动机被击伤，发动机顺桨后速度下降。在任务接下来的时间里，该机靠三副螺旋桨飞行，带队长机职责交付其他机组。

该机之上安装有一个磁带录音机，这个新型仪器完整地记录下当时机组乘员之间的通话记录，清晰鲜活地再现当时的战斗过程：

十点钟低空有战斗机逼近……我们滑油泄漏……我顺桨了一号发动机……右边有双引擎飞机……九点钟来了一架……十点钟高空……四点钟低空……两点钟……机械师，你得关掉二号发动机……它没事了，一切正常……看起来还不算太糟糕。

看一下49号机的一号发动机……谁？……49号，它在那里着火了，还冒了不少烟……四点钟低空战斗机接近……九点钟上来改平了……八点半方向一架……见鬼那是什么？

两点钟方向，战斗机接近……九点钟低空一架……打不到它……一点钟……看起来49号机的火灭了，不过还是有一点烟。

47号机掉下去了……47号被打中了吗？……刚才我在忙着，没看到，可能有机枪手看到了……收到……是谁在飞那架飞机？……金中尉……噢，见鬼！

四点钟高空……切断一号发动机的油路……我们一号发动机还有大概65加仑滑油……水平12点有战斗机……来吧，宝贝，来亲一个……你看到他了吗？……五点钟来了一架战斗机……九点钟有战斗机，干掉他……下方有战斗机……看那些P-51……他们在高空有两架，下来帮我们了！

那些该死的白磷弹……它们打中机尾了……你还好吧，迪亚兹？……出什么问题了吗？……没事。

那就是目标了……你打开舱门了吗？收到……31号机掉下去了……投弹！……关舱门……收到……两点钟来飞机了……打中一架……从左下方过来了……两点钟低空来了一架……九点钟水平方向……低空……两点钟水平方向……下面有B-29起火了。

49号机在哪里……49号在我们下面，1200码（1080米）……我们背后有三架飞机……53号机也在我们背后吗？……我感觉是的……不是，我刚刚看到他顺了一号桨……50号机在我们背后。

有人看到炸弹命中吗？……我看到命中了几枚，我大概知道地方……我想知道他们是不是命中了目标……

当天战斗中，日军战斗机防御主要集中在轰炸机编队的东方——也就是右侧，因而处在左侧的第21战斗机大队很少获得与日军战斗机接触的机会。该部第531战斗机中队指挥官小哈利·克里姆上尉是这样回忆的：

东京以南，我的小队处在一个轰炸机盒子上方，报告说一架“齐克（Zeke，美军给日军零式战斗机起的绰号）”处在“六点钟高空”。我们转了180度，那架“齐克”从头上飞了过去。这时候，我看到下面1000英尺（300米）有一架“托尼”在对头飞过来。

我对着它从上面来了个对头攻击，但没有算好提前量，所以，在下面500英尺（150米）的位置拉起改平后，我在短距离给了它一个短点射。我飞过去了以后，在它头顶上拉起，滚转到肚皮朝上。在这个角度，我能够看到它的发动机左侧烧起来了。接下来它开始向左做半径极小的转弯，我冲着它的尾巴杀下去。从这个角度，我在300英尺（90米）距离打了个三到四秒钟的连射。它的右侧机翼从中间断掉了。

我转向右边，看到了2英里（3公里）外在三点钟方向有一架“尼克”，在同样的高度做大半径左转弯。我切入它的转弯半径，在700英尺（210米）距离以30度偏转角开始射击，我一直打到飞过去为止。我在它的转弯半径外面拉起，再压回来到它的后方。我拉近距离开始第二次攻击，它的左侧发动机舱和机翼都着火了。我一直打到超过了它，这时候它的驾驶舱已经开始烧起来了。我拉起来转了一圈，飞向轰炸航路起点。我不停地向后张望，看到它坠

美军漫画“B-29 作战机组”，表现了“超级空中堡垒”在飞往目标过程中的机头增压座舱：机长暨正驾驶在百无聊赖地吸烟；副驾驶在自己的座椅上打起了瞌睡；距离目标尚远，投弹手舒舒服服地躺下大睡一通；只有机械师高度紧张地监控整架飞机的设备，保证其运转正常。不过，战斗一旦打响，机舱内立刻陷入极度紧张的气氛中，正如“仰卧的苏”号在 1945 年 4 月 7 日的经历一样。

从一架 B-29 之上拍摄下的护航编队，注意右下方的螺旋桨。最先进轰炸机和最先进战斗机的组合将最终毁灭日本。

空袭日本的任务中，第 29 轰炸机大队的 B-29，笼罩在明亮纯净的阳光之下，配以大气磅礴的云层背景，营造出一幅极其壮丽辉煌的景象。

毁在东京东南郊外。

值得一提的是，当天战斗是小哈利·克里姆上尉参战两年之后第一次品尝到胜利果实的滋味。

在目标区上空的15分钟里，护航战斗机部队声称击落了21架日军战斗机，自身损失仅有2架P-51和1名飞行员，可以说完全压制住日军战斗机部队。初次交战之后，日本飞行员郁闷地发现：无论是飞行速度、机动性、火力和防护力，现有的日军战斗机都无法和美军的“野马”相匹敌。

在轰炸机部队方面，第73轰炸机联队只有以上三架损失。更重要的是，该部的第十次任务终于圆满完成——摧毁接近半数的中岛发动机工厂，给与日本航空制造业沉重打击。

铁人中士

4月12日，美国总统罗斯福病逝。三军统帅去世的消息令很多机组成员极其震惊，很多人从十来岁起就已经习惯了在罗斯福总统领导下的生活。不过，无论震惊还是哀伤，第21轰炸机司令部当天还是出动了超过250架B-29，分别轰炸郡山化工联合生产区等地。轰炸机群飞过硫黄岛上空时，“野马”战斗机逐渐出现在各机组乘员的视野当中，执行他们在广袤太平洋之上的第二次超远程护航任务。

第29大队队列中，“洛杉矶”号B-29是所属中队的引导机。该机组乘员从1944年6月以来就一起并肩作战，执行了10次战斗飞行，可以说是技术娴熟配合默契的老兵机组了。按照计划，当轰炸机群接近日本海岸线时，“洛杉矶”号将投掷多枚用降落伞系留的信号弹，向后续的B-29发出集合进入投弹航线的信息。

飞行员乔治·塞摩瑞尔上尉操纵飞机穿越日军高射炮弹幕，随后高高挥动自己的右手。收到这个信号后，他身后的无线电操作员欧文·亨瑞中士拿起一枚染色信号弹，放进机舱侧面的投掷槽中，按动投掷按钮将其发射出去。塞摩瑞尔上尉再次挥动右手，心领神会的亨瑞中士空手拿起一枚白磷信号弹，细心地将六秒钟延时引信拉出，再将其放入投掷槽内进行发射操作。

然而，上一枚信号弹的残片堵塞住了投掷槽，而这枚白磷信号弹的引信受损，引爆时间大大缩短。转眼之间，白磷信号弹在投掷槽里就猛然爆开了。燃烧的火焰喷薄而出，沿着投掷槽倒灌进B-29机舱，正扑亨瑞的脸部。近1300度的高温火焰立即灼瞎了亨瑞的双目，脸上的皮肤被烧焦，鼻子和右边的耳朵几乎被全部烧化，而右手之上也有大片肌肉被溶解。

亨瑞迅速意识到事态的严重性，他摸索着打开投掷槽、空手将熊熊燃烧的白磷信号弹拖出。只见一团灼眼的光芒落入机舱内部，四处滚动。此时，火焰产生的大量白烟弥漫在增压舱内，以至于连飞行员塞摩瑞尔上尉都看不到仪表盘上的读数，“洛杉矶”号在迅速地向下掉高度。此时，亨瑞中士明白机舱的铝合金熔点只有几百度，根本无法抵御白磷信号弹的超高温，如果不及时处理，整架轰炸机都会被从里到外烧成一枚巨大的火球！

年轻的无线电操作员冷静地做出决断。他俯下身来，用毫无防护的右手直接抓起嘶嘶燃烧，不断喷吐出白烟的信号弹，再转过身去，

欧文·亨瑞中士，1921年5月8日出生于亚拉巴马州的亚当斯维尔。亨瑞从小失去父亲，家境贫寒。提及支撑自己幼年成长的动力时，亨瑞曾经说过：“我呼求主帮助我，他从未令我失望。”1942年，亨瑞加入美国陆军，曾一心报考飞行员，但未能通过，最后作为无线电操作员毕业。在1945年4月12日的这次任务之前，亨瑞中士已经获得两枚飞行奖章。

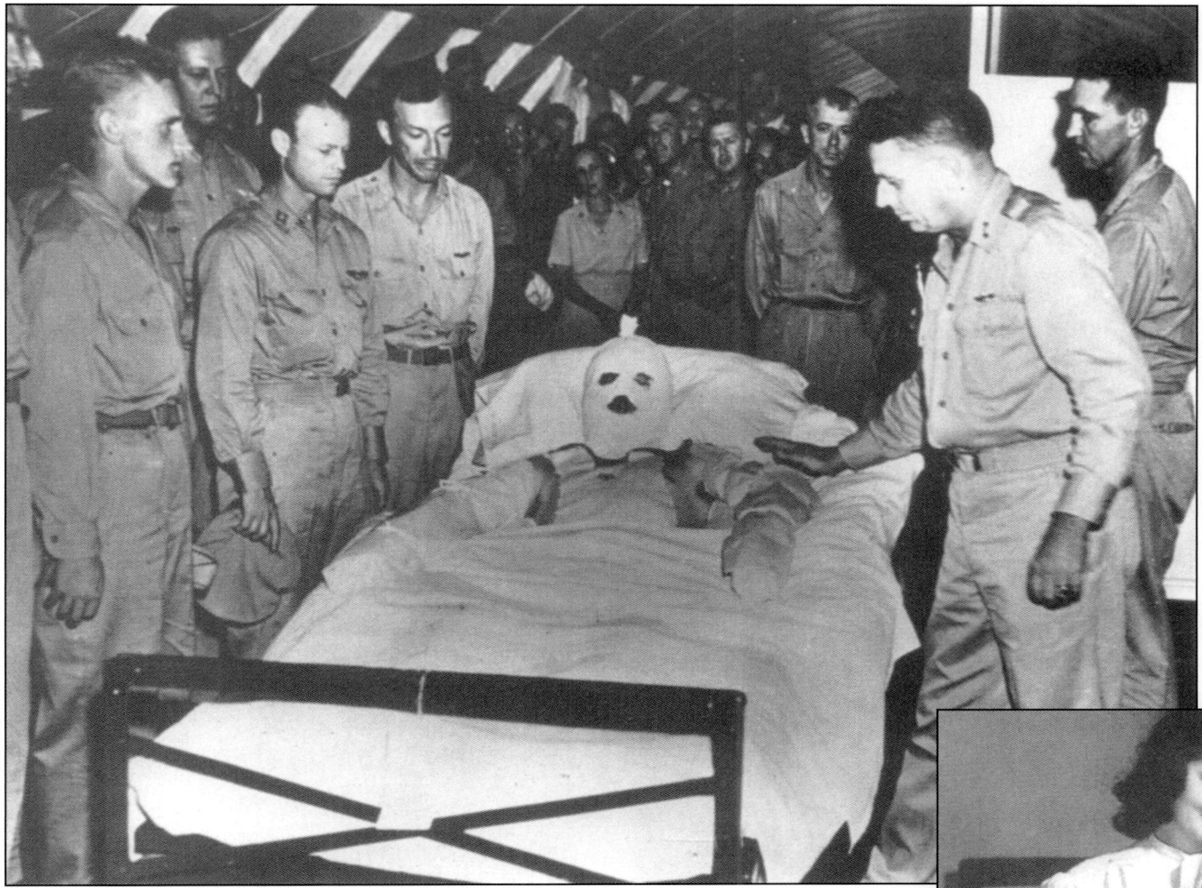

病床上全身包裹绷带的亨瑞中士正在接受荣誉勋章的奖励。

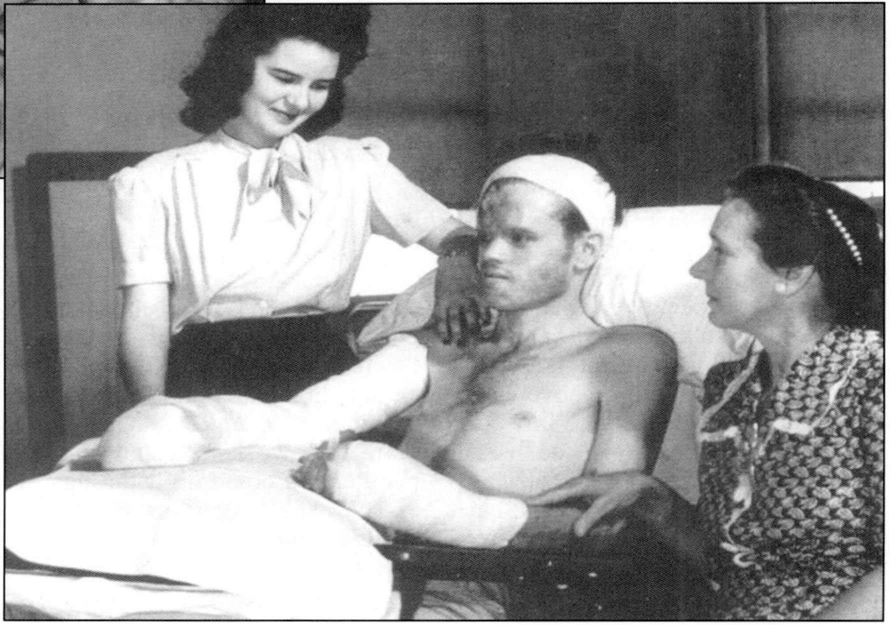

亨瑞中士得到了悉心的照料。

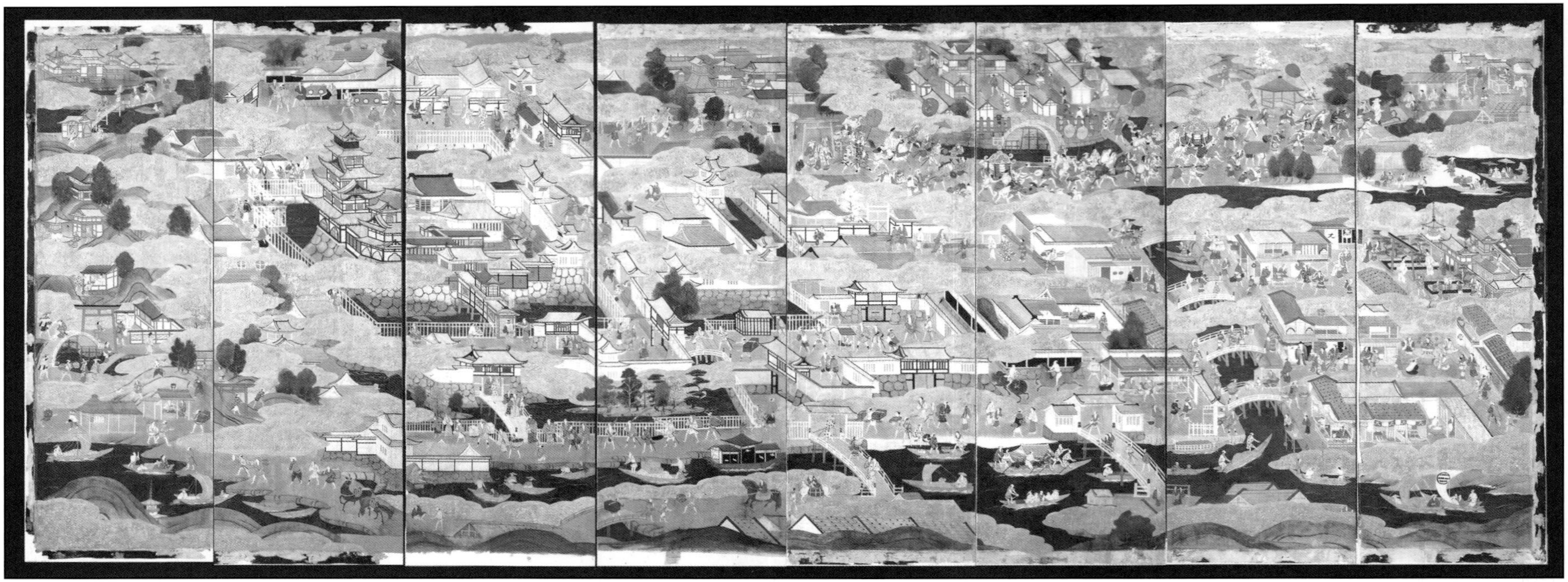

描绘16世纪大阪风光的《丰臣期大阪图屏风》，保存于奥地利的埃根博格堡。该屏风通篇金碧辉煌，极力渲染一座富甲天下的繁华都市景象。

一点一点地向副驾驶员的位置摸去。亨瑞决定打开机头右前方的舷窗，从这里把信号弹投掷出去。他牢牢地抓住信号弹，右手已经几乎被烧到了骨头，每走一步，全身的伤痛都让他感觉像是被无数把利刃反复洞穿一样。

在导航员的位置，整张操作台挡住了他的去路。亨瑞就像橄榄球运动员一样，把滚烫的信号弹夹在腋下，再动手把操作台挪开，向前继续摸索。终于，他跌跌撞撞地摸到了驾驶舱的位置，高喊："打开舷窗！"由于看不见道路，亨瑞半个人倒在副驾驶罗伊·斯特布尔斯身上。后者努力支撑他，大声呼叫说舱门已经打开。亨瑞摸到了开启的舷窗，使用全身最后一丝力气把信号弹扔出机舱之外，立刻重重地倒下。

所有的这一切都是在12秒钟时间里完成的。

以过人的毅力化解了危机之后，亨瑞顿时被伤势压垮、一头栽倒。第二个不幸的事件发生了：他正好倒在发动机节流阀操作柄上。顿时，这架B-29带着骇人的尖啸声，向下直直地俯冲了近3000米。在接近海面只剩100米高度时，飞行员终于控制住了轰炸机，然后掉转机头飞向硫黄岛。

此时，亨瑞已经烧成了一个火人，队友迅速打开灭火器，这才把他从死亡线上拉回来。降落之前的漫长旅途里，亨瑞四肢摊开，躺在"洛杉矶"号的舱面上，静静忍受着痛苦。机组乘员试着给他注射吗啡镇痛，但这丝毫没有作用。为了挽救他的生命，队友们最后给亨瑞注射血清。然而，整架轰炸机之上，唯一的急救人员、也就是知晓血清使用方法的乘员正是亨瑞本人，他不得不指导队友如何将血清注入自己的体内。

最后，"洛杉矶"号跌跌撞撞地在硫黄岛降落，亨瑞得到简单护理之后，再被一架海军飞机转运到关岛海军医院。

亨瑞的英勇行为被立即向李梅汇报。李梅得知这位勇士危在旦夕、随时可能伤重不治之后，命令进行全力救治，同时决定为亨瑞提名颁发美国军人的最高嘉奖——荣誉勋章。他派出一架飞机前往夏威夷，命令：“不拿到这枚荣誉勋章，飞机就不许回关岛！”

一般来说，荣誉勋章的颁发起码历时数月时间之久，申报审查程序极其严谨。但是，鉴于亨瑞当时的伤势严重、随时可能不治身亡，在李梅的强力支持下，陆航总司令阿诺德直接把申请颁发荣誉勋章的报告拿到了罗斯福的继任者——杜鲁门的办公桌上，这也是杜鲁门继任总统后签署的第一批文件之一。华盛顿方面在数个小时内就走完了对欧文·亨瑞授予荣誉勋章的审批流程，并迅速向关岛空运一枚勋章。就这样，在关岛的海军医院病床上，李梅亲自向全身包扎绷带的亨瑞授予了荣誉勋章，而正式的勋章颁发官方文件则是在三个月后才制作完成。

万幸的是，亨瑞最终战胜了死神并恢复了视力，于1947年退役，2002年去世，享年89岁。

回到4月12日的日本轰炸任务，在“野马”战斗机的悉心护航下，当天B-29机群重创了三个主要目标——两家化工厂和一家铝厂。有11架轰炸机由于迷航，转而空袭伊豆地区的一家三菱发动机工厂，当即摧毁其86%的厂区，堪称大获全胜。

通过两场战斗，B-29轰炸机和P-51战斗机之间的配合渐入佳境，这两款最先进战机将继续联手出击，在各个日本大城市上空投下复仇的炸弹。

空袭大阪

大阪位于大阪湾东北，地势平坦、河网密布，是优秀的临海商港地形。在日本的战国时期，该地区作为极其重要的经济、政治中心，一直是兵家必争之地。有“战国第一奇男子”之称的丰臣秀吉取得日本的统治权后，建立起规模空前的大坂城作为自己的居城，周边扩展为繁华的商业良港。在明治时代，该城改名为大阪。

多年以来，大阪一直承担日本关西和关东地区之间的物资中转集散地的角色，从大阪走出的商贾财团把控着整个日本的经济脉搏。进入20世纪，在昭和年代初期，大阪成为日本面积和人口排名第一的商业都市。直到30年代，大阪的首席都市地位才逐渐被东京超过。

随着经济的发展，大阪建立起大大小小的各种工厂，人口激增、贫民窟急速扩张。不管是厂房还是民居，都是脆弱易燃的木质建筑，街道狭窄，极易引发火灾。根据美军调查，战争前夜的大阪是日本人口最密集的城市，同时也是所有城市中防火设施中最脆弱的一个。

在1942年之前，大阪几乎没有防空系统。杜立特空袭之后，日军大本营决定强化日本各大城市的防空设施，数以百计的大口径高射炮被安装到大阪周边。不过，对于贫民窟中的日本老百姓来说，不管高射炮还是消防车都不是为他们准备的。万一空袭来临，唯一能够指望的只有自己。

自从B-29发动对日本的战略轰炸攻势以来，大阪基本上只落下零星的炸弹。1945年3月4日，两架B-29先后飞临大阪上空，投下几十万份传单，宣称即将针对当地的军事设施和军工企业进行燃烧弹攻击，包括工厂、火车站、汽车站、港口码头和高射炮阵地等。

传单上还用醒目的字体提醒日本市民：危险！警告！远离日本的军事设施！B-29飞离后几个小时，大阪市的警察局开始紧急出动，四处收集传单，以免引发社会动荡。最后，经过统计，警方一共收集起82592张传单，仍有数量惊人的传单散失在民间。大阪市民开始对未来产生恐慌，但他们不知道的是：火烧东京的巨大成功极大激励了美军第20航空队，B-29的打击范围将随后扩展到整个大阪市。

按照李梅的计划，对大阪的燃烧弹空袭击中在该市的北区、西区、港区和浪速区。这里是大阪多年以来的工业中心和人口聚集地，分布着大量的小工厂和家庭作坊，为日本军队加班加点地生产各种军需品。和东京类似，密集的木质建筑是极有吸引力的纵火目标，这也是促成美军火烧大阪的动机之一。

1945年3月12日深夜，第73、313和314轰炸机联队出动298架B-29空袭大阪。零点过后，一架先导的B-29“探路者”飞临大阪上空，投下

战争前的大阪街景，俨然是一座人潮汹涌、歌舞升平的现代化城市。从照片中可以辨认出西洋风格的高层建筑，与街道上和服与洋装混杂的市民相映成趣。

战略轰炸攻势波及日本之前，大阪市民在防空演习中练习佩戴防毒面罩。

1300枚M47燃烧弹指示方向。接下来，从零点57分开始，先后有274架轰炸机陆续从西边的大阪湾方向轰鸣着朝这个大型都市飞来，高度保持在1500至2900米之间。

战斗开始后，间或有探照灯在空中划过，不时有某一架B-29被捕捉到。地面上，157门高射炮抓住每一次机会发出绝望的怒吼。但是，日军高射炮的引信设定为7000米的高空，这次美军轰炸机的低空轰炸是完全打了他们一个措手不及。因而，高射炮对B-29几乎毫无影响，美军机组普遍反映“高射炮火力及其贫弱”。其间，日军拦截机部队总共只有25架战机升空，同样对庞大的轰炸机群无能为力。

结果，在这个晚上只有1架B-29损失，轰炸机群毫无困难地进入轰炸航路。尽管大阪上空天气状况并不算好，大部分轰炸机都只能依靠雷达瞄准投弹，但是依然达成密集轰炸的效果：每分钟就有2架B-29飞过目标区投弹，总共1733吨燃烧弹倾泻而下。

在大阪的港区，空袭警报早早地响起。尖利的喇叭持续了四秒，然后停了八秒，随后又重新响起，一共重复了十次。很快，仓皇的人流络绎不绝地从各栋建筑中涌出，汇集到大街上。所有的工厂停工，工人们各自寻找安全的庇护所。这时候，民防官员和军人出现了，他们拿着话筒，高声指挥民众离开港区。然而，大难临头，他们的命令完全无人理会，仅仅增加了街道上的紧张气氛。

密密麻麻的轰炸机在大阪湾上空出现，民防官员的叫喊近乎声嘶力竭，各个工厂的大型建筑内，灯光开始一明一暗地闪烁，这是给工人们最后的警告——立即撤离。当地的电台开始广播，警告今晚轰炸的目标就是大阪市本身：“敌军战机正在接近……”

地面上，由简易木板覆盖的一个简易防空掩体之内，13岁的大岛高子正在和家人一起休息。忽然之间，空袭警报响起，有人在远处大叫：“它们在投掷燃烧弹！”大岛高子跳出防空掩体，看到西边的天空已经被熊熊的火焰映衬得通红，宛若日落的晚霞，火光中，消防员在尽力地拖曳着消防水管。意识到自己的防御设施在大火面前如同儿戏，大岛一家立刻离开防空掩体，在室内迅速收拾一下随身物件后，急匆匆地往门外走。

就在这一刹那，燃烧弹一枚接一枚地从天而降。巨大的爆炸冲击波一下子把大岛高子掀翻在地，她不知道发生了什么事情，以为自己已经死了。等到高子逐渐恢复神志，她挣扎着爬起来，感觉到腿上很热，低头一看，自己的右腿烧起来了——实际上，当时她已经满身被火苗包裹住了。

高子在本能的驱使下跳进屋子旁的蓄水池，一直泡到肩膀的高度，火焰终于熄灭了。她注意到自己右手上的皮肤已经脱落，像碎布条一样一片一片挂下来，赶紧把双手重新泡到水里，害怕地哭喊起来："妈妈，妈妈，妈妈。"这时候，邻居的两个男孩跑过来，轻拍高子的肩膀，让她镇静下来。

高子想："我们要把火扑灭。"于是她打了两桶水，按照先前消防员的训导，泼在火光冲天的房子上。这时候，她听到了父亲的声音："这没用的。"

父女俩回到蓄水池，看到自己的弟弟——七岁的大岛三郎正静静地泡在里面。他的脸上焦黑一片，非常夸张地肿了起来，全身上下被烧得只剩腰间的一条皮带。男孩的烧伤过于严重，以至于高子几乎认不出自己的弟弟，她小心翼翼地问道："你是三郎吗？"

高子和三郎四目相望，一眨不眨，看起来颇为滑稽。高子说："我们玩一个游戏，谁先笑，谁就输了。"年轻的姐姐竭力想让自己的弟弟振作起来，但这个夜晚，大岛一家以及整个大阪市民面临的并不是游戏。大岛妈妈在房屋内因烟雾窒息而死，大岛家剩下的三个人挣扎着赶到附近的医院，得到救治。然而，大岛三郎全身烧伤超过90%，在3天后死去。

类似东京那样的火焰风暴在大阪再次上演——其区别在于规模稍小，从城市东部郊区烧起。接下来，到了凌晨3点半，火焰风暴全面蔓延，大阪市有大约21平方公里的市区被摧毁，港口区也大量损毁，至少有13%区域被夷为平地。

大阪上空，火焰风暴形成的垂直上升气流倒是和此前东京一样猛烈。在2100米投弹高度

轰炸大阪时，这架B-29的3号发动机出现故障，但仍坚持完成空袭。

上看下去，很多机组成员在汇报中写着：“看上去整个城市都在燃烧当中。”有一名尾枪手没有扣好安全扣，他在飞机剧烈颠簸时把头撞开了一个大口子，为此还获得了一枚紫心勋章。第9大队的斯坦利·布莱克上尉驾驶的B-29遇上猛烈气流失控，他冷静地做了一个滚转来恢复水平飞行。对于B-29这样沉重的重型轰炸机来说，这个简单的机动动作难度颇高，飞机整整掉了大约900米高度才把滚转完成，而剧烈的翻滚带来的扭力使得这架B-29的机翼略微变形扭曲。不过，超级空中堡垒着实名不虚传，布莱克就这样坚持将飞机开回了提尼安岛基地，为此获得了优异飞行十字勋章的奖励。

6月1日，第58、73、313、314轰炸机联队出动509架B-29，平均挂载5610公斤燃烧弹，对大阪发动第二次空袭。与上一次任务不同的是，今天的轰炸改为白天进行，并得到了P-51战斗机的护航。为此，第15、第21和第506战斗大队的148架“野马”战机从硫黄岛升空，倾巢出动飞向日本。

在飞离硫黄岛2小时之后，在机群前方带路的B-29气象侦察机汇报：有一个高度达到6900米的锋面在飞行路线前方。随后，气象侦察机也汇报说该锋面并不厚实，“野马”可以穿越。不过人算不如天算，当“野马”机群和这个锋面相遇时，情况完全与气象侦察机的汇报不同了：无论锋面的高度、厚度和气流速度都远远超过想象。此时“野马”机群已经没有选择了，掉头撤离、左右分开绕行或是爬高绕过都无法做到，只能硬着头皮飞入风暴之中。

转眼之间，战斗机飞行员们被一片巨大的雷雨云包围住。从6900米高度到海平面，处处肆虐着狂风暴雨，能见度下降为零，飞机的操纵面上积满凝固的冰雪。在云层中，多起碰撞事故发生，两名飞行员侥幸跳伞逃生，然而“野马”部队损失的全部战斗机达到27架之多。值得庆幸的是，只有3名飞行员失踪，高效的海空救援体系救起了24名飞行员。绝境之

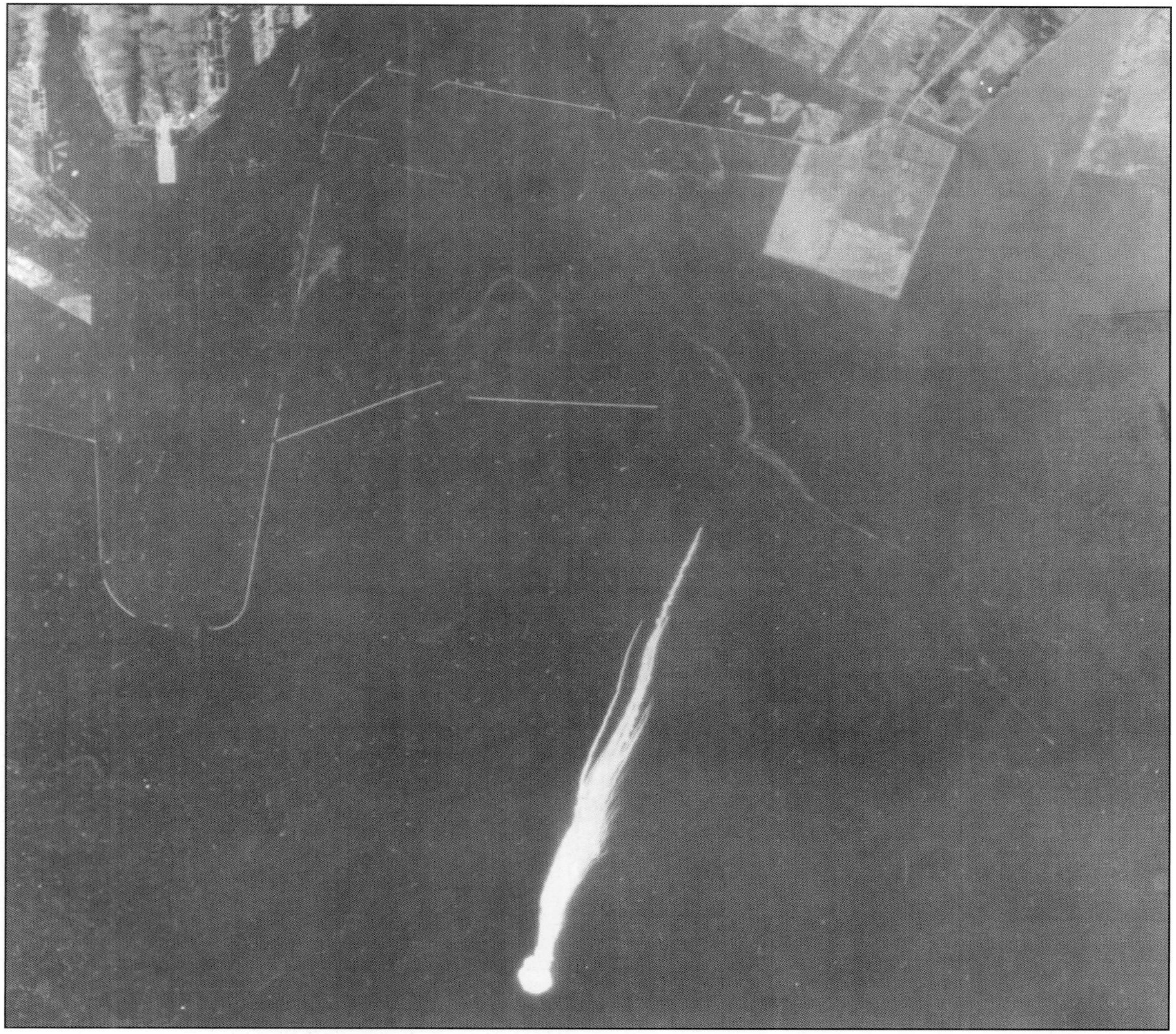

6月1日大阪上空的惊人一幕：“日军发射出一枚火球攻击B-29编队。”

1945 年 6 月 7 日，大阪遭到空袭的现场照片。

1945 年 6 月 15 日，大阪遭受夜间燃烧弹空袭。

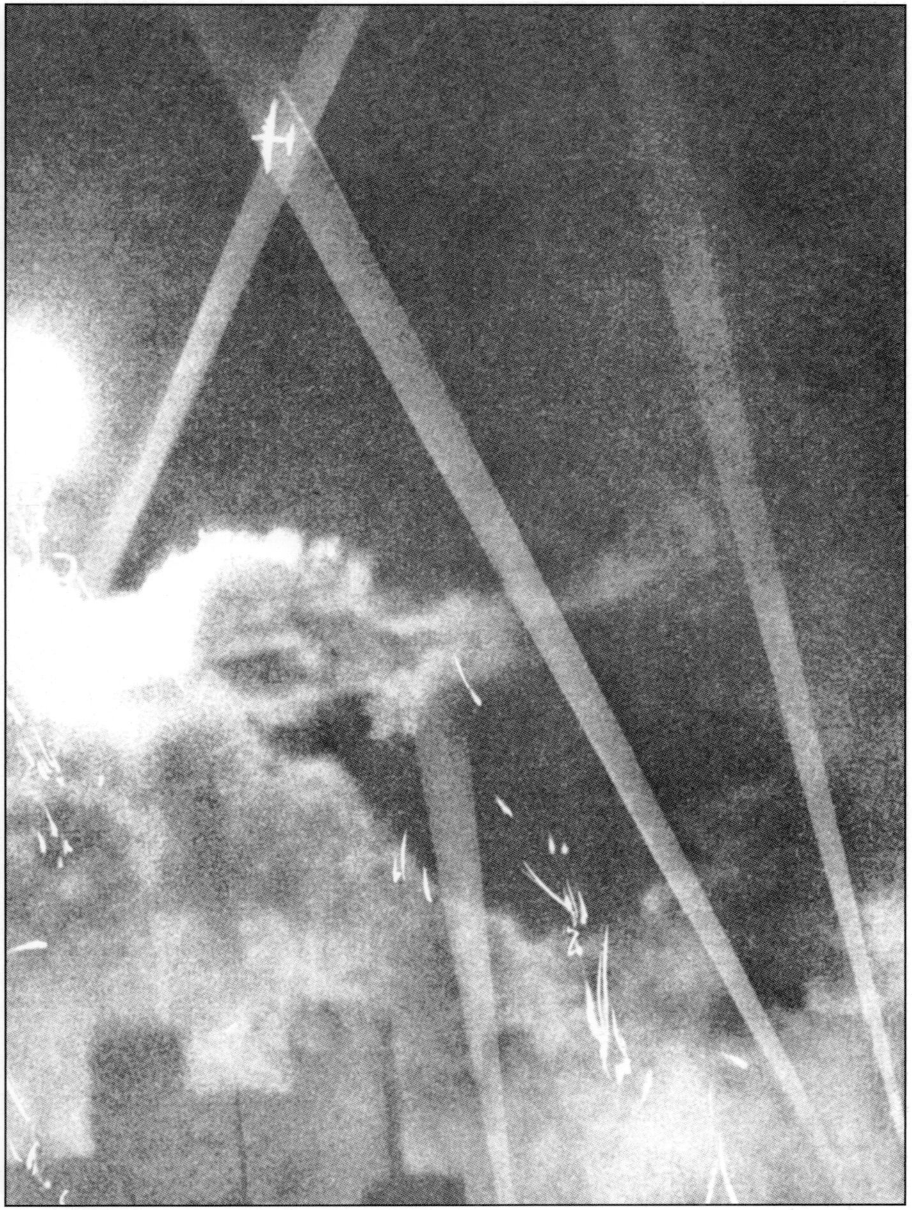

1945 年 7 月 10 日，大阪堺港夜空中被探照灯锁定的 B-29。

1945 年 7 月 24 日，大阪遭到空袭之后，士兵们在搬运伤员。

1945 年 8 月 14 日，大阪遭受到最后一次大规模空袭，滚滚浓烟在几公里之外都清晰可辨。

战争结束后，大阪的低空航拍照片，可以看到港口区域已经夷为平地，大量沉船堵住了航路。

从明信片上可以看到，在20世纪初，横滨已经是井然有序的现代化港口城市。

己一次又一次地在火焰中穿行，灼热的高温炙烤着自己的皮肤。等到他跑出工厂、逃离这片燃烧弹肆虐的地狱，这才回过神来。浩二低下头，看到自己纯白色的工作服已经变成了灰黑色，双脚一阵剧痛。他挣扎着把烧焦的鞋子脱下来，发现火焰已经烧穿了整个鞋面，自己的双脚也被严重灼伤。但无论如何，他活下来了。

空袭过后，日军大本营宣布：在消防队员的奋力扑救下，大阪的火势得到控制。美军战机已经向南"逃窜"，日本航空兵一共击落24架B-29、击伤30架，一天之后，这个数字上升到击落47架B-29、击伤83架。事实上，大阪市近9平方公里的市区化为焦土，大阪市被毁面积几乎达到1/4。

接下来，在6月7日、6月15日、6月26日、7月10日、7月24日和8月14日，大阪市又接连遭到6次大规模空袭。最后，这个日本第二大城市，昔日的豪华都城一共有35.1%的面积被摧毁，超过10000人死亡。

空袭横滨

横滨地处东京湾西岸，距离东京不到50公里，自古以来是一个地势平坦、交通便利的天然良港。1859年，横滨在神奈川的名下开港。作为首批开港地之一，横滨比大部分日本城市先行一步面向世界。大半个世纪以来，横滨港从西方吸收大量先进理念和技术，成为东西方

1945 年 5 月 29 日轰炸横滨时，B-29 机群在东京上空昂然飞过，日本人敬畏地把 B-29 称为 B 桑，即 B 先生。

文化交流的重要窗口。因而，在东京湾范围之内，横滨是仅次于东京的重点目标。

1945年5月29日，马里亚纳群岛的四个轰炸机联队发动对横滨的空袭，平均每架轰炸机挂载5500公斤燃烧弹。经过长途飞行，轰炸机群进入日本领空，在著名的地标——富士山上空6000米高度，454架B-29迎来了护航兵力——来自硫黄岛的97架P-51战斗机。轰炸机群调整航向，朝东北方的横滨飞去，护航战斗机在四周散开，防备日军战斗机的出现。

在目标区空域，地面上的高射炮火猛烈射击，在大部分B-29投下炸弹之后，从厚木机场升空的日军战斗机方才发动反击。根据“野马”飞行员的统计，拦截部队的兵力大约在140至200架战斗机之间。当天，不少P-51的座舱中配备上全新的K-14型陀螺瞄准仪。在欧洲战场上，这款凝结最新科技的设备使美军战斗机如虎添翼，大大增加击落敌机的概率，然而硫黄岛上的“野马”飞行员们却没有时间来进行陀螺瞄准仪的培训。结果，当天的K-14瞄准仪给P-51战斗机造成了一定的困扰。尽管如此，“野马”部队依然打出开战以来战果最为丰硕的一场大仗——总共宣称击落26架日军战斗机、可能击落9架、击伤23架。相比之下，P-51的损失微乎其微，只有一架战斗机在返航过程中被背后的一架零式战斗机偷袭击落。

1945 年 5 月 29 日，B-29 在横滨上空投下密集的燃烧弹。这是整场战争中相当罕见的昼间燃烧弹空袭。

据统计，护航战斗机群最少驱逐了六成妄图接近B-29机群的日军战斗机。不过，第40轰炸机大队的机组在轰炸航路起点发现一架双引擎战斗机从正面飞来，这是日本陆航第5飞行战队河田清治少尉驾驶的Ki-45“屠龙”，后座无线电员是土山茂夫兵长。双方距离1公里左右时，Ki-45处在第40轰炸机大队前方偏上的位置，压低机头朝向领队的B-29对头俯冲。随着距离越拉越近，双方均开火射击，领队B-29准确击中对手的右侧发动机，火焰和烟雾喷薄而出。在100米距离上，只见Ki-45机翼一沉，掠过领队B-29，撞在后方的另一架B-29（美国陆航序列号42-24894）的两台发动机之间，当场解体坠落，河田清治少尉机组双双毙命。42-

空袭横滨前，在 1945 年 1 月 28 日拍摄的侦察照片。

1945 年 5 月 29 日，B-29 空袭横滨时的航拍照片，已经调整至同样角度。

1945 年 5 月 29 日 B-29 空袭过后的横滨，超过 15 平方公里的市区被摧毁。

1945 年 5 月 29 日空袭过后，市民仓皇逃离横滨。

24894号机的一侧机翼断裂，失控坠毁，只有2名机组乘员跳伞逃生，后被日军处决。

除此之外，目标区空域还有3架B-29被高射炮火击落。总共4架轰炸机的战损，相对于出击总兵力而言不足百分之一。横滨空域能见度良好，第20航空队的投弹手们得到了极为少见的昼间燃烧弹精确轰炸的机会。超过2000吨燃烧弹倾泻而下，横滨市区烧成一片火海，浓烟直冲天际。

根据第20航空队的评估，此次任务大约烧毁15平方公里的横滨市区。根据日本当局统计，横滨市总共有14157名市民死伤或失踪，79017栋建筑被毁，总共42%的市区面积被化为灰烬。空袭过后，大量市民仓皇逃离横滨，工厂的生产、港口的运作陷入停滞。可以说，只需要1945年5月29日的这一场空袭，横滨的军事价值就被B-29机群干净利落地抹掉了。

空袭名古屋

名古屋是位于伊势湾北端的重要港口城市，在1610年由德川家康下令修建。江户时代，名古屋凭借地处江户（东京）、大阪、京都之间这一优越的地理位置，得到蓬勃的发展，以其高耸豪华的“金城”闻名。进入20世纪，名古屋成为日本人口第三的超级都市，并在1937年举办声势浩大的名古屋泛太平洋和平博览会。

战争前的日本绘画中，名古屋的骄傲，高耸豪华的“金城”。

第二次世界大战爆发后，名古屋被迅速推上战争轨道。三菱重工的飞机工厂是名古屋市内最大的军工企业，为日本陆军和海军制造14种军用飞机，发动机产量占据日本的40%。因而有时候，名古屋甚至被称为三菱之城。聚集了众多军工企业和人口，名古屋受到美军的重点关注，并由此成为1942年杜立特空袭中的目标之一。

到1944年夏天，名古屋的三菱工厂被日本军政府接管，劳动力成分发生了重大变化。大量青壮年男子应征入伍，因而儿童和妇女被召集到工厂值班。到了1944年底，整个名古屋都被动员起来加班加点生产军工品。

在第20航空队入驻马里亚纳群岛之后，B-29机群从1944年12月开始多次空袭名古屋，目标是三菱的4号发动机工厂，但一直没有取得决定性的战果。

取得火烧东京的胜利之后，3月11日凌晨，310架B-29重返名古屋，对这个大约100平方公里的城市实施轰炸。战斗过程相当顺利，日军孱弱的夜间防空能力对轰炸机集群几乎没造成什么损失，仅有1架B-29被日军防空火力击落。但是，轰炸效果并不令人满意。评估显示：仅有大约5平方公里市区被摧毁，轰炸机群的投弹过于分散而没有能形成密集效果；虽然名古屋处处起火，但是不能形成毁灭性的火焰风暴。

不过，名古屋红十字会的汇报则是另外一番景象："在B-29空袭后，恐惧情绪是如此的强烈，以至于人们不敢再逗留在家里，纷纷设法离开城市躲到农村去，因为他们都害怕美军会继续轰炸这个主要的工业城市。"于是，大批工人旷工。即使他们的工厂未受损或损伤轻微，也很难在短期内恢复生产了。

19日，作为李梅"闪电周"的终章，名古屋再次遭受空袭，近300架B-29集中轰炸了位于港口以北的目标区，该空袭的代号为"燃烧弹区1号"。这次，轰炸机达成了密集轰炸效果。名古屋的货运码头区、爱知飞机制造厂、山田电机的发动机工厂都遭到了严重损毁，其余受损的小型工厂不计其数。行动中，只有1架B-29在返航时因机械故障而坠海，机组成员在第二天被海军救援飞机搭救生还。这次空袭过后，裕仁天皇稀罕地出现在名古屋的废墟之间视察灾情。

3月24日夜间，马里亚纳群岛的B-29机群再次起飞空袭名古屋。这一次，日本政府的广播记录使后人能够从另一个角度研究当晚战斗。

22:44，东京的广播电台发布早期预警信号："据信，敌军巨型轰炸机的庞大编队正向小笠原群岛接近。如果这些飞机的目标是名古

20世纪30年代的名古屋街景，现代化程度不输于东京和大阪。

开来。当时看起来我好像是要飞过那团火光，不过残骸掉了下来，我从上面飞了过去。

结果，两个回合过去，米切尔的双机编队摘取了名古屋上空仅有的两个击落战果。

值得一提的是，美军的海空救援体系给予参加护航和轰炸的空勤人员们巨大的心理鼓舞，战士们心中自信满满：一旦有险情出现，就会有其他的兄弟单位来奋力相救。这一点，在6月26日轰炸名古屋的行动中得到有力的体现。

当时，在第39轰炸机大队中，“加尔维斯顿城”号B-29成为了高射炮的牺牲品：120毫米炮弹的弹片击断了15—18厘米长的一段机翼，两台发动机受损，爆炸带来的震动使得炸弹仓门被震开。飞行员约翰·米兰达上尉意识到“加尔维斯顿城”号无法依靠自身飞回基地了，只能驾机朝着日本外海飞去，等待迫降后救援。

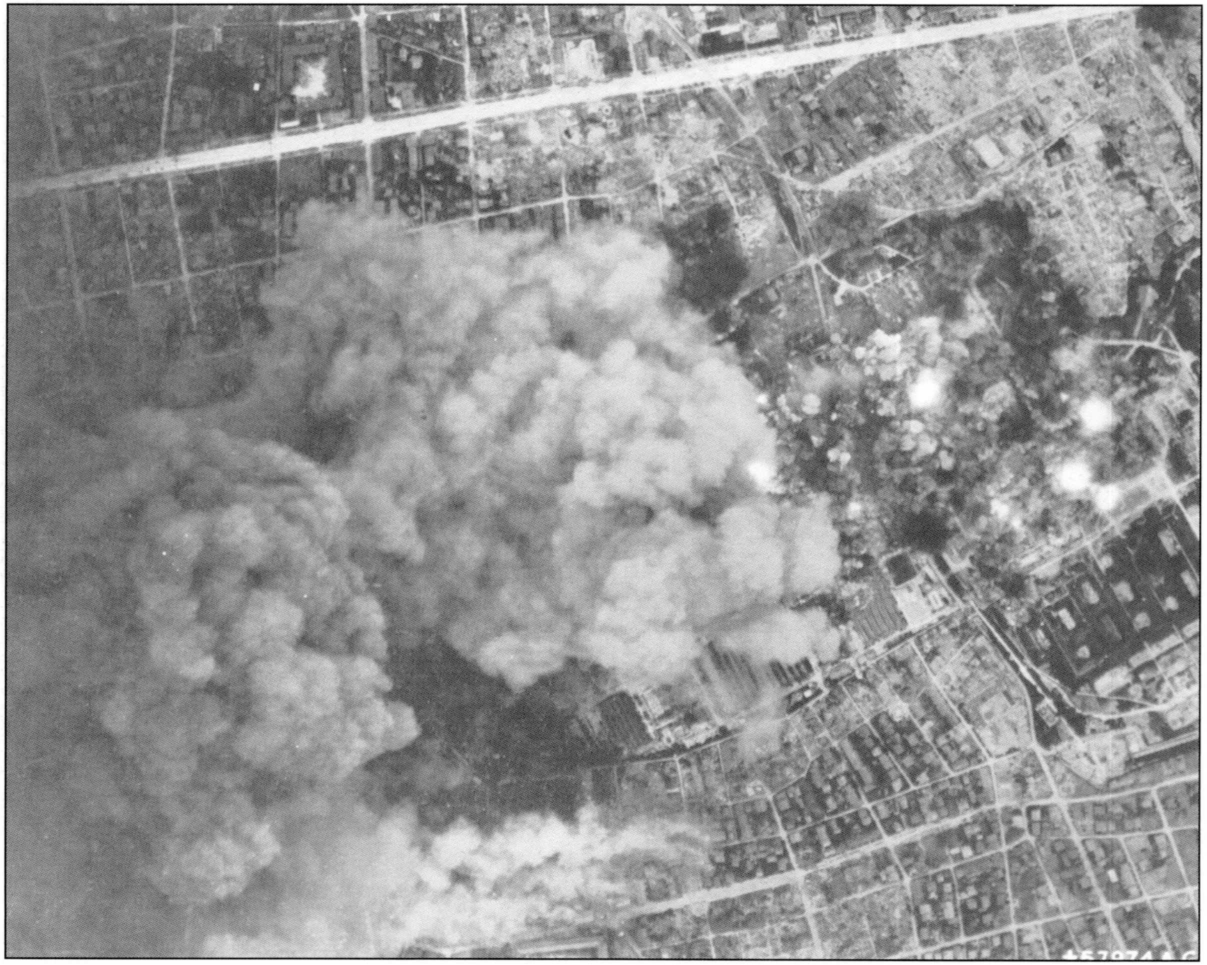

1945 年 6 月 26 日，被大火和浓烟吞噬的名古屋。注意街道、建筑和巨大的烟柱之间夸张的比例。

由于无线电设备也被击伤，机组成员无法呼叫救援潜艇或水上飞机。因此，另外一架B-29“主祷文”号跟随“加尔维斯顿城”号飞行，为其充当无线电转播站、联系救援的潜艇。驾驶“主祷文”号的罗伯特·史伯丁中尉命令导航员务必联系上救援潜艇。几经努力，导航员爱德华·爱德蒙森上尉联系到了最近的“大西洋马鲛”号救援潜艇，并计算出了航线。由于“加尔维斯顿城”号伤势很重，不能保持稳定的航向，史伯丁中尉一马当先带领友机在600米的高度飞行，并不断协助修正航向，直到和潜艇会合。

最后，“加尔维斯顿城”号全体机组乘员有条不紊地弃机跳伞，很快被等待的“大西洋马鲛”号潜艇救起。获救的机组成员们获得了潜艇兵的热情接待，此外，潜艇兵们也毫不客气地把飞行员的太阳镜、手枪等随身物品作为纪念物瓜分一空，以至于米兰达上尉回忆说自己几乎是光着身子从潜艇离开的。

获救返回马里亚纳群岛的基地后，米兰达机组获得了一架新的B-29。为了表示对海军救援潜艇的感激，机组成员把这架B-29命名为“大西洋马鲛”号，这可能是有史以来唯一用海军潜艇名字来命名的B-29。

得到后勤和救援的大力支持，第21轰炸机司令部继续夜以继日地空袭日本都市。在战争结束前，一共有2579架次B-29光临名古屋，投下超过14000吨炸弹。这个超级都市一共有40%的城区化为焦土、135416栋民房被焚、7858名市民死亡，彻底变成了毫无生机的死城。

名古屋，反复轰炸之后的三菱发动机工厂，只剩下扭曲的钢架结构，其余设备均化为乌有。该厂的军用航空发动机产量一度占据整个日本的2/5，结果被B-29炸掉94%。

七、港口战争

饥饿战役

日本作为岛国，与生俱来的一个致命的战略弱点就是物资供应依赖海运线，这关系到日本国内消耗的80%的石油、90%的铁矿石以及食物等等。在太平洋舰队司令官尼米兹的指挥下，美军潜艇部队早早针对这一点开始了攻击，目标是日军软肋——缺乏反潜支持的运输船。至1945年时，日本的商船队已经消耗殆尽。此时，尼米兹计划对日本的封锁再上一层楼，这就需要陆军航空兵的协助了。

在阿诺德的指示下，李梅在1945年1月拨出第313联队的B-29参与对日本的封锁，由詹姆斯·戴维斯上校指挥执行在日本近海布雷的作战。这堪称B-29从军历程中最不为人所知、最具费效比的行动：“饥饿战役。”

要用水雷封锁日本，首先需要分析其运输线和港口布局。任何一个称职的作战参谋只要仔细看看地图，就能找到日本人的海运线瓶颈的位置：本州和九州之间的下关海峡。这是连接濑户内海和日本海以至于西行到朝鲜半岛、中国大陆的最便捷通道，航运交通极度繁忙。然而，下关海峡最窄的宽度只有600米，用水雷可以轻易将其封锁，重创日本与亚洲大陆之间的海陆运输。

B-29布下的水雷可以选择磁引信和声学音信，但一般都没有自毁装置。很多被误投到海滩上的水雷成了日本技术人员拆解和研究的对象。不过，如果水雷配备的是低频音响引信，即使被日军缴获也很难找到应对方法。陆航意识到了目视瞄准投弹的局限性，因此很快改用雷达瞄准进行间接瞄准投弹。海岸线地形在雷达屏幕上较为容易识别，因此能让B-29提高投弹高度、脱离高射炮的杀伤范围。除了第21轰炸机司令部，海军也参加“饥饿行动”，部署了自己的航空兵进行航空布雷。

每次航空布雷，B-29都需要装载约12枚454公斤或6枚907公斤的水雷，往返飞行大约5100公里。白昼高空轰炸或夜间区域轰炸时，B-29不需要很高的投弹精度，但是航空布雷则对精度有相当的要求。为了保证布雷是在航运路线

高空拍摄下官海峡。作为本州和九州之间最狭窄的一段航道，这里只有600米的宽度，从照片中可以清晰辨别出海峡中的船舶。由此可见，使用水雷封锁下关海峡，是瓮中捉鳖的一招好棋。

右四为“饥饿战役”的指挥官：詹姆斯·戴维斯上校。

上，B-29飞行员必须在低空持续保持直线飞行。而且，布雷区域经常很靠近日本海岸线，这样就会使得B-29进入地面中小口径高射炮的杀伤范围。因此，每次布雷行动时机组们都会面临巨大的心理压力。

3月27日下午，马里亚纳群岛的跑道之上，戴维斯上校拉动B-29的节流阀，他驾驶的B-29咆哮着开始缓慢地滑行。在他身后，103架B-29满载水雷，蓄势待发。最后，有92架B-29在指定海域上空投下了水雷，3架因机械故障而未能返回基地。从这一天起，日本海军残留的大中型水面舰只出动都要避开下关海峡了。

随着“饥饿战役”的展开，整场布雷作战分成五个阶段：

从3月27日至5月2日为第一阶段，美军通常组织空袭作为佯攻，吸引日军注意力而掩护航空布雷行动。这一阶段，李梅共出动B-29轰炸机246架次、布雷2030枚，布雷海域主要集中在下关海峡和吴市、佐世保军港。除了战略上的目的，任务还带有支援冲绳战役的战术性质。美军的布雷使下关海峡无法安全通行，迫使日军增援冲绳的以“大和”号战列舰为核心的舰队不敢经下关海峡南下，而由丰后水道南下。因此，作为日本海军联合舰队象征的“大和”号战列舰不得不较早进入美军舰载机的作战半径，最终在美军数百架次飞机的猛烈攻击下沉没。4月27日，名古屋港因水雷封锁被迫关闭。

第二阶段从5月3日至5月12日，美军出动B-29轰炸机195架次，布雷1422枚。从这一阶段开始，美军开始使用抗扫能力较强的水压水雷。除继续在下关海峡进行补充布雷外，B-29机群还在东京、大阪、神户等港口和濑户内海主要航道上布雷，目的是封锁濑户内海并切断日本几个大工业城市之间的海上交通。作战相当成功，濑户内海遭到水雷封锁，从中国东北和朝鲜驶来的许多船只无法进入濑户内海，被迫改到九州或本州西北港口卸货。

第三阶段从5月13日至6月6日，美军出动B-29轰炸机209架次，布雷1313枚。在这一阶段，美军开始使用另一种抗扫能力较强的低频音响水雷。这一阶段的作战目的主要针对由于濑户内海遭封锁后日本船只改往九州或本州西北的情况，B-29集中在上述水域布雷。鉴于水雷的巨大威胁，日本被迫于5月14日、5月23日、5月27日关闭清水、横滨和东京港，使日本与亚洲大陆的海上运输量急剧下降。

在从6月7日至7月8日的第四阶段，美军的攻势布雷规模进一步扩大。李梅出动B-29轰炸机404架次，布雷3542枚。美军一面对下关海峡、神户、大阪等港口进行补充布雷，一面加强对九州和本州西北部的全面封锁。同一时期，美军驻冲绳的岸基航空兵也在朝鲜沿海布雷186枚，主要迫使日本运输船只远离沿岸海域而进入比较开阔海域航行，以便于对其进行攻击。这一时期，日军为了恢复其海上交通，投入340余艘舰艇及2万余人进行扫雷作业。但是，由于前一时期因触雷沉没的船只较多，很多船只不敢再冒触雷的危险进入雷区。因此，该阶段日本船只的损失有所下降，但实际运输量同样大为降低。以神户和大阪港为例，5月卸货量为32万吨，而7月仅为4.4万吨，降幅达86%。

7月9日至8月15日的第五阶段，美军出动B-29轰炸机474架次，布雷3746枚。除在日本本土港口布雷外，轰炸机群还在朝鲜釜山、马山、元山、兴南和清津等港口布雷，以阻止这些港口的日本船只出海。

在最初的大规模布雷完成之后，小群轰炸机接下来不断地补充布雷，填补已经爆炸或被扫除的水雷。这样，第313联队的主力能转而投入到战略轰炸行动中。该部中，第505大队是李梅指定专门执行布雷的单位，在5—7月间该部每晚都要出动近1/5的兵力布雷。

就这样，到了7月，布雷行动达成彻底封锁下关海峡、本州和九州，以及部分朝鲜港口的目标。仿佛用木塞把瓶子口塞住一样，日本的内海和外海航运被彻底瘫痪，直接导致日本本土的食物供应接近崩溃。

马里亚纳群岛的美国陆航基地之上，地勤人员正在给 B-29 准备航空水雷。

航空布雷达成的效果超乎了当初的预期。1945年4月份，水雷击沉了18艘运输船，5—6月各击沉了80艘，下关海峡航运量被削减了90%。通过海运，进入各工业区港口的货运量从3月的80万吨降低到7月的不足45万吨。1941年日本的进口货运量为2000万吨，这个数字在1944年减半；到1945年1—6月，货运量仅剩270万吨。

“饥饿行动”使得日本本土的海上物资供应线几近瘫痪，因而日本不得不转而依靠境内的公路和铁路网来转运物资。这些交通网的运输能力远不如海运，并使本来就缺乏的交通工具暴露在美国航空兵的袭击之下，遭受不断损失。

从3月下旬到8月中旬日本投降前，B-29布雷和其他攻击方式一共击沉了293艘日军船只，平均每天2艘。日本港口的船坞里也挤满了被炸伤等待维修的船只，在轰炸下逐渐变成废铁。

日本政府和军方完全无力应对这样的封锁布雷，只能宣布东面朝向太平洋的港口全部无限期关闭，只剩下西面的港口还能勉强运转。日本方面只能利用小型船只从中国日占区和朝鲜运输粮食等物资，而这条航线上又满是虎视眈眈的美国潜艇，结局自然是悲惨的。4—8月间，通往朝鲜的航线上，被击沉的日本船只占了同期总损失量的60%。

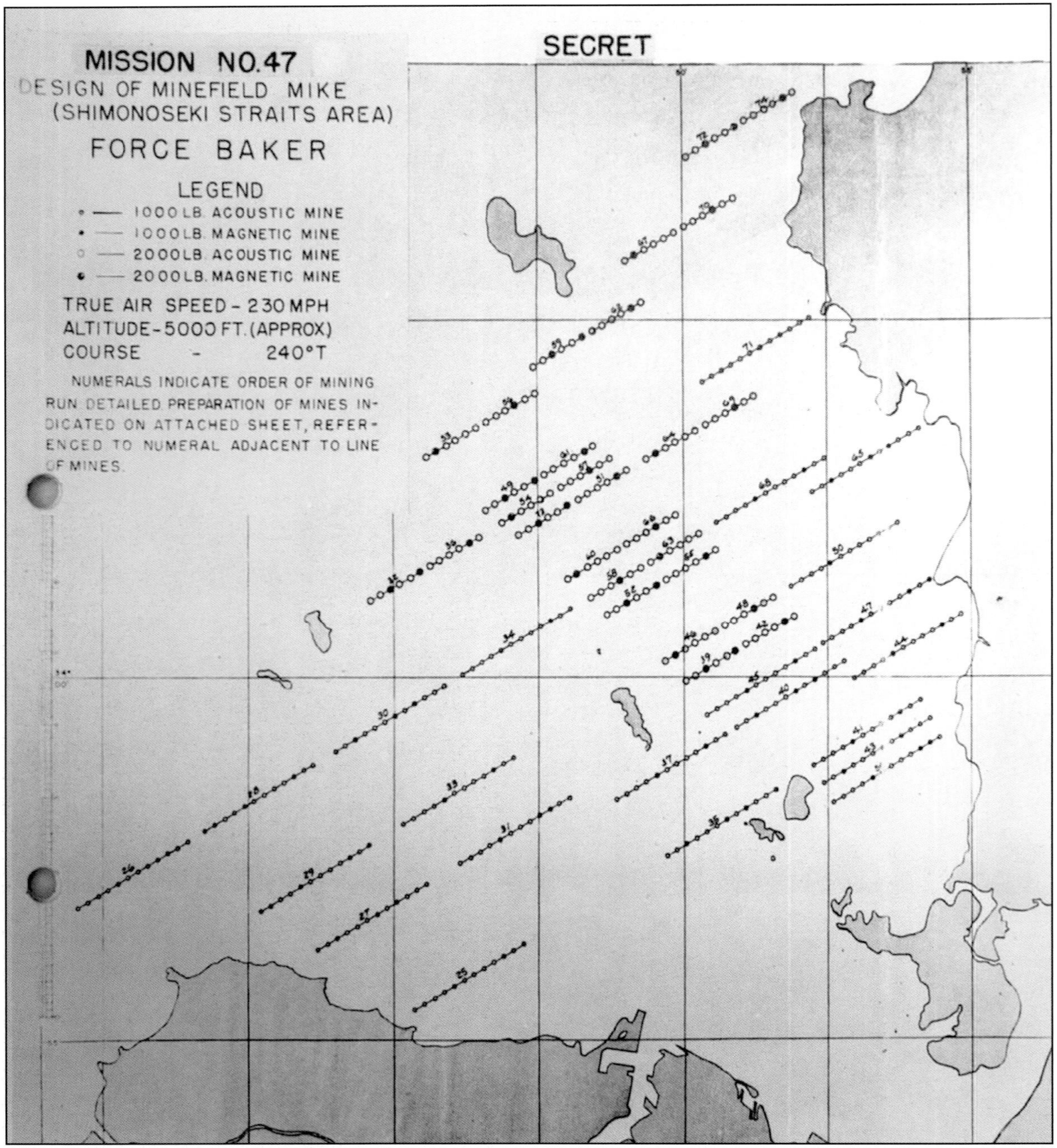

航空布雷作战示意图，可见是沿着港口出海的航道，布设多条平行的水雷带。

日本海军严重缺乏现代化的扫雷舰，根本无法应对繁重艰巨的扫雷任务。虽然海军组织了350艘各式扫雷船只，及探照灯、水下听音器、雷达等等设备和近2万人投入了扫雷和加强沿海运输防空的行动，奈何器不如人，只有大约30%的布雷被日军扫除。而且，美国海军还在不停地改进水雷引信，而日军起码需要两个月时间才能找到对付一种新引信的方式。最后，绝望的日军甚至指示运输船只完全不顾可能触雷的危险，而冒险通过布雷海区。

美军第313联队投入的兵力有限，达成的效果却是战争史上令人瞩目的。由于空投布雷一直不被李梅和第21轰炸机司令部认为是主要任务，因此也没有给予更多关注。但就投入产出的效能来看，第313联队可谓是第21轰炸机司令部各联队之首。

历时4个半月的“饥饿战役”，美军出动B-29轰炸机1528架次，布雷12053枚，其中磁性水雷4900枚、音响水雷3500枚、水压水雷2900枚、低频音响水雷700枚（美国海军出动的飞机和布设的水雷未计在内）。所布水雷共炸沉炸伤包括“海鹰”号航母等65艘军舰在内的670余艘船只，其中炸沉和重创无法修复的达431艘，总吨位140余万吨，相当于战役开始时日本船舶总吨位的75%。美军此次攻势布雷效果非常显著，平均每布21枚水雷就炸沉日本船只1艘，而美军损失极其轻微，仅损失15架B-29和103名机组成员，其中只有9架B-29是被日军战斗机或高

B-29 投下水雷的一瞬间，由图中可以看到两枚水雷，均有降落伞减速。

射炮击落的。

“饥饿战役”的成功实施，几乎彻底切断了日本至关重要的海上运输生命线。从1945年3月到8月，下关海峡运输量下降98%，几乎完全中断，而濑户内海也只能通行机帆船之类的小型船只。在这4个半月中，日本的进口物资下降90%，维持战争所急需的石油、煤炭、粮食等战略物资供应近乎中断；军工企业由于原料断绝，纷纷停产或关闭；大批飞机、舰艇由于燃料极度缺乏而被迫停飞、停航，直接影响了日军的战斗力。由于航运中断，250万吨大米堆积在朝鲜港口，而日本国内的粮食供应却极其困难。由于要优先保证军队需要，广大平民粮食配给降至最低限度，老百姓食不果腹，终日在饥饿线上苦苦挣扎。

此次战略性的攻势布雷中，美军准备充分、计划周密、海空兵力协同配合。其投入兵力之集中，布雷海域之广阔，布雷强度之密集，堪称史无前例。尤其是布雷战役最后两个阶段更是收到了显著效果，2个半月之中，共出动飞机878架次，布雷7288枚，最终实现了全面彻底封锁日本海上交通的战役企图，在物质上和精神上都给予日本以极其沉重的打击。水雷这一古老兵器显示出在现代战争中的巨大作用，水雷战与战略轰炸相结合，大大加快了日本的彻底失败。

美国海军则对B-29空投布雷行动大加褒奖，连尼米兹也写信给李梅，称赞布雷效果是“显著的”。

俗话说，来自敌人的赞扬才是最高赞扬。日本海军扫雷部队的指挥官田村和熊在战后审讯中供认：

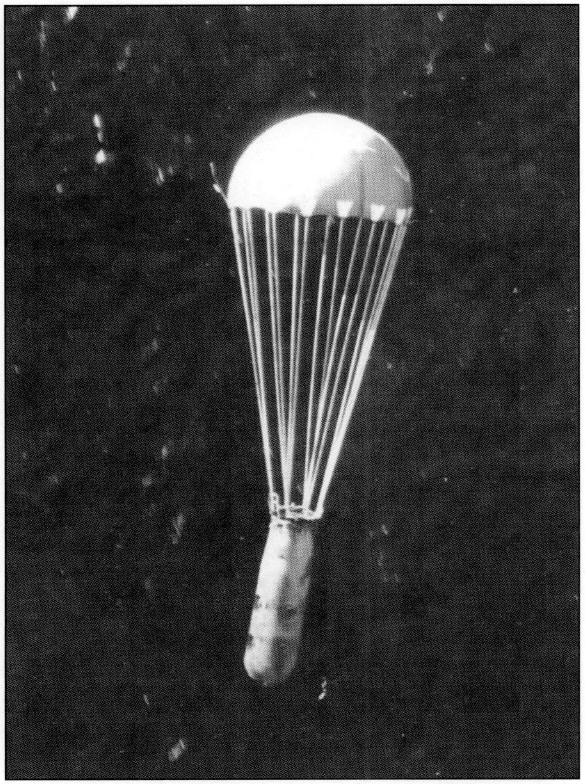

从 B-29 上投下的 MK 26 磁性水雷，重量达 454 公斤。

1945 年 7 月 14 日，美国海军“埃塞克斯”（CV-9) 号航空母舰上的战机正在空袭青森—函馆之间的火车轮渡。从照片中可以看到巨大的水柱冲天而起，严重缺乏对空自卫火力的渡船对美军战机几乎毫无还手能力，此战过后，日本本州岛的能源供应路线遭到致命破坏。

日本开国之后，横须贺迅速发展成重要的军港，这张造船厂全图便能体现当年的气势。

4月1日起，贵军开始大规模布雷，这样一来，水雷就从一个麻烦变成了一个巨大的问题。尽管我们在一些要地，例如下关海峡增加了战斗机、探照灯和高射炮。战斗机被要求不惜代价尽可能击落布雷的B-29，而不要去关注如何保卫城市自身，因为海运线就是运输食物、原料的生命线……空投布雷造成的损失如此巨大，如果你们早些开展这样的攻势，也许就能早点结束战争了。

在水雷封锁之外，7月14日，美国海军航空兵先后对本州西北部及北海道进行了攻击，这里是日本煤炭的主要产地，对煤炭运输的攻击势必会沉重打击日本的铁路运输系统。

美军首先攻击了本州西北所有日军机场，以巩固制空权优势，接下来对日军港口进行了850架次攻击。当时，港口里挤满了因为水雷封锁而滞留在港内的商船，共有1艘驱逐舰、11艘日本海军辅助船只和12艘商船被击沉，战果相当显著。

海军航空兵另一个显著的战果是击毁了青森—函馆之间12个火车轮渡中的7个，这些火车轮渡是连接本州和北海道产煤区之间运输线的关键节点。这里远在B-29的攻击范围外，加上常年气象条件恶劣，能见度不佳，等于获得了额外的掩护。但是，在美国海军特混舰队逼近日本本土后，这些掩护也就不复存在了。

7月14日这天，F4U“海盗”、F6F“地狱猫”和SB2C“地狱俯冲者”战机成群结队地在这片海区上空盘旋。尽管云层厚重，但是火车轮渡的庞大身躯还是被海军航空兵们发现了。在跳弹轰炸和火箭弹攻击下，轮渡一艘接一艘地爆炸和沉没。这样一来，从北海道运输到本州的煤炭量立即下降了80%，日本本土唯一自给自足的能源供应路线也被美军切断，成为孤立无援的绝望之岛。

日本海军的覆灭

在第20航空队的航空布雷作战之外，1945年7月1日起，美国海军的航母编队派出第38特混舰队的舰载机，开始执行登陆日本九州的奥

日本帝国的最后一个月，“长门”号战列舰是日本海军的头号战舰，而且作为山本五十六的旗舰，具有非同凡响的象征意义。

林匹克战役的第一阶段任务——歼灭日本海军最后的残存力量。随后，英国皇家海军太平洋舰队（BPF）下辖的4艘快速航空母舰也加入战团。

日本海军当年嚣张一时，如今已成了美英海军的靶舰。在纸面上，日本海军还有相当强的实力，例如在吴港就有三艘航母、三艘战列舰、三艘巡洋舰及其他中小型舰只。但是，这些舰只连“存在舰队”都够不上：缺少舰员、没有燃油，在没有空中掩护的情况下出海无异于自杀，只能停泊在港内等着盟军战机的轰炸。

面对已经沦为靶舰的日本海军，美国海军在7月以来的猛烈轰炸既是为了展示美国海军的打击实力，也是为了奥林匹克战役扫清可能的日本海军抵抗能力。

英美航空兵的第一个目标是横须贺——此地长久以来作为日本的重要军港，建造过“山城”号战列舰、“翔鹤”号航空母舰等主力舰只。

在1945年7月中旬，横须贺港口内停泊的最大的军舰是战列舰“长门”号。作为世界上第一艘装备16英寸（406毫米）巨炮的战列舰，“长门”号的服役历史可谓乏善可陈。1944年在菲律宾被轰炸击伤后，“长门”号一直在横须贺海军基地动弹不得。虽然“长门”号连浮动炮台都算不上，哈尔西还是把它列为优先级打击目标，理由很简单：“长门”曾经是山本五十六的旗舰，而且是当时日本海军的头号军舰，击沉它具有重要的象征意义。

经过一番搜索，美军侦察机带回的航拍照片显示：日军把“长门”号停泊在靠近山势的一片大型起重机附近，以限制鱼雷攻击机或者俯冲轰炸机进入攻击的路线；舰上近3/4的桅杆被截除，以试图隐藏长门的侧影轮廓；甲板上布置了很多植物作为伪装。此外，日军在港口周边布置了大约250个高射炮炮位。

分析以上情报后，美国海军决定在下午实施攻击，这样一来，攻击机可以从太阳照射的方向进入，而“长门”号上和地面的高射炮炮手则要迎着阳光来瞄准和射击，自然会受到影响。按照计划，战斗机负责压制高射炮，攻击则由戴维德·贝里少校指挥的SB2C“地狱俯冲者”俯冲轰炸机队实施。

美军航拍的横须贺港口侦察照片，左上角的巨大阴影便是“长门”号战列舰。

7月18日下午，战斗打响了。美军战机编队从日本外海的航空母舰上起飞，抵达横须贺空域后，贝里少校带队率先俯冲，紧跟其后的是欧内斯特·赫托少尉的座机。当其他SB2C俯冲轰炸机开始打开减速板准备瞄准投弹时，赫托少尉没有打开减速板，而是继续俯冲，一举超越了其他战友。

当俯冲到750米时，赫托瞄准战列舰的舰桥，按下了投弹钮，然后冒着密集的高射炮炮火开始脱离。等赫托拉平改出俯冲时，飞行高度仅有300米，赫托一边左摇右摆地躲避高射炮，一边问后座机枪手吉姆·雷诺兹观察到投弹结果如何。不过，在赫托玩命般的俯冲之下，吉姆·雷诺兹已经被加速度折腾得几乎半晕，根本没有办法观察。

此时，贝里和其他俯冲轰炸机也陆续投下炸弹。赫托的玩命打法效果是显著的，他投下的炸弹击中了“长门”号的舰桥，在舰桥里的80名日军被炸死了13人，其中包括舰长大冢神保海军少将。当时，大冢所在的位置正巧就是山本五十六在1941年命令袭击珍珠港的地方，

被炸成废铁的“长门”号战列舰。

1941 年的吴市海军基地，建造中的超级战列舰“大和”号。

历史就这么巧合。另外一枚命中的炸弹击中了“长门”号的3号炮塔基座位置，炸毁了4个25毫米高射炮炮位，至少击毙了25个日军炮手。

美军以7架舰载机为代价，对横须贺完成了一轮暴风骤雨般的轰炸。虽然没有击沉“长门”号，但系泊在“长门”外侧用于掩护的多艘日军舰只被击沉，包括1艘扫雷舰、1艘旧式巡洋舰、1艘残破的驱逐舰和其他一些辅助船只。

在这一天后，日军撤离了“长门”号上的高射炮手，转而部署到其他地点，这等于放弃了“长门”号。这艘战列舰此后也没有再遭到毁灭性的轰炸了，幸存到了战争结束后，然后在1946年的比基尼岛核爆炸试验里结束了自己的一生。

经过休整后，7月24日，尼米兹的小伙子们将目标对准了吴市海军基地。这个位于濑户内海的天然良港，自古以来便是日本的海军重镇，著名的“大和”号战列舰便是在此建造的。进入1945年以来，吴市已经多次遭到空袭。到这个夏季，美国海航飞行员的主要目标是击沉残留的日本海军军舰、压制环绕名古屋和大阪外围的日军各个航空基地——尽管日军空中抵抗已经非常虚弱了。

当天，“圣哈辛托”号上的“地狱猫”机群和“本宁山”号上的“海盗”机群一马当先，日军起飞了战斗机部队前来拦截。双方在丰后水道上空展开激战。交战中，6架日军战斗机被击落，美军也损失了4架。在这次空战中，日军海军王牌战斗机飞行员武藤金义少尉与美国海军战斗机飞行员罗伯特·阿普尔盖特中尉展开迎头对决，双方都被击中而双双坠海。不过阿普尔盖特获救，武藤金义阵亡。有意思的是，来自俄勒冈州的23岁小伙子阿普尔盖特初次参加空战，是个不折不扣的菜鸟。

战斗机机群扫荡了日军空中抵抗后，俯冲

改造后的航空战列舰“日向”号，和同级的“伊势”号是一对怪异的组合。

1945 年 7 月 18 日，“日向”号航空战列舰遭到轰炸。

坐底沉没后的“日向”号航空战列舰。

轰炸机和鱼雷攻击机蜂拥而入，日本海军改装的所谓航空战列舰“伊势”号和“日向”号以其显眼的飞机起飞甲板而成为首批目标。这两艘航空战列舰在1944年10月莱特湾大海战中，未携带1架飞机，加入小泽治三郎中将的航空母舰编队，充当诱饵。在美军舰载机的猛烈攻击下，其余4艘航空母舰全部被击沉，伊势级航空战舰装甲厚实，虽然多处中弹受损，但还是支撑到逃离莱特湾战场。哈尔西对此耿耿于怀，因此在当天任务中特别命令：彻底击沉这2艘航空战列舰。

不过，“伊势”号和“日向”号困居吴市军港已久，早就已经失去了起降战机的能力，而且也无法机动躲避攻击，仅仅是充当浮动炮台。当时，“日向”号上共有1000余名船员，竭力操纵所有堪用的炮塔向天空中射击。结果，“日向”号一口气被命中10枚炸弹，舰长草川淳少将当场毙命，204名船员死亡，600人受伤。“日向”号的舰体多处破损，海水逐渐涌入。轰炸过后第三天，“日向”号以水平状态坐沉。

与此同时，在美军舰载机的轮番攻击下，“伊势”号的舰首右侧、飞行甲板、主甲板和3号炮塔多次中弹，包括舰长牟田口格郎大佐在内大约50名舰员被炸死。整艘战舰进水达5000吨，深深没入海水中，覆灭只是时间问题。

除了“伊势”和“日向”以外，巡洋舰“青叶”号和“利根”号也多处中弹，坐沉在海底上。“利根”号的历程堪称是太平洋战争进程的折射，它参加了联合舰队偷袭珍珠港、印度洋、中途岛、瓜岛、菲律宾海、莱特湾的一系列重要战役，如今困居在军港内成为“蒙特利”号航母上“复仇者”攻击机的战利品。

除了战列舰、巡洋舰这类炮战主力舰外，日本海军还保有的几艘航母也是美国海军的重点目标。其中，云龙级仅存两艘完工的“天城”号和“葛城”号均停泊在吴市军港，不过，这两艘航空母舰并没有在飞行甲板上起飞或降落过战机——日本海军还没有来得及把舰载机和飞行员都凑齐。

在吴市军港停泊期间，该两艘航母的飞行甲板上都加上植物、田地和小屋等各种伪装，假扮成小岛，以期能够避开美军的空袭。

不过，在7月24日的美军飞行员面前，日军航母的伪装均形同儿戏。这天的攻击直接命中“天城”号2次，外加大量的近失弹。一枚227公斤炸弹击中了烟囱后部，并在船体右侧击穿了一个洞，另一枚907公斤炸弹穿透飞行甲板后在上层机库的升降机之间爆炸，炸垮了机库内近50米长的支撑墙。强烈的气浪造成飞行甲板鼓起，形成大约60米长的弯曲和一个直径约7.5米的大洞。

美军轰炸过后，倾覆在锚地的云龙级航母“天城”号，左侧露出水面的螺旋桨清晰可见。

此外，爆炸的碎片还在船体内部造成无数破洞。近失弹的威力使得前弹药舱、两个锅炉舱和艉机舱破损，大量海水涌入后造成船体向左倾斜。当天，日军就立即撤离“天城”号，任由海水继续在船体内部扩散，直至最后坐沉。

另外，“葛城”号飞行甲板上中弹，丧失起降机能。不过，对于没有分配到一架战机的航母来说，这并无太大影响。

值得一提的是，英国海军舰载机也参加了24日这天的空袭，被分配去攻击大阪及濑户内海的目标。英国飞行员驾驶的“复仇者”盯上了“海鹰”号护航航母，这艘1938年下水的邮轮在1943年被改造成了护航航母，基本上只用于训练用途了。

英国飞行员投下的两枚炸弹击穿“海鹰”号的飞行甲板后爆炸，“海鹰”号水线下裂出大洞导致大量进水。“海鹰”号迅速坐沉，日军损管人员全力抽水和堵塞漏洞才使得它勉强浮在水面上。

在7月24日的这次大轰炸中，美国和英国海军舰载机一共出动了1747架次，损失了29架战斗机和28架俯冲轰炸机及攻击机。战果极其显著，本已残破不堪的日本海军已经没有几艘还能完整浮在水面上的军舰了。

7月27日，盟军对日本发布《波茨坦公告》，要求日本政府无条件投降。第二天，鉴于日本政府没有显示出接受波茨坦公告的迹象，哈尔西决定对日本海军的残渣们再彻底清扫一次，从而彻底消除日本海军的威胁，进而可以转向新的目标。

7月28日07:45，美军“香格里拉”号航母第一波起飞了36架舰载机前往吴市，它们的目标是“榛名”号战列舰和“大淀”号轻巡洋舰。这2艘船都在24日的攻击中被击伤，但未造成严重损坏。

“榛名”号堪称是被美军轰炸次数最多的战列舰，在这次决定其最终命运的轰炸前，它已经3次从美军轰炸之下逃离了。不过到了7月28日，这艘36岁的老舰再也无法逃跑了。除了“香格里拉”号的舰载机外，“黄蜂”号的舰载机也投入攻击，此外还有冲绳基地的陆军航空军的70架B-24也参加了对“榛名”的轰炸。

在这样密集的攻击面前，即使“榛名”号

“勇猛”号航母的舰载机在攻击“榛名”号战列舰。巨大的水柱冲天而起，几乎要将整艘战列舰吞没。

7月28日，左上角的“葛城”号正在遭受轰炸，中间为已经倾侧的“天城”号。

上的高射炮全力以赴，结果也是枉然。军舰被7至8枚炸弹直接命中，近失弹更是不计其数，水线以下破裂的舰体大量进水。下午4:15，“榛名”号坐沉。

现在，有价值的目标实际上已经极少了。一些大型军舰虽然已经坐沉或是被放弃，但是表面上看起来似乎还是未受到严重损害，它们继续被美军飞行员们当成主要靶子反复攻击，已经是死老虎的“伊势”号就是一个例子。由于“伊势”号已经被日军放弃，这次没有任何高射炮抵挡攻击，至少14—16枚炸弹直接命中了“伊势”，其中“海盗”贡献了5枚454公斤炸弹。在第二轮炸弹的洗礼中，“伊势”号有500余人战死，重创坐沉。

已经深受重创的“天城”号航母同样再次遭劫，几轮轰炸以后，该船倾覆角度加大到70度，并保持这个姿势坐沉在海水之中，直到数年之后才被捞起。它的姐妹舰“葛城”号同样也被击中，弹片和钢铁碎片像暴风雨一样横扫了舰桥，还在舰桥的12个日军官兵全灭。不过，该舰结构基本完好，因此“葛城”号成为战败后日本海军最大的可动残存舰，用于运输海外的那些残兵败将们返回日本。

当天，严重进水的“海鹰”号航母已经被日军拖曳到了别府湾，“埃塞克斯”号航母的舰载机朝着它发射了大量的127毫米火箭弹。其中，有16枚火箭弹命中，炸死日军损管人员20人，涌入的海水使得“海鹰”号再次坐沉。

同样，已经坐沉的巡洋舰“青叶”号也被再次洗刷了一遍，再加上下午从冲绳飞来的B-24投弹击中4枚227公斤炸弹，整条船千疮百孔地瘫在系泊地。

吴市的锚地中，“大淀”号轻巡洋舰是联合舰队最后的旗舰。虽然该舰的防空火力在日本海军中属于优秀的，但是在成群的“地狱猫”和“地狱俯冲者”面前，单薄的轻巡洋舰舰体完全不是对手。在被击中至少4枚炸弹后，“大淀”号带着熊熊大火朝着右舷方向倾覆，至少300名船员死亡。

7月28日，吴市海军基地成为美国海军舰载机和陆航轰炸机肆意表演的后花园。根据海军规定：攻击行动中命中日本海军主力军舰1枚炸弹的飞行员就能获得海军优异表现十字勋章，因此在7月份的3次主要攻击行动后，170名飞行员获得了海军优异表现十字勋章，5人阵亡后被追授。

至此，哈尔西对吴市海军基地的连续大规模攻击宣告结束，美军累计损失126架飞机（73

架战斗机、53架轰炸机或攻击机，含事故或机械故障损失），102名飞行员和机组成员阵亡，代价可谓不低。军内对这个系列攻势不乏质疑和批评之声。

哈尔西上将在其回忆录中提出了四个攻击吴市的理由：1.为了提高美国国民的士气，报复在1941年12月的对珍珠港的偷袭；2.为了确保日本不能破坏苏军登陆北海道的计划；3.阻止日本利用其舰队作为谈判筹码，以获取更好的和平条款；4.因为他的上级，太平洋舰队司令尼米兹已经下令要对吴市进行攻击。

总体而言，7月的吴市攻击战役的战果是显著的。日本海军已经沦为一个纸面上的名词，作为武装力量已经是彻底残废。在后续的几次小规模攻击之后，美国海军和英国皇家海军对日本海军的港口战役宣告结束，日本海军成为纸面军事力量，全部希望都寄托在回天人操鱼雷或震洋自杀攻击艇一类的自杀性攻击手段上。

显赫一时的日本联合舰队，最后的旗舰——“大淀”号轻巡洋舰的结局。

八、核爆天降

原子弹的诞生

到1945年夏天，美军的战略轰炸攻势已经席卷了几乎整个日本，除了东京、大阪、名古屋、神户、横滨这几个著名的都市，其余大部分城市都已经陷入火海之中。例如在8月1日的夜间，第73轰炸机联队的182架B-29空袭本州岛西北沿岸的富山市，毫无阻碍地投下1465.5吨凝固汽油弹，将整个城市99.5%的建筑烧成一片白地，创造人类空中战争历史上的一个新纪录。

不过，日军大本营远远没有死心，叫嚣着“一亿总玉碎”筹备所谓的本土决战计划。在盟军一方，为彻底征服日本，美国参谋长联席会议制订了两阶段“奥林匹克行动”和“王冠行动”的登陆计划，计划在九州和本州先后投入50万的兵力发动登陆作战。与之相对应，日本参谋本部在“决号”本土防御大纲中决定利用本土的地形优势，煽动1亿日本平民的“玉碎”精神进行顽抗，其前提是陆军和海军全部航空力量投入与登陆舰队同归于尽的“神风”作战中，以求“一战以定皇国兴废”。

厚木海军飞行场，MXY-7“樱花”自杀飞机停放在特别加固的机库当中。机头内载弹1.2吨，该机在火箭发动机的推动下速度接近音速，较难拦截。一枚“樱花”足以让日本飞行员和一艘盟军战舰同归于尽。日军总共制造约800枚“樱花”，如大规模投入实战，后果不堪设想。

在这样的背景下，日军将本国军工生产优先权给予了9000艘自杀特攻快艇和16000架自杀飞机。到1945年夏季，已经有2000架自杀飞机准备就绪，包括臭名昭著的专用“樱花”自杀飞机——也就是让西方军人震惊不已的“八嘎”飞弹。根据美军预计，如果按照计划展开登陆日本的作战，在数百万疯狂的残兵败将和上亿顽抗平民的联合夹击下，盟国将付出超过100万人的伤亡。

如果想要避免与日本军队展开血腥残酷的地面战斗，盟军需要找准机会，给予对方致命一击——使日本人完全无法招架、顷刻分崩离析的一击。

这样的一击，便是原子弹。

原子弹的故事，要从1942年说起。在爱因斯坦的劝导下，罗斯福总统决定在美国开始划时代的核武器研究项目，也就是日后著名的曼哈顿工程。著名物理学家罗伯特·奥本海默被选为该项目的科技负责人，而工程负责人是工兵和建筑专家、曾承担了五角大楼建筑工程的莱斯利·格罗夫斯上校。9月，格罗夫斯被授予临时准将的军衔，掌握了20亿美元之多的巨额预算。

在新墨西哥州人迹罕至的洛斯阿拉莫斯荒野中，格罗夫斯一手搭建起一个秘密的庞大实验室，用以研究原子弹。这个地点经过了仔细勘察，远离所有人口聚居区，并拥有完善的生活和工作条件，用以容纳数千名最顶尖的科学家。在与外界完全隔绝、得到重重兵力护卫的前提下，洛斯阿拉莫斯实验室开始往前人未曾涉及的科学尖端领域进发。

经过研究，科学家们得出两种原子弹的设计方案。第一种是比较简单的枪式方案，即分开两块亚临界质量的裂变材料，然后直接把一块裂变物质射入另一块裂变物质，从而在一瞬间使得整个裂变达到临界质量。该方案的难点是需要以百万分之一秒的极高速度来完成射入，否则的话在绝大部分裂变物质还未产生反应前就可能会因为提前发生的小规模爆炸浪费绝大部分材料。该方法简单明了，但若要非常精确的引爆结构，需要铀235作为裂变材料。

尼德麦尔博士（美国物理学家，高能μ介子的发现者）提出了第二种内爆式方案：用普通的炸药在裂变物质周围爆炸，将产生的能量向内压缩到一定质量的裂变物质上，从而把裂变物质挤压成非常致密的状态；密度越大，临界质量就越小，这样就可以使处于亚临界状态的裂变物质进入临界状态，从而产生链式反应。相比之下，内爆式所需裂变装料的质量更小，可以使用钚239作为裂变材料。

奥本海默（右三）和格罗夫斯（右二），曼哈顿工程的领军人物。

由于进入一个全新的领域、不确定哪一种方案更优，曼哈顿工程一开始便齐头并进，同时采用两种方案制造原子弹——田纳西州的橡树岭工厂组负责浓缩制造铀材料，华盛顿州的汉福德工厂负责提炼钚材料。

1945年6月，人类历史上第一颗内爆式原子弹的核裂变材料钚239准备完毕。它被取名为“小玩意”，外侧包围大约2270公斤复合型炸药。当爆炸产生向内压力时，钚材料会被压缩到一个核桃大小，达到超临界质量，从而产生链式反应。

验证“小玩意”原子弹的试验被称之为“三位一体”，地点选在距离洛斯阿拉莫斯240公里、新墨西哥州南部与世隔绝的霍德拉达·德尔·穆艾勒多沙漠。确定之后，在洛斯阿拉莫斯实验室的科学家和工程师们都大批搬迁到了试验场，在这里建起了一座高约30米的铁塔，将“小玩意”实验弹放置在塔顶组装准备试爆。

到7月16日凌晨，规定的试爆时间即将到来，但试验场大雨瓢泼。不过，气象团队作出了天气转好的预测。于是，奥本海默和格罗夫斯协商后决定：05时30分准时进行核爆试验。箭在弦上，即将射出。

凌晨03时，风雨真的开始减弱了，大雨变成了零星小雨。奥本海默和格罗夫斯顿时来了精神。04时，云层开始消散，风速减缓。从04时30分开始，技术人员每隔15分钟就放飞1个探空气球，以收集最新的气象数据。

最新的预测是“高空风力减弱，40000英尺（12000米）以上持续有风……稳定状况预计能维持2个小时左右”。05时10分，天空逐渐放晴，甚至能看到一些星星了。

现场指挥萨姆·阿利森打开扩音器，开始广播20分钟倒计时，地面上的所有科学家、卫兵开始进入掩蔽所。距离爆心8公里外的空中，2架B-29观测机盘旋着，等待拍摄爆炸的过程。

就在等待的时间里，科学家和工程师们开

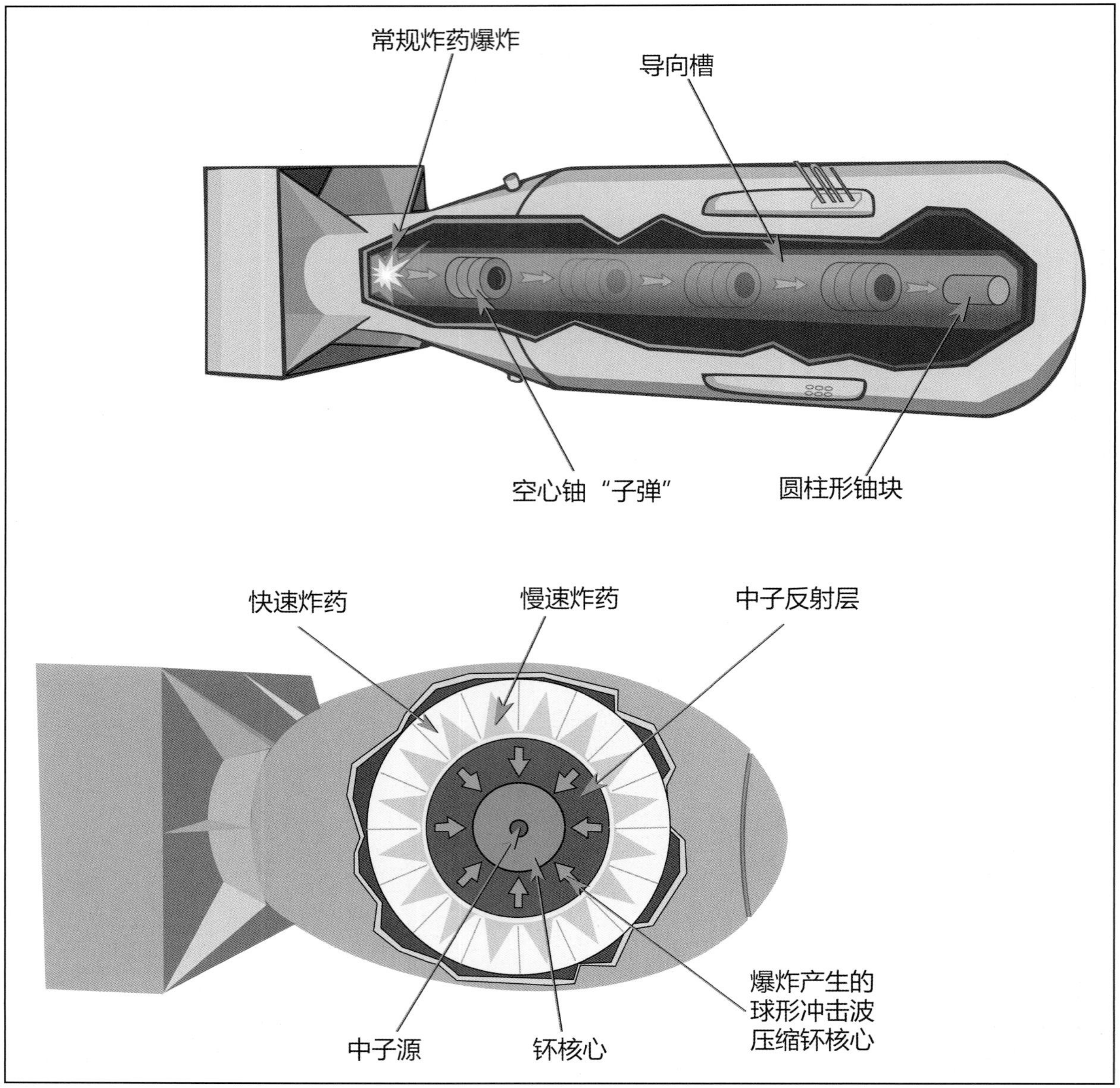

枪式（上）和内爆式（下）原子弹的结构图。

安装三位一体核装置的塔台。

始了对爆炸威力的下注，从失败的0吨TNT到4万吨TNT，各种预测都有。下注的钞票堆满在奥本海默那顶知名的礼帽里。

爆炸前2分钟，尖利的汽笛声响彻试验场。

爆炸前1分钟，1枚红色的火箭腾空而起，作为最后的警报提醒，此时是05时28分。

主掩蔽所里一片死寂，爆炸前45秒，麦奇本启动了自动计时器，霍宁给X装置通电，代表给高爆炸药起爆雷管通电的4盏红灯依次亮起。

05时29分15秒，电流信号开始传递到“小玩意”实验弹里的引爆器中，每个人都开始拿捏着表或是在心里默默地计算时间，盘算这颗耗资近20亿美元的最昂贵炸弹能否炸响。

05时29分45秒，就像是一轮旭日出现在沙漠上。在不到百万分之一秒的时间内，钚弹就完成了它的使命，化为高温、强光和冲击波。尽管各个观测点和掩蔽所里都有无数双眼睛盯着看，但是人类的大脑和眼睛是无法处理这么短时间内的变化，所能看到的，就只是那无比夺目耀眼的强烈闪光。

《纽约时报》的特派记者威廉·劳伦斯以他细腻的文笔记录下了这一幕：

这就像是来自另外一个世界的光焰，如同数个太阳聚集在一起发出夺目的光芒。在地球上从来没有见过如此壮观的日出，一个无比闪耀的太阳在百万分之一秒内就跃然而出，直冲云霄，以它的光芒把天空和大地照成一片红色，这个巨大的火球一面上升，还一面变化着颜色，从紫色到橘红色，不断地伸展扩大和上升，就像是某种原始的力量从亿万年的羁绊中释放出来一般。在一瞬间，它又变成了某种绿色，如同日全食时太阳周围的光晕。这一幕看起来真像是天崩地裂，每个人似乎都回到上帝初创世界的那一刻，听到了上帝的呼唤“要有光”，接着就目睹了瑰丽壮观的世界诞生。

铁皮棚内的三位一体核装置，注意与一旁成年男性的身材对比，这说明了一枚内爆式原子弹的核心结构尺寸。

在爆炸的那一刹那间，零区的温度高达华氏10万摄氏度（摄氏5.55万度）。以实验铁塔为半径的约1.5公里范围一切都被化为乌有，400米内的沙石都被融化成了一种绿色的玻璃质物体。而钢铁制成的实验铁塔，则直接被蒸发了。狂暴的冲击波掀起漫天的灰尘，四下扩散开来，暴露在地面的卫兵岗棚等临时建筑就像纸片一样被吹得漫天飞扬。

格罗夫斯镇静地看着法雷尔，说道：“只要扔上一两颗这样的炸弹，日本就完蛋了。”

德国时间晚上7时30分，陪同杜鲁门的陆军部长史汀生收到了从五角大楼发来的电报：

绝密

战时编号32887

手术在今天早晨进行了，结果虽然还不完全明确，但是结果看起来令人满意，超过了此前的预期。格罗夫斯大夫很满意，他明天就会返回华盛顿，我会跟进汇报。

史汀生收到后立即回复：请向医生和顾问们致以我最热烈的祝贺。然后拿着电报快速跑向杜鲁门下榻的别墅，杜鲁门看完电报后说：“很好，这卸下了我心中的一个大包袱。”

三位一体核试验成功爆炸后3个半小时，距离试验场1900公里外的旧金山亨特思海军造船厂，“印第安纳波利斯”号重巡洋舰离港启航，机舱内10.7万马力的发动机轰鸣着输出动力，推动四个螺旋桨全速旋转、驶往马里亚纳群岛。这艘排水量达10110吨的大型军舰上只承载了一个1.5米高、1.5米宽、4.5米长的木制板条箱和一个直径大约45厘米、高约60厘米的桶形圆柱体。舰长被告知：2份货物的重要性在他的军舰和水兵之上，如果途中发什么意外，这2份货物要首先被转移到救生船上；另外，此次航程中每节省一天，就是缩短了战争进程

三位一体爆炸 0.016 秒后的照片，爆炸产生了一个半径超过 100 米的巨大火球，正在迅速膨胀中。

一天。军舰离开旧金山，驶往马里亚纳群岛。船员们不知道的是，巡洋舰上的神秘货物，就是准备投掷到日本的第一枚枪式原子弹“小男孩”的核装置。板条箱里是枪式法的“弹膛”，桶形圆柱体里装的是64公斤武器级的铀材料，这是作为“子弹”的部分。

7月26日，“印第安纳波利斯”号重巡洋舰抵达了提尼安岛，卸下至关重要的装置。接下来，3架道格拉斯C-54运输机飞抵提尼安岛机场，运来“小男孩”原子弹的另外一半材料——3个承载着25公斤铀235靶标的容器。还有2架C-54送来一套内爆式原子弹的钚材料。如果“小男孩”铀弹没有炸响，或者没有能促使日本投降，那么“胖子”钚弹就要立即投下。

彩排结束了，正戏即将上演。

最终决定对日本使用原子弹攻击的原因主要来自于两点：1.在德国法西斯战败投降后，美国从军方到民间都对尽快结束对日战争有很高的呼声；2.鉴于日本政府继续战争的意愿还未改变，而陆军对登陆日本本土作战所需要耗

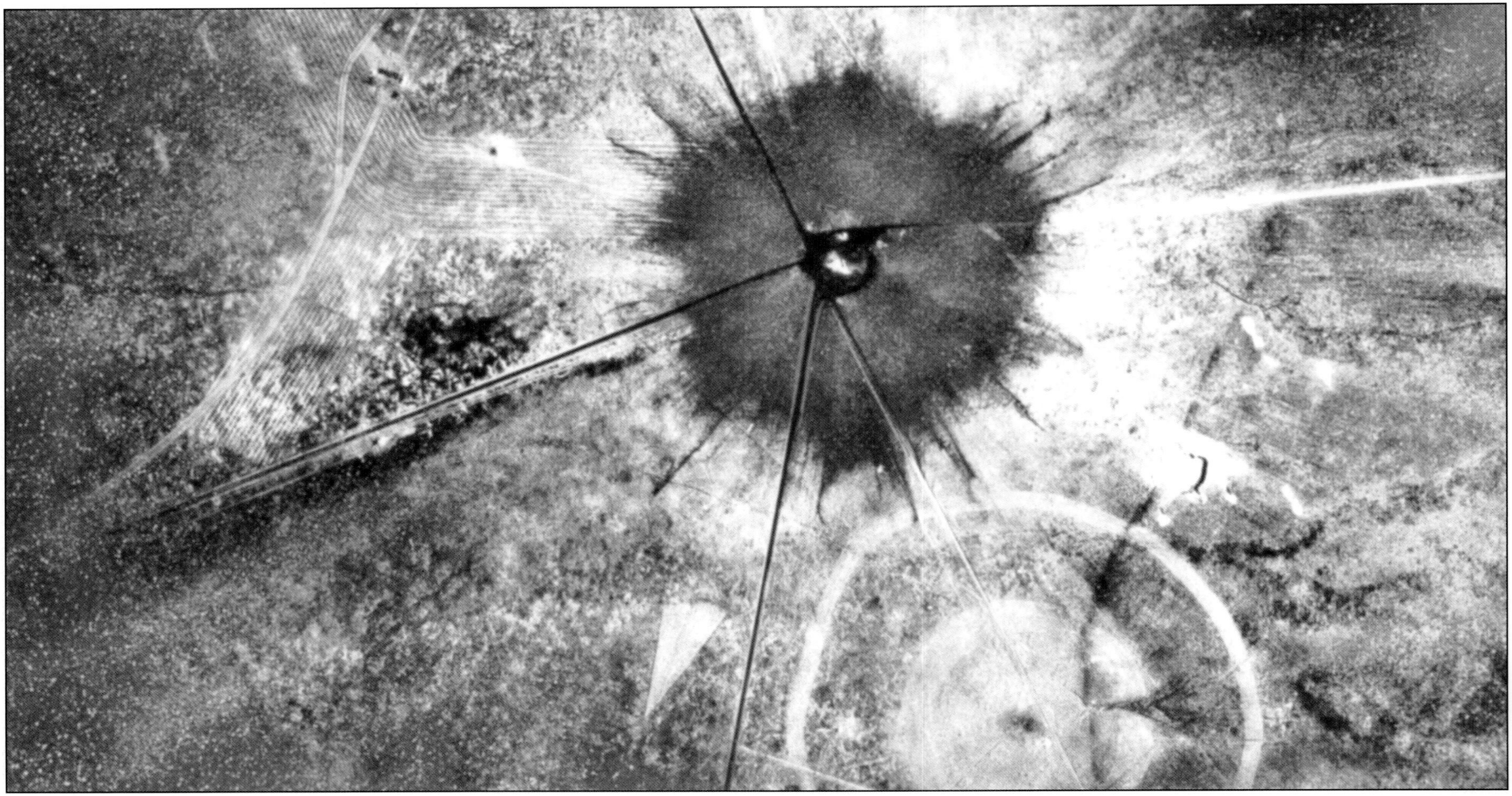

三位一体爆炸后的航拍照片，方圆 1.5 公里之内的一切几乎全部化为乌有。日本人很快会真切体验到它的威力。

费的时间和可能的伤亡预测令人难以承担。这一点，在马里亚纳群岛、硫黄岛和冲绳的战斗中已经被证明了。尤其是攻占塞班岛时，日本母亲把孩子丢下悬崖后自己也跳海的场景很是刺激了美国军方高层，也令他们更深信：如果登陆进攻日本本土会面临更惨烈的交战，付出更巨大的人员伤亡代价，延长战争结束的时间。最悲观的估计是战争甚至会持续到1948年。

早在核试验前，4月27日，在格罗夫斯将军的领导下成立了原子弹攻击目标选择委员会。与会人员一致认为，在选择目标上更重要的是给日本政府、军方和民间造成巨大的心理打击、彻底摧毁其继续战争的决心和意志，并让国际社会承认美国拥有了一种全新的毁灭性的武器及对应的垄断地位。此外，选择标准要求目标城市不能面积太大、此前被轰炸造成的毁损区域也不能太大，否则不利于评估轰炸效果。

在这样的原则下，东京被从名单中剔除了。在3月和5月的猛烈燃烧弹轰炸之后，评估人员认为这里已经不值得继续再扩大轰炸了。东京因而免于核弹的洗礼了，因此，东京人有理由感谢李梅。大阪和名古屋等其他面积广大、被毁区域严重的城市因为类似原因而剔除了，其余像滨松等这样的小型城市也被剔除。

经过甄选，目标选择特别委员会列出了目

由毛利辉元在1589年建造的广岛城，亦称鲤城，是日本100个名城之一。第二次世界大战时，这个市区内高耸的天守阁是日本军队的据点。

直接参战的大队深表狐疑和嫉妒。因此，他们还编写了打油诗来嘲讽第509大队：

天空中秘密飞过，
无人知道他们去哪里，
明天他们将会返航，
但我们永不知道去往何方，
不要问结果什么的，
除非你想得罪他们，
但是你问他们，
回答是第509大队将会赢得战争。

尽管周围有很多冷言冷语，唯一一个知道第509大队要承担什么重担的人——蒂贝茨中校始终保持着沉默。能保守秘密，这也是蒂贝茨被选中指挥投掷原子弹任务的主要原因之一。

7月18日这一天，蒂贝茨收到了消息：使用与原子弹等重的模拟弹，对日本城市实施轰炸练习，提高导航、瞄准等关键岗位的配合度，以等待实弹的到来。导航员要达到几乎蒙着眼睛也能指挥飞行，投弹手要能准确识别瞄准点并投弹，飞行员要在投弹后立即操作飞机进行一个60度的转弯，以全速脱离。

与钚弹的外形和尺寸完全一致的“南瓜”练习弹。天皇的御花园被它命中后，裕仁立刻要求和谈停战。

绰号“南瓜”的练习弹与“胖子”钚弹的外形和尺寸完全相同——长3.78米，直径1.52米，重5340公斤，装填2900公斤高爆炸药。7月20日夜间，B-29机群再次从马里亚纳群岛起飞，大举轰炸日本各目标。在这之中，第509大队的10架B-29各装载一枚“南瓜”炸弹起飞，这也是该大队第一次对日本本土实施轰炸。蒂贝茨非常想亲自参加这次行动，不过他被严格禁止在真正实施原子弹轰炸之前升空前往日本，陆航高层担心他被日军击落俘虏。知晓原子弹计划的蒂贝茨举足轻重，美军承担不起提前泄密的风险。

任务中，每架B-29各自分配了一个单独的目标，给克劳德·伊瑟里机组的目标是东京以北200公里距离的郡山市。然而，当伊瑟里驾机飞临郡山市上空时，天气状况很糟糕，浓厚的云层一直到5700米的高空。在郡山上空来回盘旋了半个多小时，机组始终无法达成目视瞄准。伊瑟里决定返航，经过东京市时在那里实施轰炸。但是东京上空天气状况也不佳，只能依靠雷达进行投弹瞄准。以往任务中，美国陆航规定了轰炸东京时不得以皇城为目标，以免伤及日本天皇，对战局造成不可预估的影响。因而皇城一直完好无损，只是被零星炸弹和燃烧弹命中过。

这一次伊瑟里上尉脑子里闪过一个念头，他认为，如果投弹击中皇城并击毙天皇的话，可能会提前结束战争！于是，他瞄准东京皇城的方位，投下炸弹。

此时，裕仁及皇室成员都在皇城内专用的防空掩蔽所里躲避。这一次，重量超过五吨的“南瓜”炸弹呼啸着从天而降，击中皇城内的御花园，炸出一个巨大的弹坑。战争开始以来，死神第一次距离日本天皇只有咫尺之遥。此事对裕仁造成了巨大的冲击。第二天，他当即在御前会议向战时内阁表示：当前需要尽快寻求和谈停战。

对于这一切，第509大队的小伙子们并不知晓，他们继续参与到马里亚纳群岛起飞的轰炸机群当中，多次不显山不露水地在大规模轰炸任务中试验“南瓜”炸弹，为日后的原子弹轰炸做准备。

地面上，在被选定为原子弹轰炸目标后，广岛就被第21轰炸机司令部从常规轰炸目标清单上移除了。那个炎热的7月里，和其他日本城市不同的是，广岛人每天都在惴惴不安地等待美国轰炸机的到来。但是，每天似乎都很平静。一些流言在市民中流传，甚至有说杜鲁门的母亲就在广岛居住，所以美军不轰炸这里等等。

7月24日，格罗夫斯草拟了一个行动命令，发给了在波茨坦的史汀生，请他批准对日原子弹轰炸。

致：卡尔·斯帕茨将军

1.在8月3日后，第20航空队第509混合大队在气象条件允许的条件下，要尽快完成对如下目标之一的目视瞄准特种炸弹轰炸：广岛、小仓、新泻和长崎；

2.第二枚特种炸弹在准备就绪后也要尽快完成投弹；

3.任何关于使用这种特种炸弹对日本轰炸的宣传和信息，由陆军部和美国总统负责；

4.此指令已经获得陆军部部长和参谋长联席会议批准。

7月25日，史汀生给格罗夫斯发电报批准实施原子弹攻击。至此，四个城市，四个目标，至少其中两个已经命中注定了。

7月27日，美国通过电台广播向日本播放了波茨坦公告，同时也向美国国内各大媒体提供了英文版。公告抄本很快就被呈交到了东乡外相手里，内容很简明，日本只有无条件投降才能结束战争，否则就会面临立即的、彻底的毁灭。

日本于7月27日上午召开最高战争指导会议和内阁会议。内阁中梅津美治郎和阿南唯几都强烈反对接受该公告，要求坚持到所谓的最后决战。争论之下无果，东乡外相最后提议还是要和美国拖延时间，支持他这个想法的理由是斯大林没有在波茨坦公告上签字，只有杜鲁门、丘吉尔和蒋介石的署名。鉴于目前苏联和日本还未正式处于战争状态，也许还有那么一丝微小的希望可以借助苏联来博取另一种停战方式。更何况目前波茨坦公告还没有通过外交途径正式提交给日本政府，还只是无线电广播。

迫于军方的压力，7月28日下午，首相铃木贯太郎在出席记者招待会时，就波茨坦公告发表回复：“政府认为该公告是无价值的。”然后他又加了一句：“政府将默杀之。”默杀，日文もくさつ，其含义可以是不予置评、无视或者是沉默以对之。

もくさつ这个词，在此后的历史界引起了很多争议，有人称这是共同社使用了不当的词，并非铃木的本意。但是结合铃木的上文，以及当时日本军方的态度，事实很明确：铃木表达的意思就是日本政府对波茨坦公告持无视态度，将会继续战争。因此，日本人就会很快看到美国如何兑现在公告里说明的“立即的、彻底的毁灭”。

当天下午，B-29机群飞临广岛上空，投下了数以万计的波茨坦公告日文版的传单。当时的广岛市民看着在夏日阳光下飘飘洒洒的传单，谁也没有意识到这是他们最后的生存机会——美军正在含蓄地提醒广岛市民。

8月4日下午4时，第509混合大队任务简报室，门窗紧闭，窗帘拉得严严实实。蒂贝茨走上讲台，面向他的80个小伙子，下面一片沉静。在他身后有2块大黑板，被篷布覆盖着。讲台上有1台放映机正对着黑板边的幕布。“是时候该我们登场了，我们为之进行了无数的训练和苦苦地等待了这么久。最新式武器已经在国内试验成功并运抵我们基地，对敌人投弹的任务命令也已经下达了。”

说完开场白后，蒂贝茨就示意情报军官哈森·帕耶特和约瑟夫·布什尔来讲解。他们两人合力拉开遮在黑板前的幕布，出现在大伙眼前的是广岛、小仓和长崎的地图。“这就是我们的目标。”蒂贝茨在一旁补充。广岛是首要目标，小仓是第一候补，长崎是第二候补。

广岛任务之前，第509混合大队的任务简报室，帕森斯上尉（左）和蒂贝茨中校（右）正在给机组乘员讲解。随后，核试验纪录片深深震撼了所有人。

机组成员们都紧张地盯着黑板上的地图，蒂贝茨继续讲解：将会有7架B-29参加行动。其中，3架负责对3个目标实施气象侦察，它们将提前1小时起飞，分别飞向3个目标城市，并汇报这3个城市上空的气象状况，从而为攻击组提供情报，以决定究竟轰炸哪个目标。气象条件是关键因素，因为原子弹只有两枚，美军无法承担雷达瞄准偏离主要目标的风险，必须是目视瞄准。如果广岛上空天气状况不佳，就依次向后选择。如果3个目标城市的天气状况都无法投弹，随机核武器专家必须解除原子弹引信，带弹返回提尼安岛基地。

接着，蒂贝茨宣布查尔斯·麦克奈特上尉的“绝密”号将作为备份机在硫黄岛待命，如果负责投弹的B-29出现机械故障，就要在硫黄岛着陆，更换载弹后由“绝密”号继续执行轰炸任务。

最后，蒂贝茨公布轰炸组的机组：乔治·马夸特上尉驾驶的“维克多91”号机负责拍摄轰炸效果，查克·斯维尼少校驾驶的“维克多89”号搭载核物理学家测量爆炸当量，蒂贝茨自己则负责驾驶无线电呼号“维克多82”的B-29实施投弹。

接着蒂贝茨请出“小男孩”原子弹项目的负责人威廉·帕森斯上尉来介绍他们所要使用的武器，帕森斯直奔主题：“你们即将要投掷的炸弹，是战争史上最新型的武器，也是人类目前所能制造出来的最大规模破坏力的武器，科学家们相信它可以摧毁3英里（4.8公里）半径内的一切物体。它爆炸的威力相当于2万吨TNT，这相当于2000架满载的B-29同时在同一地点投弹的效果。”

停下来看了看台下目瞪口呆的机组成员们，帕森斯接着解释这不是理论，而是几周前在新墨西哥州的实验得到的数据，他本人就在现场亲眼目睹了这不可思议的武器所迸发的威力。然后，他打开了电影放映机，开始放映三位一体核试验的纪录片，影片里核爆炸的场景立即震惊了全场，包括蒂贝茨自己——虽然他很清楚核武器的威力，但是亲眼目睹还是第一次。指着影片里爆炸时产生的巨大火球，帕森斯说：“我只能说，这是自上帝创造世界以来，在地球上出现的最光亮和最炽热的物体。5英里（8公里）以内直视看到这个火球的人，都会失明，所以需要参加行动的所有机组成员都佩戴护目镜。”

然后他转身在黑板上拿起粉笔画了一个蘑菇云：“没有人具体知道这个炸弹在空中爆炸后会发生什么，这个蘑菇云在爆炸后会形成，很快会上升到大约6万英尺（18000米）高空，每个机组都要尽快脱离，不要接近。”简报会至此结束。

随后，通过对天气状况的预估，李梅确定在8月6日发动对日本的原子弹轰炸，509大队机组的起飞时间定在8月6日凌晨04时25分。

确定时间后，科学家们对“小男孩”原子弹做了最后的检查，所有部件都就绪了，除了雷达天线外。这些雷达天线是引信系统中的关键部件，负责在大约560米的高度上引爆原子弹。工作原理大致上是这样的：“小男孩”被从B-29里投下后，在其尾部的电路保险立即被拉开拔出，启动弹体内部回路，一个发条定时钟同步启动；15秒后，也就是“小男孩”坠落距离达到和轰炸机之间的安全距离之后，才会启动引爆程序的第二步；气压继电器会根据气压变化，达到大约2100米的高度时关闭，此时“小男孩”已经是以大约330米——接近声音的速度直扑地面目标了。

投下第一枚实战型原子弹“小男孩”的“维克多82”号，任务前涂装经过调整。

继电器断开后就接通电路，并启动步骤三，弹体表面上的两套曲别针形雷达天线开始工作。这些雷达是从APS-13轰炸机尾部报警雷达改装而来的，曲别针形的天线向着地面发射雷达信号，根据回波测算出此时小男孩的精确高度。当测高雷达检测到小男孩高度达到560米

等待装载的“小男孩”，它将由帕森斯上尉完成最后的装配。

时，就打开最后的保险，立即启动弹膛尾部的高爆炸药，推动铀U235子弹块扑向靶子块，从而达到临界质量，核爆产生。

具有讽刺意味的是，这些雷达的发明者还是日本人——八木秀次在20世纪30年代研制出了著名的八木天线。到最后，一项日本科学家的发明将引爆核弹摧毁一座日本城市。

B-29满载炸弹和燃油在提尼安机场起飞时常发生坠机事故，对此帕森斯一直忧心忡忡。“小男孩”全重大约4400公斤，加上燃油后蒂贝茨驾驶的“维克多82”号就会超过常规的起飞重量。而且，他搭载的可不是燃烧弹，而是一枚威力巨大的原子弹，如果起飞时坠机，那么可能造成的毁灭性后果就不堪设想了。如果引爆了原子弹，那么提尼安岛这个美国陆航最大的基地就可能会化为乌有。

鉴于此，帕森斯决定在B-29起飞升空后，再由他完成最后的安装工作。这样一来，B-29起飞时原子弹还是哑弹，能保障基地的安全。

在空中完成安装程序并非易事，这意味着：起飞后，帕森斯要从密封增压的驾驶舱里爬出，钻进炸弹舱，一点点走到原子弹上方；旋开尾部的螺丝，打开安装口，把四块高爆炸药一一塞进去；然后再扣上安装口，把螺丝拧上，再原路返回驾驶舱。这些工作，原计划是由技术专家在地面的密封空调装配棚里进行的。在空中狭小的炸弹舱里，周围是呼啸的风声，气温也低于常温，飞机本身还不断震动，这套动作就显得格外艰难了。但是为了安全，帕森斯认为别无选择了。在凌晨到来前，他不断地游说法雷尔将军，要求他同意这个建议。

法雷尔反问：“你此前曾经操作过这个装配程序吗？”

帕森斯回答道：“没有，但是我必须这样去做，而且我会在起飞前用全部时间来练习。”

事已至此，法雷尔将军陷入两难，是保障提尼安岛的安全，还是冒险在空中进行装配？每拖延一天就意味着战争会延长一天，会导致更多的士兵阵亡或者受伤。帕森斯是个杰出的专家，他也是设计原子弹团队的一员，了解它的结构，如果说需要某个人来在空中进行装配的话，那就非他莫属了。

于是，法雷尔将军决定支持帕森斯：“好吧，你抓紧时间去练习吧。”

此时，第509大队的停机坪已经忙成一片。军械和地勤人员围着每架要出击的B-29忙忙碌碌，军械员忙着给尾部的机枪装填子弹，每挺机枪配备1000发12.7毫米子弹。发动机维护人员爬上机翼，给每台发动机做检查。这次飞行任务是如此的重要，一台发动机就配备了2名维护人员。另外，每架B-29还有22辆加油车负责来加油，7400加仑航空汽油可不是小数量。机械维护人员和无线电检修人员爬进飞机座舱，按照检查清单逐一测试各个设备。在外围，手持冲锋枪的武装宪兵在来回巡逻。

蒂贝茨和他的导航员、投弹手一遍遍地重复讨论整个行动计划，再过几个小时他们就要踏上征程了。投弹手汤姆·菲尔比和导航员范·柯克是和蒂贝茨一起在欧洲飞B-17轰炸德国同生死过的战友，3人组配合极度默契。蒂贝茨曾称“这是整个陆航里最他妈好的机组了”。再过十来个小时，他就能用实际行动来证明这一点。

3天前，菲尔比和蒂贝茨飞到关岛去面见李梅，在那里他们看到了最新的广岛航拍侦察照片。李梅让菲尔比挑选瞄准点。菲尔比仔细地反复查看照片，最后他的手指指到了广岛市中心的相生桥上，这里是太田川和元安川（太田川的支流）会合的点，形成一个T字形地貌，便于空中目视识别。李梅点了点头，蒂贝茨也表示完全同意，“这是在这场该死的战争以来，我看到的最好的投弹点。”

8月5日下午2时，编号L11的“小男孩”原子弹被缓缓地从装配棚里推出，首次暴露在阳光下，摄影人员在一旁用摄影机记录下了这段宝贵的历史镜头。接着“小男孩”又被防水帆布遮盖上，由一辆卡车拖着慢速驶向B-29停机坪，满载武装宪兵的吉普车前呼后拥。

14时30分，装弹工作开始。一台移动式吊车小心翼翼地把“小男孩”吊放进3.96米宽、4.87米长的装弹坑。1名机械师趴在地上，把手伸进坑里，在弹体上用粉笔潦草地写下了一行字“谨以此献给‘印第安纳波利斯’号上罹难的灵魂们”。第509大队的机组及地勤人员都已经听说了，7月29日夜间“印第安纳波利斯”号重巡洋舰被日军潜艇击沉了。不过，此时的他们还不知道救援工作完成时，巡洋舰上的死亡人数达到了3/4，仅有317人获救。

接下来就是最关键的环节：把原子弹装进B-29的前弹仓。军械人员抓住从弹仓里垂下的吊钩，把它穿过原子弹的弹耳，绕弹体一周后固定，然后慢慢地提升。看到原子弹一英寸一英寸地上升，直到完全进入弹仓后，四周围观

“小男孩”即将装入弹舱，再由帕森斯上尉完成最后的装配。

的人才算是松了一口气。

装弹完毕后，相关人员都离场了，只剩下持枪宪兵摆成警戒阵形，并防止了醒目警示牌：100英尺（30.5米）内禁止进入、禁止吸烟。此时是15时45分。

“维克多82”号B-29内部还剩下2个人，莫里斯·杰普森少尉正在安装检测仪器——这就像是“小男孩”的心电图，仪器上面的指示灯和仪表显示的是它的当前状态。在2600公里的飞行途中，杰普森少尉的责任就是时刻监测“小男孩”的状态是否正常。另一个人就是来实地练习装配任务的帕森斯了。他头戴一个小型旅行手电筒，抱着一个铝制工具箱，摸索着从驾驶舱爬进炸弹舱。在这里，他准备一直练习装配动作，直到起飞。在夏日炎热的日光下，炸弹舱内的温度达到了华氏100度（约38摄氏度）。尽管浑身汗湿，但是帕森斯还是坚持一遍遍地重复练习。傍晚时分，帕森斯精疲力竭地从炸弹舱里爬出来时，他的手上伤痕累累，撕裂的伤口不停地流血。当他坐在地上喘气和喝水时，法雷尔将军走过来看着他，深深为之感动：“小伙子，看在上帝分上，我把我的这双猪皮手套给你吧。”帕森斯咽下一口水，回答道：“这我可不敢，我现在已经有了手感了。”

时隔很多年后，帕森斯回忆起当年这个场景，他说：“我知道将军是一片好意，但是我真的是不敢冒这个险，如果我组装出了问题，

在这架承载着重大历史意义的轰炸机上喷涂母亲的名字之后，蒂贝茨穿上飞行服，和“恩诺拉·盖伊”号合影。

导致这枚珍贵的原子弹没有能炸响，那我就使得战争拖延了，更多的美国小伙子会像我弟弟鲍勃那样受伤或者阵亡，相比之下，我手上那点小伤口又算得了什么。”

帕森斯这一番话别有涵义——前往提尼安岛之前，他在圣迭戈的海军医院里探望了弟弟鲍勃，登陆硫黄岛战斗中受伤的海军陆战队员之一。在夺取折钵山时，一枚日军迫击炮炮弹就在鲍勃身边爆炸。弹片几乎把他的下巴彻底撕烂，右眼重伤、在抢救时被迫切除。帕森斯看着自己的弟弟，明白这个19岁的年轻小伙子今后只能这样肢体残缺地生活了，心中顿时感到了他在曼哈顿工程里承受巨大的压力和付出的努力的价值：只要为了能让更多的美国小伙子避免这个悲惨的命运，能够存活下来、肢体和心理健全地生活，原子弹就是值得的。

傍晚时分，蒂贝茨决定给“维克多82”号B-29命个名字，这是一个将会载入史册的名字。蒂贝茨用他的母亲恩诺拉·盖伊的名字来命名，当年他决定放弃学医转而学习飞行时，父亲强烈反对，但是他母亲支持了蒂贝茨的选择，勉励他，这才有了他今后的成就。蒂贝茨把母亲的名字写在一张纸上，叫来一个地勤，让他把这个名字涂到机首侧面。

借着夕阳的余晖，地勤人员仔细地涂上了恩诺拉·盖伊（ENOLA GAY）这个名字，每个字母大约1英尺高（30.5厘米），30度倾斜。蒂贝茨将带着他母亲的祝福踏上征程。

蒂贝茨在“恩诺拉·盖伊”号的驾驶舱中向记者的镜头挥手留影。

午夜时分，轰炸组的三个机组集中在简报室。飞行员、导航员、机械师、无线电员、投弹手、雷达操作员、随机科学家、观测员，一共34人齐聚一室，等候出击时刻的到来。所有人都无心交谈，时间过得似乎很慢，气氛有点紧张。

蒂贝茨走近简报室，做了最后的简报。每个人都已经清楚了自己的角色和任务，飞行路线也和此前在日本练习投掷南瓜炸弹很类似：编队从东方进入广岛市后，B-29就直飞市中心，“恩诺拉·盖伊”号飞第一位，另外“维克多89”号在它后方约90米，“维克多91”号，也就是观测机，则在最后几公里。投弹后，“恩诺拉·盖伊”立即向右侧俯冲急转弯脱离，“酒窝89”号则向左转弯脱离。蒂贝茨强调每个人都必须带好护目镜。出于保密的缘故，蒂贝茨决定把无线电呼号“维克多”更换成“酒窝”，“维克多82”成了“酒窝82”。

12时15分，蒂贝茨结束了简报：“恪尽职守，服从命令，不要耍小聪明或者冒险行事。”然后他走下讲台，随军牧师威廉·唐尼站起来，带领机组们一起做了祷告。

祈祷结束后，所有人都走出简报室，开始早餐。大队食堂五星级厨师查尔斯·佩里准备了丰盛的一餐：香肠、煎蛋（真的鸡蛋，不是鸡蛋粉调和的）、苹果酱、浇上枫叶糖浆的馅饼、菠萝肉馅饼等等。

8月6日凌晨01时37分，3架气象侦察机从提尼安岛北机场起飞。02时20分，轰炸组的各个机组开始登机。第509大队的摄影师杰罗姆·奥西普拿着相机在一旁拍摄，除了他之外，周围还有成群的摄影师，一圈大功率灯照得机场宛如白昼。格罗夫斯早就要求把此次任务全程拍

夜色中，“恩诺拉·盖伊”号在提尼安岛机场上准备起飞。

摄下来，除了作为资料记录，也是为了今后宣传做准备。

蒂贝茨一下车，就被摄影师的闪光灯和摄影机镜头包围了，他对身边的菲尔比打趣地说："这可真像好莱坞新片的首映式，要是我能选的话，我期待看到米高梅公司的狮子吼叫，也期望看到华纳电影片头划动照亮天空的火炬，这场面可真令人惊讶。"摄影师们还不断要求蒂贝茨摆出各种姿态配合拍摄。

摄影师们都不知道的是，此时蒂贝茨手里拿着的香烟盒里，除了香烟外，还有12支氰化物。在出发前，第509大队的队医唐·杨给蒂贝茨发了这些氰化物。如果被击落，机组成员在跳伞后被俘就可能被拷打而泄露机密。在这样的情况下，蒂贝茨和其他机组成员们可以选择服毒自杀。只有帕森斯知道蒂贝茨随身带着氰化物，其他机组成员都蒙在鼓里。

02时27分，机械师瓦特·杜森伯里军士开始启动发动机前的检查。蒂贝茨打开驾驶座旁边的挡风玻璃，冲着猬集在轰炸机周围的摄影师们喊："散开一些，注意安全。"这个镜头也被拍摄下来了，不过却一直被解读成蒂贝茨起飞前向地面送别的人挥手致意。

杜森伯里军士盯着眼前的仪表盘，发动机转速已经达到了1000转/分，然后他冲着机内通话器喊道："准备启动4号发动机。"蒂贝茨立即回应："4号发动机完毕。"接着其他3个发动机也陆续成功启动，火花和青烟从发动机里不断喷出，地勤人员拉开了飞机起落架轮胎前的挡块。慢慢地，庞大的B-29开始移动了，一辆吉普车在它前面行驶，打开灯引路。另外2架B-29也启动了发动机，准备跟随"恩诺拉·盖伊"号起飞。

小心翼翼地跟着吉普车的引导，蒂贝茨把B-29驶上了A跑道，"酒窝89"和"酒窝91"号分别驶上了B和C跑道。做完最后的检查，副翼放到27度朝下，尾翼配平片归零，炸弹舱门关闭，副驾驶刘易斯呼叫塔台："'酒窝82'号致提尼安北机场，准备起飞。""塔台致'酒窝82'号，准许起飞。"

这是一个黑暗的无月光的凌晨，蒂贝茨仔细端详着前方的跑道。他驾驶的这架B-29满载7400加仑燃油和1枚近5吨重的炸弹，机内包括12名机组成员，加上飞机和设备、总重超过了75吨。要把这个超载近7吨的钢铁巨鸟顺利起飞不是件容易的事情，跑道两侧都准备了救火车和救援人员。

蒂贝茨低头看看表，02时45分，是时候起飞了。他伸出左手拉动节流阀，松开刹车，发动机咆哮着驱动螺旋桨快速旋转起来，B-29开始从缓慢到快速地滑跑。蒂贝茨一边看着前方的跑道，一边看着飞机仪表盘上显示的压力、转速等。升空阶段，最关键的是空速。B-29正常起飞时需要达到197公里/小时，但是考虑到超载，蒂贝茨需要更高的速度才能保证起飞的安全。

四台发动机各自以2800转/分的速度，合计输出8800马力的强劲动力。跑道边的指示灯一盏盏地消失在他身后，B-29还停留在地面上，刘易斯开始脑门上冒汗了，差一点就伸手去向后拉驾驶杆，但是被蒂贝茨阻止了。就在刘易斯要绝望的时候，蒂贝茨拉动驾驶杆，B-29腾空而起，此时距离跑道尽头只剩不到30米了。

人类历史上第一次原子弹轰炸正式开始，究竟是哪个目标城市，目前还不能最终确定。在这三个城市中，数以万计的日本人正在熟睡，他们完全没有意识到：自己能否活到明天，就全看当地天气状况了。

"恩诺拉·盖伊"号起飞后，范·柯克在飞行日志上写了第一笔记录："高度4700英尺（1430米），气温22摄氏度。"

03时，飞过塞班岛后5分钟，帕森斯走到蒂贝茨后面，拍了拍他的肩膀："我们该开始了。"蒂贝茨点了点头，按下他的机内通话器按钮："法官要开始工作了。"

按照此前的无数次练习，代号"法官"的帕森斯和他的助手杰普森少尉一起来到炸弹舱。后者带着工具箱先进入，然后帕森斯爬进炸弹舱，带着他自己总结的程序步骤表。两人就位后，杰普森少尉从工具箱里取出工具一件一件地递给帕森斯。每完成一个程序环节，帕森斯都通过机内通话系统告知蒂贝茨，然后蒂贝茨再通报给提尼安岛。到安装高爆炸药环节

代号“法官”的帕森斯上尉在高空中完成原子弹的最后组装工作。

时，蒂贝茨切断了通讯，他担心被日本人截获了电报。

03时10分，帕森斯开始安装高爆炸药和雷管，4份炸药小心翼翼地被安装到位，接上雷管。然后，他把防护板和挡板盖上，每个螺丝拧上16圈，至此安装完成。

03时20分，帕森斯和杰普森从炸弹舱里走出。帕森斯走到驾驶舱，告诉蒂贝茨已经安装完毕了。剩下的几个小时就只有等待了。

B-29越来越接近硫黄岛，在海天线上已经能看到太阳在缓缓升起了，阳光透过挡风玻璃照进驾驶舱。刘易斯小心翼翼地操作着，以每分钟500英尺（152米）的速度逐步爬升到9200英尺（2800米），蒂贝茨则坐在一边看着他操作。

05时52分，B-29飞临硫黄岛上空。在这里“恩诺拉·盖伊”号要和另外2架B-29会合。没有等多久，“酒窝89”号和“酒窝91”号都相继出现了，3架B-29上的导航员都表现出了精湛的导航技术。然后，柯克给出新的飞行路线：向左转13度，航向327，此时06时07分。

广岛，8月6日早晨07时15分，气温已经上升到28摄氏度，而且还在继续上升。湿度80%，风速低缓，阳光照耀下的天空几乎无云，能见度良好，正是一个明媚美好的夏日。

城市里已经到处都是活动的市民了，无论男人还是女人——甚至包括学龄儿童都在从事与战争相关的工作。大约有8000名学生分布在城市里各个小型工厂里，用他们本应握笔的手来制造飞机、炮弹零件，以迎接所谓的本土一亿玉碎总决战。城里47所医院中，女护士每天早晨都在陆军军官的指挥下，进行竹矛刺杀练习。如果美军登陆，她们还要以所学到的所谓“米鬼必杀剑”加入战斗。驻军也开始早操了，在太田川东西两岸的操场上，数以千计的日军士兵光着膀子在进行操练。

广岛市区以北6公里的山谷，陆军军医飞田志摩医生还在照料当地一个老奶奶的孙女，他是前一天晚上被急诊召唤过来的。经过一夜的治疗，在凌晨，志摩医生自己也困倦不堪，就趴在病人旁边的榻榻米上睡着了。小女孩的母亲则一大早出门步行前往广岛去上班，她所在的小作坊负责生产飞机起落架的部件。

在距离日本海岸线大约1小时20分钟航程

时，杰普森再次检查了“小男孩”的状态，一切正常。刘易斯在飞行日志里写下：“炸弹状态良好，当想到它就在身后时，还是不禁有点心怦怦跳。”

07时41分，蒂贝茨开始操作B-29爬升，最终将达到9500米的目标高度。

08时07分，广岛广播电台突然中断正常播放的音乐，播音员发出空袭警报：一架美军轰炸机正在广岛上空。

这正是克劳德·伊瑟里上尉驾驶的“同花顺”号气象侦察机，机械师杰克·毕伊凡从树脂塑料窗看下去，只见9200米之下，广岛十分清晰，空气质量很好，地面上的主要街道、建筑物都清晰可见。

伊瑟里上尉百无聊赖地操作着飞机，远途飞行2400公里就是为了看看这个城市上空气象状况如何，毫无危险和压力。日军高射炮和战斗机都不会主动来招惹这一架单独的B-29。

进入四国上空后，“同花顺”号的机组发现在较低空域上，一些散碎的云块开始逐渐聚拢起来，形成云层。如果这样继续发展下去，就很有可能导致云层过厚而难以目视瞄准了。侦察小仓的“贾比特三世”号发来的电报显示小仓上空有云，能见状况受阻；侦察长崎的“满堂红”号则发来信息显示长崎上空晴朗，能见度良好。看起来，8月6日注定是广岛的“幸运日”了。

就在距离预定瞄准点还有25公里时，机组成员发现广岛市区天气状况很好。尤其是在瞄准点上空，云块与云块之间有巨大的间隙，足以目视瞄准了。以相生桥为原点，周围10公里范围内都是一览无遗的。在伊瑟里来看，这简

战时接受军国主义洗脑的日本儿童，准备投入“一亿总玉碎”当中。

直就是完美的轰炸条件。

驾驶着轰炸机又反复盘旋了一圈，伊瑟里确定广岛的天气状况允许实施轰炸，无线电操作员帕斯夸里·巴尔达萨洛向蒂贝茨发去电报：

低空和中层空域云量2/10，15000英尺（4500米）云量2/10。

建议：轰炸首选目标。

广岛的空袭警报持续了大约22分钟，然后解除。地面上的人对这样的场景已经熟视无睹了，大部分人都没有躲进防空掩体，市内的有轨电车甚至都没停止运行。阳光下那架闪着银光的B-29正在离开广岛，看起来没有什么可担心的——就1架轰炸机，能给这个城市带来什么损害呢?

蒂贝茨收到同花顺的气象侦察报告后，立即切换到机内通话系统：“目标广岛。”

08时30分，刘易斯在飞行日志中写下：“在我们前方25英里（40公里）就是日本本土了，每个人脸上都是跃跃欲试的表情。”

此时“恩诺拉·盖伊”号已经爬升到9500米，地面上日军防空体系也注意到了这3架B-29。但是，鉴于这支轰炸机小队飞机数量太少，日军判断其并非轰炸主力，可能是执行侦察任务或者是撒传单的，因此也没有战斗机升空前来拦截。9500米的高度也超过了中口径高射炮的射程，因此在蒂贝茨和战友们进入广岛市时，没有遭遇到任何防空拦截，这对他们而言实在是无与伦比的好运气。想当年第八航空队在欧洲轰炸德国时，机组们开玩笑说：德军高射炮之猛烈，你都可以在空中踩着炮弹上走过去了。现在，广岛上空这么安静和理想的轰炸条件，简直就和平时训练打靶没区别。

柯克最后一次修正了航向，告诉蒂贝茨预计09时12分抵达瞄准点上空。一切就如同纸面上计划的那样有序地按步骤进行。

蒂贝茨、柯克和帕森斯挤在机首。在9500米下，这个已经研究了无数次航拍照片的城市出现在他们眼前，唯一的区别是他们现在看到的是彩色的现实画面了。

“酒窝91”和“酒窝89”号也已经就位了，“酒窝91”号紧跟着“恩诺拉·盖伊”号后方，“酒窝89”号在东侧25公里距离外。

距离瞄准点还有2分钟航程，每个人都在暗自祈祷天气状况不要出现突然变化。如果在广岛无法投弹，他们就要冒险带着原子弹返回提尼安岛了，那将是另外一个噩梦。

距离瞄准点还有1分钟航程，柯克紧张地测算着风速、风向，以确保航向正确。终于，T字形的相生桥出现在投弹手菲尔比的视线内。除了些许絮状散云，如同“同花顺”号侦察的那样，简直是完美的天气。

蒂贝茨立即操作B-29向西转了一个265度的弯，进入了轰炸路线。菲尔比爬到机首的投弹手位置，太阳就在他身后，观察地面格外清晰。在过去6个半小时里，他一直无所事事地坐着等待，就是为了这么几分钟。菲尔比稳稳地把左眼贴到瞄准具上，时间是8月6日09时12分，预计再过3分钟就是投弹点了。

在菲尔比的指示下，蒂贝茨小心地修正飞机的航向和方位。驾驶舱里所有人都盯着菲尔比的手，而他眼中只有被瞄准具分割的城市。这已经是他第64次战斗任务了，菲尔比的右手在瞄准具上不断调整修正，左手始终稳定地搭在投弹按钮保护盖上。

“我已经看到桥了。”此时是09时06分，B-29距离相生桥还有大约15公里。

此时，蒂贝茨把B-29转入自动驾驶状态，朝着菲尔比喊了一声：“现在飞机归你了。”菲尔比抬了抬左手表示知道了，他的注意力完全聚焦在越来越接近十字线中心点的相生桥。蒂贝茨从挡风玻璃里朝下看去：一座美丽和平静的城市，从9公里的高空他看不到地面上人群的活动。他知道这只是他的目标。

投弹前50秒，蒂贝茨提醒所有机组成员，注意戴上护目镜。

投弹前30秒，炸弹舱门打开，阳光照耀着弹仓里的原子弹。

09时15分02秒，菲尔比按下投弹按钮，一阵低沉的告警声通过无线电波传了出来，从“恩诺拉·盖伊”号、“酒窝91”和“酒窝89”号，到正在返航已经飞离广岛近300公里的“同花顺”号，每架B-29上的机组成员都听到了这个告警声，这意味着原子弹即将被投下。

距离相生桥1000米就是广岛无线电广播站，播音员古田清人刚在楼道里接到从通讯中心传递过来的轰炸机警报。他瞟了一眼，就走向播音室，准备发出空袭警报。

轰炸机里炸弹离舱的警报声停止后，菲尔比从投弹手位置能清晰地看到原子弹轻微摇摆着下坠，大声地喊："投弹完成，目视清晰。"柯克看了看表，09时15分15秒。

在丢掉了近5吨载重后，B-29一下子向上跃升了上百米。蒂贝茨立即解除自动驾驶，抓住操作盘，按照此前反复训练的动作，拉动轰炸机立即向右来了一个60度的急转弯。看起来，整架B-29似乎悬在左翼之下垂直飞行，巨大的加速度压得每个人都快趴在自己座位上。帕森斯在心里开始暗自计数，45秒后原子弹就要爆炸了。

紧随其后的"酒窝89"号在抛出3个铝制风压计后，也向左来了一个同样的转弯动作。风压计在被抛出后就会立即打开40厘米的降落伞，以测量原子弹爆炸的威力。

两架B-29都以最大马力急速飞行，达到了560公里/小时的速度，力争最快脱离原子弹爆炸的威力范围。这已经是B-29的极限速度了。

帕森斯继续默默地数数，已经过去38秒了，"小男孩"内部的发条钟应该已经走完定时，启动了继电器和循环电路。

地面的广岛市民和日军士兵也注意到了天空中的B-29和异常的动静：一枚炸弹状的物体正在下坠。有些士兵开始拍手和欢呼，以为这是美国轰炸机被击落了的残骸。

距离爆炸17秒时，相生桥800米外的电话交换中心里，少女寺前妙子正在交换机上忙着。在市区里的某个地方，她的姐姐英美子正在和

1945年8月6日当地时间8时15分，"小男孩"在广岛太田川上空引爆第二个耀眼的太阳，蘑菇云腾空而起。

的优势：理论和设计制造简单，不需要实验验证。

尽管如此，核爆炸释放的威力还是巨大无比的，这是当时人类所能制造的最大的能量释放了。在最初的十亿分之一秒内，爆心最高温度达到了6000万摄氏度。随即，爆心释放出大量的电磁波，向四周辐射无比强烈的光和热能，0.1毫秒内形成了半径15米的巨大火球。

被光辐射直接蒸发的那些人还算幸运，在他们的神经能做出反应前，个人就已经化为灰烬了，强烈的光辐射之下，穿着什么颜色的衣服，成为决定生死的一个关键因素。黑色或者深色衣服吸收热量后，贴在人身上就成为一张死亡通知书，而浅色衣服就要相对好些。

在爆心周围1公里半径内，热能足以在1秒钟以内把在现场的每一个人或其他生物体内的液体蒸发掉。还在空中飞行的小鸟直接变成了一个火球，电线杆、树木、衣物、木质建筑和车辆等等，全部融成一团。热量使得手表或时钟的齿轮、发条都熔接在一起，分秒不差地记录下了这个死亡时刻。猛烈的火势在冲击波形成的飓风推动之下，向着四面八方扩散，广岛市政府几个月来精心准备的防火隔离带被轻松冲破。

除了较为常规的光、热辐射和热能外，另外一种杀伤性效果也闪亮登场了：伽马射线和中子波。它们能穿透建筑物的水泥墙，直接伤害人体内各种细胞。在核爆后，大约200种各类放射性同位素裹挟在灰尘里随着冲击波四散，在它们的半衰期内持续地产生辐射。辐射会给侥幸逃过立刻死亡命运的幸存者带去长时间的辐射病痛。

强烈光照之后就是猛烈的冲击波，其速度达到了11600公里/小时，即3050米/秒。冲击波推动周围的空气形成人造超级台风，推倒了门窗、房间、商店、街道、工厂、学校等在它们前进路上的一切。击碎的玻璃就像是漫天飞舞的刀片，给幸存者造成累累伤痕。

奥本海默精心计算的完美爆炸高度果然是效力非凡，在爆心形成了7吨/平方米的巨大压力，冲击波至少摧毁了超过6万栋各式建筑物。

据估计，在爆心附近800米有大约2万市民，大部分都被当场气化或一命呜呼，其余人重伤和轻伤。只有800余人暂时幸免，这些幸运儿大都是正好身处背向爆心的钢筋混凝土建筑物内。野村伊佐就是其中一员，他是燃料配给和控制合作社的一个职员，办公楼距离爆心只有100米。核爆发生时，他正好走到办公楼的地下室去拿资料，因此得以幸免。这也是距离原子弹爆心最近距离的幸存者了。

距离爆心1公里的中国军区司令部大操场及附近其他军营操场之上，有大约2万陆军士兵正在操练。核爆之后，这批本计划用于抵抗美军登陆战的主力顷刻化为乌有。即使有士兵没有当场死亡，也都受到了严重的烧伤。很多士兵好奇地看着下坠的原子弹，他们眼睛部位直接被烧化，只剩下一个流淌着脓液的黑窟窿。

电话交换中心里，妙子所在的总机室幸运地处于爆心背面。从对面屋子窗户里反射进来的强光使得整个楼层一下子温度急剧上升，电话线表面的绝缘胶都融化了，桌上的文件纸张全部都焦黄一片。妙子觉得似乎有千万根钢针刺在她身体表面，然后扑进来的冲击波如同台风一样席卷过楼道。她面前的交换机就如同狂风中的羽毛一样被卷起来，然后砸在她身上。在失去知觉前，妙子最后的思维是：“发生地震了吧。”

距离爆心6公里外，志摩医生也感受到了冲击波的威力。听到巨响后，他下意识地抬头看了一下广岛方向：一个巨大的红色火球以恐怖的速度在城市里扩展，吞噬了前进路上的一切，一朵蘑菇状的棕黑色云朵正在扶摇直上。接着，狂啸的冲击波袭来，一只农家养的兔子被吹飞、像纸片一样拍在他脸上，疼得他一下子就涕泪俱下。在模糊的视线里，他也能感受到刺眼的强光。然后农户家的屋顶、窗户和屋门都被吹飞了。志摩自己也像是被巨人抱起来扔出去一般，一下子被吹到两个房间之外的距离。

“恩诺拉·盖伊”号之上，尾枪手鲍勃是第一个目睹原子弹爆炸场景的机组成员，从尾枪手位置上他的观察角度极佳。尽管戴着护目镜，但是爆炸的一刹那，强光还是让他觉得自己目眩失明了一小会儿，此刻“恩诺拉·盖伊”

原子弹爆心从北向东拍摄，画面中的桥梁便是元安桥，左侧可见爆心附近的三岔路口。近处没有倒塌的圆顶建筑是广岛县产业奖励馆，日后成为广岛和平纪念馆。

距离爆心200米的相生桥，可以看到桥梁没有倒塌，但栏杆大部分已经被吹飞。

号已经飞离爆心18.5公里之外了。强光也照亮了机舱内部，就像是从飞机每个焊接缝隙里照射进来一样，即使是背对爆心的投弹手菲尔比，也觉得“就像是有个巨大的镁光照明弹在眼前闪耀了一下”。

接着，鲍勃就在机内通话器里狂喊了起来，语无伦次，像是受到了极大的惊吓：他看到了火球急剧扩展，就像是一个火焰指环，眼看着似乎要追上他们了。不过，还没等鲍勃能清晰地表达他的惊骇，冲击波已经吞没了正在撤离的B-29。

在数秒内，庞大的B-29就像是波涛汹涌的海面上的一片树叶，剧烈地上下颠簸。有人不禁喊起来：“高射炮！”对于柯克这样在欧洲战场上经验丰富的老兵来说，这场景的确是有点像是“一枚非常非常非常接近的近失弹爆炸的效果”，就连他都以为是“这帮混蛋正在朝我们猛烈射击呢”。蒂贝茨则一声不吭地抓住操作盘，试图从核爆冲击波手里夺回飞机的控制权。

从9000米以上高空看下去，基本上看不到被轰炸的市区，刘易斯对着这一幕瞠目结舌，半晌才喃喃地说道：“我的天，我们刚才干啥了。”第一次见识到原子弹的威力，自然难以想象就那么一枚体积有限的炸弹，居然能迸发出如此巨大的能量，目睹之后自然是震惊无比。

同样处于爆炸威力范围内的“酒窝89”号上，3名观测的核物理学家则惊骇地看着他们投放的观测仪器传回的数据把仪表的指针直接甩到最右侧——用通俗的语言表示，就是爆表了。初步测算，形成如此威力的冲击波至少是15000吨TNT爆炸的效果。这个当量5倍于在1945年2月摧毁德国德累斯顿的投弹量。

接着鲍勃又喊了起来：“上帝啊，它又来了！”这第二轮冲击波是首轮冲击波从地面上反射而来的，空气中的水分和灰尘混合凝结后，使得冲击波扩散的踪迹看起来十分清晰。B-29再次被冲击波强烈震撼，按照刘易斯的回忆就是“像躲在垃圾箱里被无数个篮球轰击一般”。

冲击波过后，尾枪手鲍勃掏出他携带的K-20摄影机开始拍摄，蘑菇云已经攀升到了7500米高度。蒂贝茨驾驶飞机转了90度弯，侧

距离爆心500米，高大的广岛城（鲤城）已经被夷为平地。

“小男孩”原子弹爆炸之后，志摩医生等残存的广岛市民头顶上便是这般恐怖的场面。照片摄制于当地时间8点17分，距离爆心7公里远。

面面对广岛。机上每个人都扑向窗口观看，一时间每个人都哑口无言。刘易斯激动得不停地拍打蒂贝茨的肩膀：“你看啊！你看啊！你看啊！”帕森斯则回忆当时他的想法是：“地面上的一切都被抹去了，战争要结束了，我们可以回家了。”实战的场景比在沙漠里看实验爆炸更为震撼，目睹自己参与设计建造的武器迸发出的巨大破坏力，他还是很镇静：“我知道日本鬼子在那里，但我对他们没有什么特别的想法。”

蒂贝茨在内部通话器里向全体成员说：“伙计们，你们刚才投下了人类历史上第一颗原子弹。”这也是蒂贝茨第一次提到原子弹这个词。

返航途中，无线电员纳尔逊打破无线电沉默，向提尼安岛发去攻击简报：“对主要目标实施目视瞄准投弹，轰炸效果很好，云量1/10，无战斗机拦截，也没有高射炮火力。”

在提尼安岛上等待的人们度过了十来个难熬的小时，几乎没有人能睡得着，每个人都在担心天气、担心B-29的机械可靠性、担心“小男孩”能否炸响等等。09时19分，收到了纳尔逊的简报后，所有人欢呼起来，大家互相握手庆贺。09时33分，帕森斯写的一个报告也发过来了，法雷尔将军和他约定了一个一次性的密码，用于这次行动。法雷尔收到电报后就走到旁边的角落里自己译码，电报里帕森斯写道：“目视观察轰炸效果清晰和成功，威力比三位一体实验更大。”

看完之后，法雷尔将军跳起来兴奋地喊了起来，和在场人士一一握手，然后他就回到自己的活动房屋，安心地去睡觉了。

此时的广岛，志摩医生从房屋废墟中爬出来，浑身疼痛，他想起生病的小姑娘，挣扎着爬过去，把她从瓦砾堆里拉了出来，趴在她胸前听了听，还有心跳，还活着。此时，山谷里飘荡着奇异黄色的尘雾，呼叫家人的喊声不时传来。志摩医生不禁打了个寒战，他看到原本阳光明媚的广岛市上空，已经被诡异的黑灰色云层遮盖，顿时觉得一软，跪倒在地上。眼前的那层黑云，似乎扩展遮盖了整个天空，从山坡上原本能看到的广岛街道和建筑物也都已经无影无踪了，能看到的是翻滚的火舌和浓烟。他以为这是美军的轰炸造成的，在这种规模的轰炸下一定会有大量伤亡出现，作为医生，志摩决定立即赶回广岛去参加救援。

向农夫借了一辆自行车，志摩骑车飞快地赶向市区。在距离市区3公里的一个小佛龛处是个急转弯，他转过弯之后就被眼前的一个黑乎乎的移动中的怪物吓傻了，不禁刹车停了下来。刹车如此剧烈，以至于自行车一下子甩了出去，他自己也摔倒在灰尘中，忍疼爬起来。这怪物看起来不像人类，反倒是像怪兽，从上到下都是黑乎乎的。看起来像是脸部的位置已经完全肿胀，眼珠可怕地凸出来，像两颗玻璃球，没有头发，也看不到鼻子，就剩两个黑洞。嘴巴向外翻开，肿得紫黑色的嘴唇占据了半张脸的位置。尽管它完全赤裸，但是志摩根本分辨不出来是男性还是女性。在躯干上还挂着一片片焦黑的片状物，起初志摩以为那是烧焦的衣服，后来他才意识到那是焦黑炭化的皮肤。

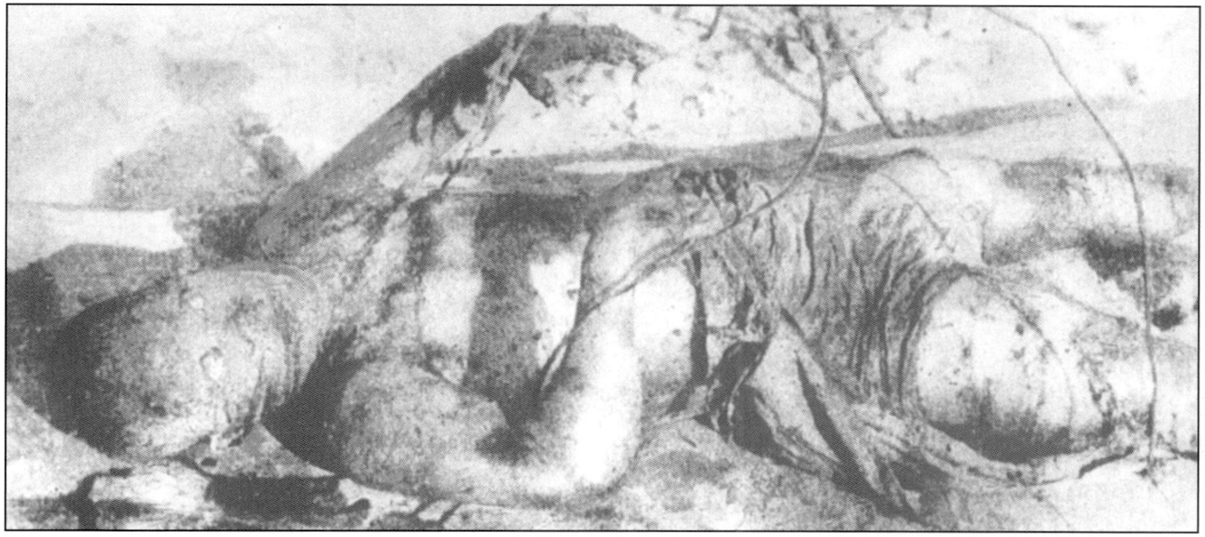

志摩医生看到的就是这番恐怖的景象，在爆心500米处倒毙的日军士兵。

此时那个人也发现了志摩，喉咙里发出嘶哑的嗬嗬声，向着志摩走过来，似乎是想说什么，但是他僵硬的步伐被倒在地上的自行车绊倒了，然后在地上翻滚着剧烈抽搐，再也没能站起来了。

志摩忍住恐惧，慢慢地靠近这个倒霉鬼，心里暗自告诉自己：“我是个医生，我要坚强些。”半跪在这具造型恐怖的尸体边，他发现自己完全无处下手。在焦黑的手腕上摸了半天，志摩试图找到脉搏。但是这个人的皮肤被烧伤得如此厉害，摸了半天也无法确定。志摩向后坐下，呆了好几分钟，才慢慢地站起来，扶起自行车继续前行。

没有走出多远，他就看到了近百个类似的伤员。有的人蹒跚地走着，有的人躺在地上抽搐，还有的互相靠着喘气，共同的特征就是肿胀的眼睛、外翻张开的嘴巴，已经分辨不出焦黑的衣服残片和皮肤。志摩吓呆了，想要跑开，却挪不动自己的腿。更令他难以置信的是，在这些伤者后面，还能看到一群群更多的伤员！

试图进市区的志摩医生丢开了自行车，街道上太多瓦砾和尸体，已经没法骑行了。而且在浓烟之下，他走错了方向，走到了太田川附近的一个吊桥边。桥上已经燃起了大火，但还是拥挤不堪，一队队幸存者不顾一切地穿过燃烧的桥面试图逃离。有些伤员走着走着就筋疲力尽，从桥上一头栽进河里。眼看无法从桥上过去，一些幸存者试图从太田川跋涉过河逃离。河岸上已经有不少尸体了，河面上也随处都是漂浮着的尸体。志摩医生跋涉到一半，站在齐腰深的河水里，不知道自己是不是该继续前行。

就在他彷徨的时刻，一阵灼热的狂风扑面袭来，风势之猛使得志摩差点就滑倒了。河面上也掀起了狂暴的水浪。他再也无法向前走一步了：广岛的火焰风暴开始了。

对于日本人，火焰风暴已经不是陌生的体验。和当时的其他日本城市一样，广岛大部分的建筑物都是木质结构的，这样即使在核爆的冲击波之下没有被摧毁，建筑物也在随后的高温之下被引燃了。此外，孱弱的消防队和消防设备在核爆中就已经损失了90%，日本人完全无法应对四下蔓延的大火。越来越多的建筑物被引燃后，原本就灼热的爆心变得越发高温，冷空气都被往中间吸引，带来更多的氧气助长沿途的火势。09时45分，核子火焰风暴开始形成了。

距离爆心3.6公里的广岛气象站居然神奇地幸存了下来，而且站内的仪器还在记录数据。这里每隔一小时或半小时记录下的数据也正是原子弹在广岛的威力的证据。和此前东京、汉堡、德累斯顿的那种快速形成的火焰风暴不同的是，广岛的火焰风暴速度要慢一些，到中午时分才达到最高峰。

在火焰肆虐的同时，从11时07分开始雷雨交加：核爆炸形成的蘑菇云带动大量灰尘上升，与空气中水分相结合，就形成了雨——带着强烈核辐射沾染的黑色的雨。大雨持续了大约40分钟，雨量达到了50—100毫米。一些烧伤的伤员口渴难耐，仰面张口接滴落的雨水解渴，浑然不知这实际上就是饮鸩止渴。

电话交换中心里，妙子不知道昏迷了多久，在脑海里突然出现她的老师秋田小姐的喊声，一如平日里在早操时对她们女学生训导的那样："你们必须要坚强，你们是帝国的学生，要为帝国奉献自己。"一定是在做梦，妙子这么暗自跟自己说。等她抬起头来，发现电话交换中心已经是漆黑一片了，腿被什么重物压着，移动不了。此时她听到了秋田老师喊她的名字，才意识到自己不是在做梦。屋子里温度很高，浓烟滚滚，令人呼吸不过来，左右横七竖八地躺着其他同学的尸体。

秋田老师爬过来帮助妙子从倒下的柜子下脱身，两人搀扶着试图走出去，但是楼道里也是烟雾滚滚，完全无法呼吸。妙子捡起一个凳子，回到房间里砸开窗户，她看到街对面的银行正如同一个火炬一样熊熊燃烧，左右两边其他房间的窗户也都向外喷吐着火舌。不顾自己还光着脚，妙子从二楼的窗台上一跳而下，沿着街道就开始狂奔。赤脚踩在碎玻璃和瓦砾上被割破了无数伤口，但是她完全没有觉得疼痛，巨大的惊骇已经让她脑海中空白麻木了。街道上到处都是类似志摩医生看到过的奇形怪状的尸体，无从分辨男女老幼，妙子就觉得自己是这个世界上唯一的幸存者似的。

在"小男孩"爆炸后，广岛作为城市而言已经不存在了。如同帕森斯形容的那样，就像是被一颗流星击中了。由于气象侦察机引发的空袭警报被撤销后，大量市民正好在去工作的路上，以至于在原子弹投下时很少广岛市民是正好处于掩蔽所内。这正是伤亡数字巨大的主要原因。

由于广岛当时有大量从别的城市疏散过来的平民和朝鲜苦工，城市人口统计数据不清晰。究竟有多少日本士兵和市民死于核爆，已经是不可能准确统计出来了，估计数字在7万人左右。但是读者请记住：在这个死亡人数中，有1/3是日本士兵，他们是日本所谓玉碎顽抗的主力。日本政府在战后总是把自己打扮成受害者样貌出现，总是渲染在核爆后死亡多少平民，刻意回避了当时广岛市各大军事要塞和军营之内存在有大量驻军的历史事实。

"小男孩"在广岛一共直接造成了多少伤亡人数，成为一个永恒的历史谜题了。可以肯定的是，在当天过后，死亡数字每天都在增加：伤势过重死亡的，因为辐射引起的病症死亡的等。

除了人员伤亡以外，广岛的物质损失也很巨大。大约34平方公里的市区被夷为平地，

爆心周围尸横遍野，正如妙子所看到的一样。

109000栋建筑物彻底毁损，65%的城市交通工具被炸毁，自来水管网被炸毁7000余处，整个城市的供水全部失灵，因此也导致了消防队和救援人员完全无力应对火势。

广岛被美军投下的“神奇炸弹”摧毁的消息在日本也慢慢地传开了。古田清人的播音中断之后，东京广播控制中心注意到了广岛广播电台就像是蒸发了一样，一点消息都没有了。无论东京方面选择哪个频道，都接收不到广岛的信号。09时35分，东京的铁道通讯中心发现经过广岛的电报线路中断了。无论是电话还是电报，都无法接通广岛方面。

最早发出正式报道的是日本同盟通信社记者中村哲，他所在的广岛办公室距离爆心300米，而他能幸免是因他不在办公室里。在前一晚，中村哲去了城外一个同僚家里喝酒，因此就逃过一劫。核爆后，他也借了一辆自行车进城。在目睹了类似志摩医生看到的场景后，他跌跌撞撞地骑车前往广岛以北5公里的波良镇。这里有个当地的小广播台，由于核爆后产生的电磁波干扰，无线电都不能使用了。不过，在广播站还有一部有线电话机可以使用，能连通到附近的冈山市。中村赶到时是12时20分，他对着电话机另外一端的人喊道：“请立即把如下我要讲的信息转达给冈山市同盟通信社办公室，拜托了。”然后中村大声朗读出了如下报道，这可能也是新闻史上最为重要的现场报道：“今晨08时16分（日本时间），1架或2架敌机飞临广岛，投下了一枚特殊炸弹，广岛已经被全部夷平，伤亡至少在17万人。”

当然，伤亡数字完全是中村自己猜测的。在核爆后3个小时，谁也没有准确数字。他只是根据自己在沿途所见的景象加以推测。接听电话的冈山市同盟通信社分部的负责人对中村的报道提出了一些质疑，比如广岛这样的大型城市，怎么可能会被一颗单独的炸弹就摧毁了

广岛最早的一批新闻照片，注意远处的黑烟仍未散去。

8月6日，爆炸过后的日本军人在竭力维持市区内的秩序。

呢，军队也不可能相信这样的报道。中村愤怒无比，在电话里对那个负责人吼道："你告诉陆军里那些傲慢的混蛋，他们就是这个世界上最大的笨蛋。"

平静了些许心情后，中村开始写一个更详细一些的报道，一边写一边泪流满面。

和陷入恐惧悲痛的广岛相反，返航中的B-29机舱内则是一片喜气洋洋，所有人都在通话系统里兴奋地谈论着他们所看到的景象。蒂贝茨和帕森斯在保密允许的范围内尽可能地回答了各种各样的问题，所有人都认为日本这下子再也无法坚持战争了，没有人能在这样巨大威力的武器之下还能顽抗下去。

10时03分，一架日军战斗机曾试图接近轰炸机，但没多久也放弃了。此后的回程没有出现过任何敌人的踪迹，剩下的就只是2200公里的归途。蒂贝茨把飞机设置为自动驾驶状态，也开始休息。

美国华盛顿，此刻是8月5日，格罗夫斯一天都很焦躁，在苦苦等待前方消息。晚饭时分，他得到通知：B-29已经载弹安全起飞了。随后，他告诉夫人和女儿：今晚会一直呆在陆军部办公室里处理紧急事务。当他回到自己办公室时，十来名助手已经在那里等着他了。大家都没有什么可做的，只能等待。

华盛顿时间晚上11时30分，一个通讯兵跑进陆军部大楼，冲进电梯后上到15楼，然后跑进格罗夫斯的办公室，把法雷尔将军转发的帕森斯行动结果电报递给了格罗夫斯。

格罗夫斯读完电报后，立即电话马歇尔将军，汇报了原子弹成功轰炸广岛的消息。然后，他坐在办公桌前写了一个简单的汇报，准备第二天早晨递交给马歇尔。写完后，他就躺在办公室里的一张小行军床上，平静地睡着了。

此时的提尼安岛基地，一场盛大的欢迎仪式正在准备。投弹并成功引爆的消息传来后，第509大队驻地立即一片欢腾，食堂负责人准备了热狗、牛排、意大利腊肠三明治、肉汁土豆泥和新鲜水果沙拉等美食。

下午2时58分，"恩诺拉·盖伊"号在提尼安岛机场降落了，全程历时12小时13分钟，航程4700公里。当蒂贝茨驾驶着B-29缓缓地在跑道上滑行时，数以百计的地勤人员站在跑道两侧欢呼着欢迎他们归来。机组们惊讶地发现外面全是向他们挥手祝贺的战友，在此之前从来没有这样的场面。等到"酒窝89"号和"酒窝91"号降落时，则几乎没有注意到它们的归来。

蒂贝茨把B-29驶进停机坪，关闭所有发动机后，从驾驶舱里爬出来。周围已经有大约200名各种军衔和职务的人在欢迎他们了。当机组们都离机后，有个人喊了一声："立正！"随着这声命令之后，卡尔·斯帕茨将军走了过来，把一枚优异服役十字勋章别在了蒂贝茨的胸前，然后向全体机组道贺，其余人每人都会获得银星勋章。

授勋结束后，大家都相互握手和庆贺。医生给机组们检查了身体，确认他们每个人都没有受到辐射的伤害影响。

接下来就是向情报官员的简报会了。鉴于这次行动给机组成员们带来很大压力，因此简报会也特意搞成了非正式会议的形式，更像是茶话会，桌上摆满了牛肉三明治、香烟、柠檬汽水。

简报会结束后，机组成员们依次走出会议室，下午的阳光照耀在他们身上。有些人选择回宿舍小睡一下，有的人选择去小酌一杯，有的人决定去食堂享用为他们准备的美食，结果发现已经晚来一步，所有的牛排、意大利腊肠三明治和肉汁土豆泥已经被前来道贺的同袍们顺便消灭了。

华盛顿时间8月6日凌晨04时30分，法雷尔发给格罗夫斯的第二封电报送到了：

致：陆军部通讯中心060805zApcom5245

观察员声称整个城市看起来都像是被摧毁了。由于爆炸引起的浓重烟雾和灰尘，难以目视观察确切的损坏状况，帕森斯认为这次轰炸效果相比三位一体实验看起来威力更加巨大。

格罗夫斯读完电报后，重新修改了他写的汇报材料。然后，他换上一套新熨烫好的军服，走到街对面的五角大楼去，他知道马歇尔将军通常在早晨07时到达办公室。在06时58分时，他就到了将军办公室外等候了。

马歇尔、阿诺德和格罗夫斯简短地沟通了一下。时间很紧了，他们要向全世界公布原子弹攻击的消息，特别是向日本公布。美国要让冥顽不灵的日本军方和政府明白他们遭到了什么样的攻击，如果他们还坚持不投降的话，还会遭到类似的攻击。

07时45分，马歇尔给史汀生打电话。这位陆军部长刚回到位于长岛的家中，疲惫不堪。史汀生在电话里向马歇尔表示祝贺，他要求马歇尔尽快向杜鲁门总统汇报这一消息，并授权马歇尔公布两个月前就已经草拟好的总统声明，这份声明是比尔·劳伦斯撰写的，准备在原子弹攻击成功后用于对外发布。

结束通话后，马歇尔建议不要表现得太高兴于这次攻击，毕竟日本人一定是蒙受了巨大

承载着胜利的喜悦，"恩诺拉·盖伊"号降落在提尼安岛机场，注意编号82。

卡尔·斯帕茨将军给蒂贝茨授以优异服务十字勋章的照片。

的伤亡的。格罗夫斯立即就勃然大怒，他争辩道：他对日本人的伤亡数字毫不关心，对于制造出巴丹死亡行军这样暴行的民族没有什么好关心的。马歇尔安抚地拍了拍格罗夫斯的背，表示同意他的意见。

杜鲁门总统搭乘的“奥古斯塔”号巡洋舰正在经过纽芬兰岛，他和国务卿吉米·伯恩斯在中午和水兵们一起共进午餐。刚开始午餐不久，白宫随员弗兰克·格雷厄姆上尉拿着一封来自五角大楼的电报和一份日本地图（图上广岛已经被红色铅笔标记出来了）冲进餐厅，递给了杜鲁门，电报内容如下：

致：美国总统

来自：陆军部长

大炸弹已经在8月5日19时15分（华盛顿时间）投在广岛，机组报告显示完全成功，效果甚至超过此前的测试。

杜鲁门读完之后立即站了起来，说道：“这是历史上最伟大的事情了。”按照一旁目击者的说法，杜鲁门一下子就蹦到凳子上了，可见其兴奋之程度。

他用餐刀敲了敲自己面前的杯子，示意大家注意，然后大声说：“我有个重大消息要宣布，我们已经在日本投下了一枚特殊炸弹，其威力相当于2万吨TNT炸药，这是个巨大的胜利！”美联社记者梅里安·史密斯记录下了这个

广岛核爆之后，《读卖报知》的相关报道，用到了“最新型爆弹”的形容。

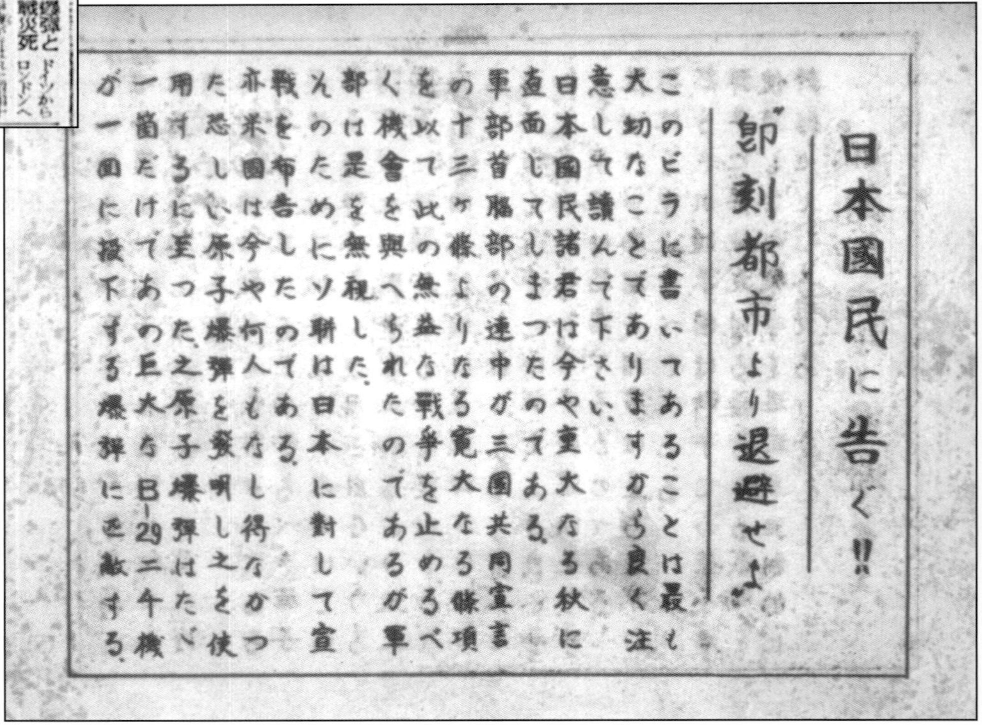

美军轰炸机在日本其他城市投下的传单，要求平民撤离城市，声称“美国已经开发出一种原子弹……一枚原子弹具有2000架B-29的破坏力。只要看过在广岛投下一枚之后的景象，你就能明白这个可怕的事实”。

场景："他并不是真正的那种笑容，更像是如释重负的轻松，总统朝着舰上他遇见的每个人都挥手，他已经看到了战争很快即将结束。"

华盛顿8月6日早晨10时50分，在白宫新闻发布室里挤满等待的记者，他们已经接到通知：白宫即将发布重要声明。有意思的是，鉴于白宫声明在战争时期已经是家常便饭，很多记者都认为这不过是个例行声明罢了。因此，不少主要通讯社的记者都没有亲自前来，而是派实习生或者助理之类的小角色来记录。11时，白宫新闻秘书走进来，开始宣读："16个小时前，一架美国轰炸机在日本广岛、一个重要的军事基地城市，投下了一枚炸弹，这枚炸弹的威力超过2万吨TNT。"

宣读就此被中断。还没等新闻秘书继续读下去，下面已经炸开锅了。所有人都涌向放着总统声明打印稿的桌子，抢上一张后就拼命挤出去抢电话，或者是奔向所在媒体的办公室。兴奋就如同电流一样从每个人的大脑里流过。这个声明意味着这场战争里最神奇的事件，而见证这一事件的大部分是新闻实习生和助理，那些大记者们这次可后悔死了。

几分钟后，新闻广播里就播出了总统声明。格罗夫斯的夫人和女儿也在收听，他在早上结束向马歇尔的汇报后电话通知家人，提醒在11点左右注意收听广播。听完广播之后，他的夫人和女儿才明白是什么绝密任务在过去一年多里让格罗夫斯如此奔忙。

接下来，她们就愕然地发现，无数记者及广播电台通讯车包围了自己的家，所有人都急迫地想从格罗夫斯或其家人这里套取新闻。闻讯后，格罗夫斯赶紧派了一个负责公共关系的军官赶到他家去对付那些已经丢了一次大新闻的狂暴记者们。

太平洋对岸的东京都，埼玉县广播站是日本第一个接收到杜鲁门总统声明的机构，同盟通信社在这里有15名工作人员专门负责收听美国广播。就在午夜时分，核爆后15个小时，负责人木下秀夫被一个工作人员从睡梦中叫醒，告诉他美国广播正在播报一份总统声明：一种称之为原子弹的装置已经被投到广岛。

木下秀夫对原子弹这个词毫无概念，不过杜鲁门的声明能帮他加深理解：

> 这是一种利用了宇宙间的基本能量的武器，这种从洪荒时代起就驱使太阳发光发热的能量，被释放出来用于对付给远东人民带来战争灾难的那些人、那个国家。

读完声明之后，木下秀夫立即打电话给内

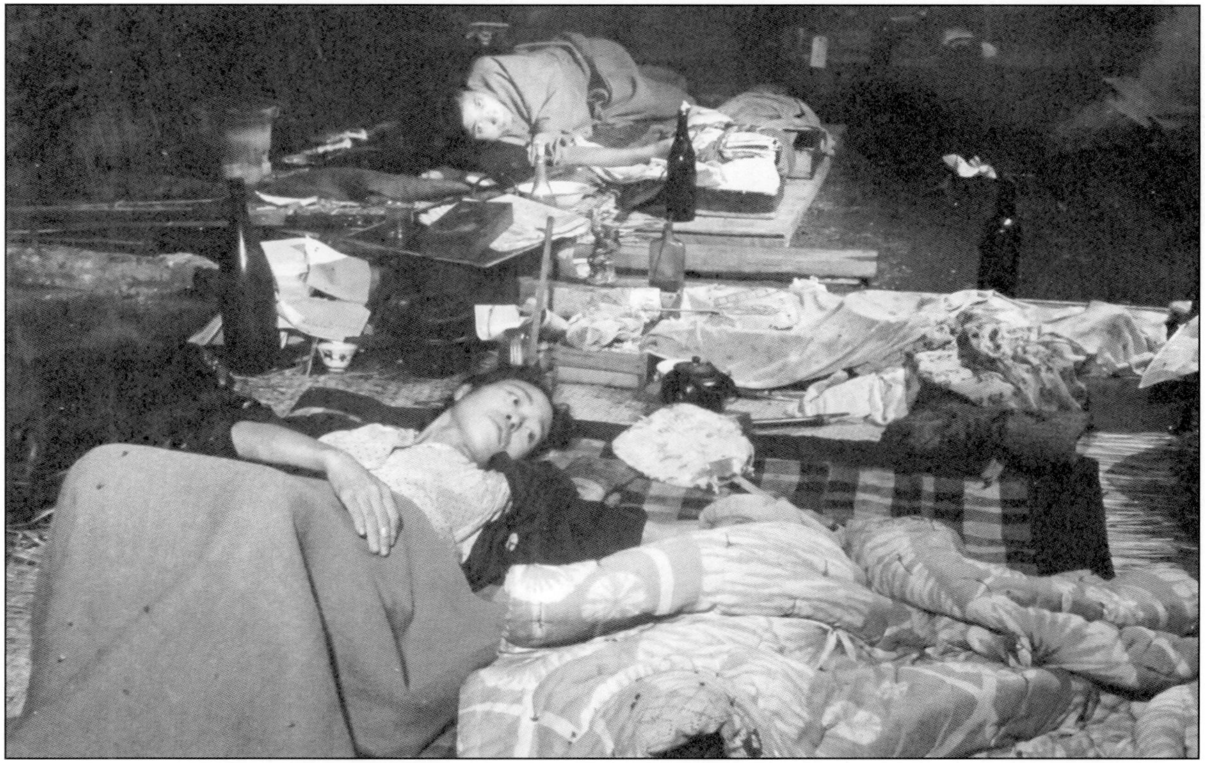

劫难过后，惊恐彷徨的广岛市民，不知道有什么样的命运正等待着自己。

阁首席秘书，通报这一重大消息。

实际上在核爆之后，从各个渠道已经有不同的报告递交到了东京。陆军压下了所有报道，即便是中村哲在现场做的报道，也并没有被播报出去。虽然还不清楚广岛到底是被什么武器攻击了、遭到了怎样的损失，但可以肯定的是那里有场巨大的灾难正在发生。

查尔斯·斯维尼少校，有史以来唯一执行过两次原子弹轰炸任务的人。

为了避免动摇军心和士气，陆军决定先掩盖过去。东京各大媒体的主编被集中起来，陆军给他们提供了一个通稿：“今晨08时20分（日本时间）一小撮米国B-29轰炸了广岛，投下了一些燃烧弹和炸弹，损失状况尚在调查中。”

对于铃木贯太郎来说，广岛核爆和杜鲁门声明不亚于又给了他当头一棒，美国政府明确地表明了立场：如果日本还继续顽抗不投降，那么等待的将会是“从天而降的毁灭之雨，而这种毁灭之雨是地球上从未见过的”。既然美军已经有这样的大规模杀伤力武器，那么再次使用它轰炸日本也就是自然而然的事情了。

现在的问题就很简单了，日本还要再次拒绝投降吗?

广岛在被原子弹轰炸后，当地防空部队给东京的报告里充满了震骇和惊恐：

一种特别的，空前威力巨大的炸弹，看来似乎是巨型的镁燃烧弹，被投到市区中心，爆炸时产生了无比强烈的令人致盲的强光和猛烈的冲击波……虽然强光和高温是瞬间的，但是极其致命的，即使是3公里外暴露在外的人身体部分也被立即烧焦，身上的衣物被引燃。爆炸产生的猛烈冲击波几乎立即夷平了3公里半径内的6万栋各类建筑物。

尽管有些日本军人和政客不愿面对现实，但是日本核物理学家在广岛现场检查过后，确认这里遭受了原子弹轰炸。鸵鸟思维也改变不了日本被一种空前威力武器攻击的现实。投降还是不投降？日本政府还在犹豫不决。而就在这样的摇摆中，下一个城市的命运也就被注定了。

长崎任务

8月7、8日两天里，日本政府都未对第一枚原子弹的轰炸作出反应。于是，美军决定再来一次原子弹轰炸，加速日本政府投降的决定。8月9日，首选目标小仓，备选目标长崎。这次使用的是经过实验验证的钚弹“胖子”。蒂贝茨指定“维克多89”号的查尔斯·斯维尼少校执行轰炸任务，因此斯维尼少校也成为人类历史上至今唯一执行过两次原子弹轰炸任务的人。

斯维尼的座机“艺术大师”——也就是“维克多89”号在广岛任务中负责搭载观测测量设备，此时还未完成装载原子弹的改装工

等待装载的原子弹“胖子”，其体积明显大于“小男孩”。

作。因此，整班机组人员临时转到弗瑞德·博克上尉的座机“博克之车”上。不过，“博克之车”也存在严重的一个技术问题：由于一个燃油泵的故障，机内油箱中有700加仑燃油是无法被抽取出来提供给发动机的，就使得B-29的可用燃油储备减少了近10%。在往返超过4800公里的飞行中，这一点可是非常危险的。考虑到这一点，蒂贝茨让斯维尼做决定，取消任务等待维修或是冒险出击。

斯维尼坚持继续在8月9日实施轰炸，他认为，如果两次原子弹轰炸之间间隔时间过长，就会削弱对日本政府和军方的心理冲击力、延迟结束战争的进程；而且，把已经装载上“博克之车”的“胖子”安全地卸下来再转移到另外一架B-29上也是个巨大的工程。因此，斯维尼决定还是如期出发。在不长的时间间隔里连续实施两次原子弹轰炸，会给予日本政府、军方和民心更显著的打击，也更能配合杜鲁门总统声明中的“连续不断的毁灭性打击”说法。

8月9日02:45，斯维尼少校驾驶着“博克之车”起飞，沿着西北方向直奔日本。在导航根据地标——日本九州南部的小岛屋久岛修正了航向之后，斯维尼少校很郁闷地发现，预定在这里集合的航拍观测机还没有出现。在燃油储备危急的情况下，斯维尼在屋久岛上空盘旋等待了40分钟。宝贵的燃油在一点一滴地被消耗掉，斯维尼心急如焚：“真是见鬼了，我再也无法等下去了。”

于是，斯维尼决定直接朝首选目标小仓飞去。但是在临近小仓时，他发现前一晚陆航对八幡的轰炸引起的大火产生的浓烟随风遮盖了小仓上空，能见度欠佳。尽管轰炸机冒着高射炮火三次进入小仓上空，投弹手柯米特·比翰上尉还是无法目视瞄准预定投弹点。于是，斯维尼决定放弃轰炸小仓，转而向备选目标长崎飞去。这一次，八幡遭受的凝固汽油弹轰炸无意中拯救了小仓。

糟糕的是，斯维尼驾驶“博克之车”来到长崎上空时，发现长崎上空云层密布，能见度也非常糟糕。机组成员们接收到的指示是必须执行目视瞄准轰炸，但是随机的核武器专家弗瑞德·阿什沃斯中校认为承担不起带着“胖子”返航回提尼安的风险或者是弃弹丢到海里的损失，他建议采用雷达瞄准投弹，只要能命中瞄准点150米范围内即可。

就在此时，投弹手比翰上尉高喊起来：“我能瞄准了！正好云层中间有个孔隙可以看到，瞄准点就在视野范围内，确定可见。”他看到的预定第二瞄准点：三菱重工长崎兵工厂。

此时，在地面上能看到2架银光闪闪的美国轰炸机在9000米的高空进入长崎上空。由于只有2架轰炸机出现，地面上大部分人群都没有进入防空洞躲避，还在进行各自的活动。街面上一直人潮汹涌，直到日本时间11:01。随着巨大的闪光和轰鸣，一轮人造太阳般的火球腾空而起，一切都被改变了。

“胖子”在三菱重工长崎兵工厂厂区以南150米的地点上空爆炸，爆炸点位于钢铁厂和日本最大的航空鱼雷制造厂之间。比起枪式爆炸法的“小男孩”，“胖子”的爆炸威力要更大，爆炸形成的蘑菇云直升到13500米高空。

大约60%的长崎市区被摧毁，当天有大约35000人死亡。虽然爆炸威力更大，但是长崎的地形使得“胖子”的爆炸威力被军工厂集中的浦上山谷所限制，对市中心区和码头区影响小多了，而不是像广岛那样平坦地形使得爆炸冲击波四散无阻。因此，长崎在当天死亡的人数要低于广岛。

由于燃油供应故障，如果按计划返回提尼安岛，“博克之车”就要冒太大风险。斯维尼决定直飞600公里外的冲绳，在那里降落。即使这样，导航员计算后也判断他们可能到距离冲绳80公里时就会燃油耗尽。驾驶“艺术大师”号的弗瑞德·博克上尉紧跟“博克之车”，准备在斯维尼万一在海面上迫降时提供支援。

不过，斯维尼不愧为技术和经验都很丰富的飞行老手。他从9000米开始逐段降低飞行高度，并小心地保持空速，以尽可能地延长飞行时间。在他的努力之下，这架笨重的钢铁巨鸟就像是一只轻盈的翠鸟一样敏捷地飞行。不过，飞行并非有惊无险。在冲绳读谷机场降落前，“博克之车”的一台发动机已经停车了，在跑道上滑行时又有一台发动机停车。

“胖子”爆炸20分钟后，从20公里之外的川南岛看去，蘑菇云似乎近在眼前。

“胖子”爆心附近，一名士兵和一把梯子留下的影子。

从长崎的废墟中回收的这个挂钟记下原子弹爆炸的时间：11 点 01 分。

“胖子”爆心附近，一片废墟，远处的残破建筑是浦上天主教堂的遗迹，距离爆心500米。

距离“胖子”爆心200米，有轨电车被冲击波轰到沟渠里，旅客死伤枕藉。

劫后余生的长崎市民，不知道自己的国家还能支撑多久。

核爆后的长崎废墟。

所幸的是，在飞机即将冲出跑道尽头时斯维尼刹住了轰炸机，这时第三台发动机也停车了。地勤事后检查，发现这架B-29只剩下了7加仑可用的燃油，算起来最多再飞2分钟的时间，可谓是千钧一发。

地勤给“博克之车”补充了燃油，斯维尼驾驶这架B-29返回了提尼安，此时距离他出发时已经过去了27个小时。接下来，全体机组好好地畅饮了一番，几乎人人都喝得酩酊大醉。

也就在同一天，两架B-29飞抵犹他州的温多夫，在那里待命准备装载第三枚原子弹的核材料。这样，在8月底之前第三枚核弹能准备就绪，第四和第五枚预计在9月份准备完毕。如果日本人继续坚持顽抗，那么就会有更多的原子弹来提醒他们末日已经到了。

8月10日，华盛顿陆军部也加大了对日本的宣传攻势，包括对日本空投传单和短波电台节目。陆航对日本本土计划空投1600万张传单，上面印有原子弹轰炸广岛和长崎的新闻和图片。陆航预计空投能覆盖大约40%的日本人口，不过直到日本宣布投降之前，实际上只完成了空投600万张。

宣传单攻势同样也给日本人的人心和士气带来沉重打击。日本海军第三舰队的高田利胤中将曾表示：“那些从天而降的传单和小册子让人们人心惶惶，都十分惧怕空袭或者那种恐怖的大炸弹会降临到自己所在的城市。”

九、除魔终章

就在原子弹轰炸之前，美军陆航早已调集其他航空队加入对日本本土的攻击。以1945年6月攻占的冲绳岛为前进基地，西南太平洋的第五航空队、中太平洋战区的第七航空队、南太平洋战区的第十三航空队蜂拥而至，准备从空中彻底压垮日本，并支援计划中的对日本本土登陆战役。

在“小男孩”和“胖子”爆炸后的一周里，低空飞行的美军战斗机飞行员汇报说观察到地面上有日本人朝着天空挥舞白旗。由此可见，日本人的士气已经跌落到一个相当低的程度了。

8月14日，从马里亚纳群岛三个基地，749架B-29倾巢出动，这是历史上B-29第二大出击架数的行动。轰炸机洪流分成两个波次分别轰炸7个日本目标，其中418架B-29负责轰炸日本城市和铁路编组站，其余B-29轰炸位于土崎（位于东京以北约500公里）的炼油厂。

这次轰炸行动中，每个机组的无线电员都时刻注意接听来自基地的通知，因为美国此时正在等待日本的决定，是投降还是继续顽抗，这也决定了轰炸行动是否要继续。随着越来越接近日本本土，所有人都很焦躁，炸还是不炸，这是一个问题。最终，指令传来了：执行轰炸。

这一次大轰炸中，阿姆斯特朗准将再次亲自上阵，他指挥下的141架B-29中，有132架对土崎的炼油厂实施了轰炸。这也是美国陆航在太平洋战场上最长的战斗飞行战例：在没有空中加油的情况下，从马里亚纳到土崎，来回飞行距离6000公里，飞行时间17个小时。

在日本海面上的美国海军特混舰队航母上，很多飞行员和水兵都观察到了从他们头顶上空隆隆而过的轰炸机洪流。海盗式战斗机飞行员迪克·迪蒙特回忆说：“当天有很多谣传，也有一些正式报告，说日本政府已经广播宣布接受盟军波茨坦公告，无条件投降。但是我们谁也不知道这是不是意味着这场仗真的结束了。我能听到从我们上空飞过的B-29发出的轰鸣声，这些陆航的小伙子们还在给日本人送去问候，希望他们的礼物能让日本人脑袋开点窍。”

日军幻想在登陆战时大败美军的宣传画。

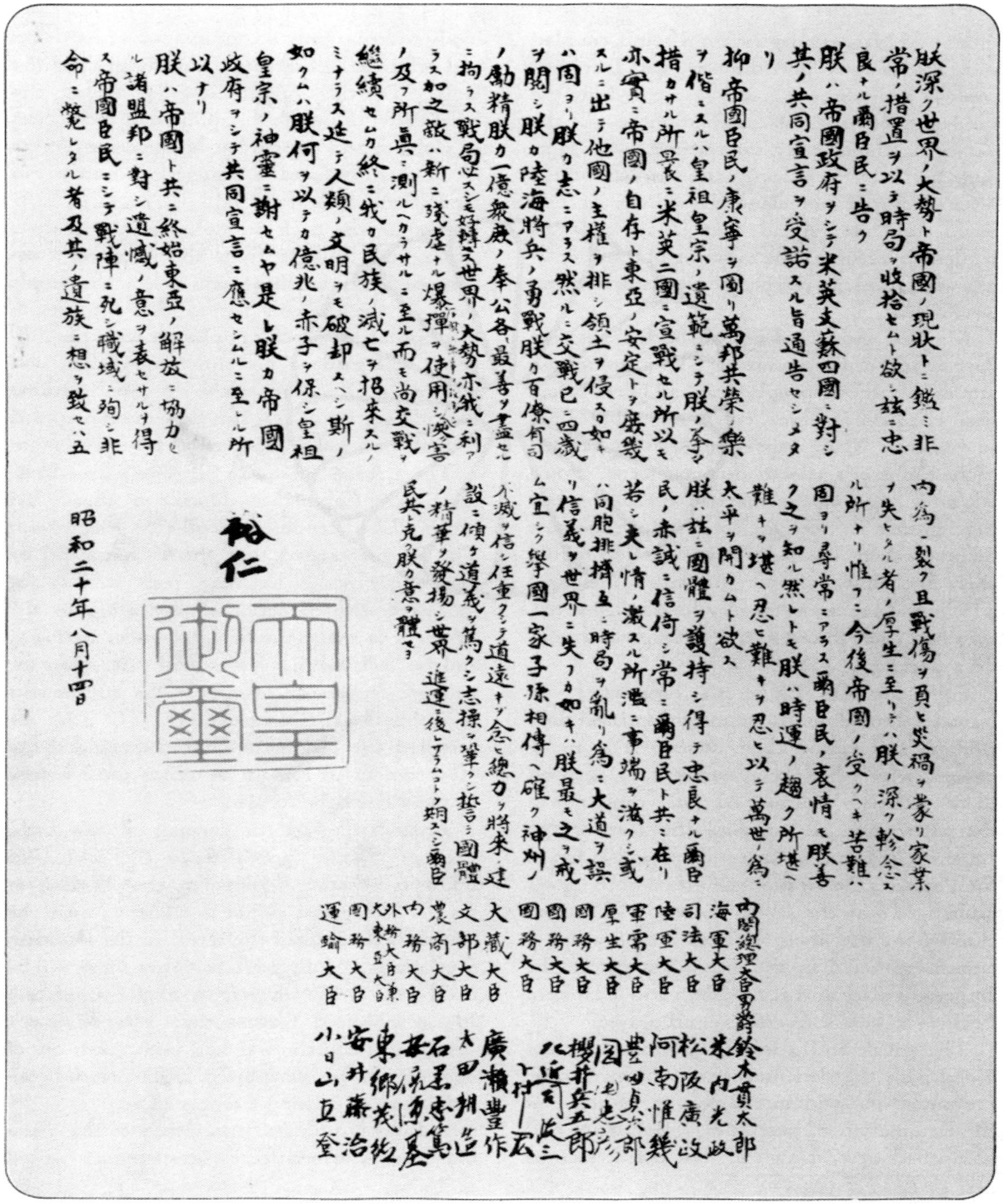

朕深ク世界ノ大勢ト帝國ノ現狀トニ鑑ミ非常ノ措置ヲ以テ時局ヲ收拾セムト欲シ茲ニ忠良ナル爾臣民ニ告ク

朕ハ帝國政府ヲシテ米英支蘇四國ニ對シ其ノ共同宣言ヲ受諾スル旨通告セシメタリ

抑ゝ帝國臣民ノ康寧ヲ圖リ萬邦共榮ノ樂ヲ偕ニスルハ皇祖皇宗ノ遺範ニシテ朕ノ拳々措カサル所曩ニ米英二國ニ宣戰セル所以モ亦實ニ帝國ノ自存ト東亞ノ安定トヲ庶幾スルニ出テ他國ノ主權ヲ排シ領土ヲ侵スカ如キハ固ヨリ朕カ志ニアラス然ルニ交戰已ニ四歲ヲ閱シ朕カ陸海將兵ノ勇戰朕カ百僚有司ノ勵精朕カ一億衆庶ノ奉公各ゝ最善ヲ盡セルニ拘ラス戰局必スシモ好轉セス世界ノ大勢亦我ニ利アラス加之敵ハ新ニ殘虐ナル爆彈ヲ使用シテ頻ニ無辜ヲ殺傷シ慘害ノ及フ所眞ニ測ルヘカラサルニ至ル而モ尚交戰ヲ繼續セムカ終ニ我カ民族ノ滅亡ヲ招來スルノミナラス延テ人類ノ文明ヲモ破却スヘシ斯ノ如クムハ朕何ヲ以テカ億兆ノ赤子ヲ保シ皇祖皇宗ノ神靈ニ謝セムヤ是レ朕カ帝國政府ヲシテ共同宣言ニ應セシムルニ至レル所以ナリ

朕ハ帝國ト共ニ終始東亞ノ解放ニ協力セル諸盟邦ニ對シ遺憾ノ意ヲ表セサルヲ得ス帝國臣民ニシテ戰陣ニ死シ職域ニ殉シ非命ニ斃レタル者及其ノ遺族ニ想ヲ致セハ五內爲ニ裂ク且戰傷ヲ負ヒ災禍ヲ蒙リ家業ヲ失ヒタル者ノ厚生ニ至リテハ朕ノ深ク軫念スル所ナリ惟フニ今後帝國ノ受クヘキ苦難ハ固ヨリ尋常ニアラス爾臣民ノ衷情モ朕善ク之ヲ知ル然レトモ朕ハ時運ノ趨ク所堪ヘ難キヲ堪ヘ忍ヒ難キヲ忍ヒ以テ萬世ノ爲ニ太平ヲ開カムト欲ス

朕ハ茲ニ國體ヲ護持シ得テ忠良ナル爾臣民ノ赤誠ニ信倚シ常ニ爾臣民ト共ニ在リ若シ夫レ情ノ激スル所濫ニ事端ヲ滋クシ或ハ同胞排擠互ニ時局ヲ亂リ爲ニ大道ヲ誤リ信義ヲ世界ニ失フカ如キハ朕最モ之ヲ戒ム宜シク擧國一家子孫相傳ヘ確ク神州ノ不滅ヲ信シ任重クシテ道遠キヲ念ヒ總力ヲ將來ノ建設ニ傾ケ道義ヲ篤クシ志操ヲ鞏クシ誓テ國體ノ精華ヲ發揚シ世界ノ進運ニ後レサラムコトヲ期スヘシ爾臣民其レ克ク朕カ意ヲ體セヨ

裕仁　天皇御璽

昭和二十年八月十四日

內閣總理大臣男爵 鈴木貫太郎
海軍大臣 米内光政
司法大臣 松阪廣政
陸軍大臣 阿南惟幾
軍需大臣 豐田貞次郎
厚生大臣 岡田忠彦
國務大臣 櫻井兵五郎
國務大臣 左近司政三
國務大臣 下村宏
大藏大臣 廣瀨豐作
文部大臣 太田耕造
農商大臣 石黑忠篤
內務大臣 安倍源基
外務大臣兼大東亞大臣 東鄕茂德
國務大臣 安井藤治
運輸大臣 小日山直登

裕仁天皇投降诏书，其中特别提及“而战局必不好转，世界大势亦不利我。加之敌新使用残虐爆弹，频杀伤无辜，惨害所及，真至不可测。”由此可见战略轰炸攻势以及两枚原子弹对日本军国主义者的强烈震慑。

8月15日，日本时间早晨04:35，第38特混舰队的航母甲板上，一架架战斗机的发动机开始发动，当天计划有两次攻击行动。而在空中，刚执行完8月14日轰炸任务的329架B-29还在返航飞向马里亚纳基地的途中。阿姆斯特朗准将回忆道：“当我们完成投弹撤离时，我们从无线电通讯里收听到美国国内的广播，播音员兴奋地报道日本已经投降了，战争结束了！从参与欧洲战场上第一次昼间轰炸到太平洋战场上最长飞行距离轰炸任务，我想现在是时候结束了。机组里的每一个人都是欣喜若狂，但是心中都有点苦涩地想起那些没有能看到这一天的战友们。在这种哀伤和欣喜的心情交织下，真可谓五味杂陈。在我指挥下的小伙子们中，有些人已经征战了4年多，简直有点不适应和平生活了。”

1945年8月15日，日本时间正午，裕仁的投降诏书录音通过无线电播放，日本无条件投降了。

虽然日本本土还有近百万军队和近万架各型飞机，但是在战略轰炸、海上封锁、原子弹轰炸及苏军出兵、中国军队的反攻等多重打击下，即使再顽固的日本军阀也不得不认识到他们已经走到了末路。日后，美国陆军航空兵指挥官阿诺德将军在给陆军部长的报告中总结了过去几年的对日战略轰炸：

要充分认识和评价各军种在对日作战中发

挥的作用，我认为空中力量是决定性的。日本的崩溃证明了太平洋战场上攻势作战战略的正确性，简单地说即以空中优势（陆基和海军航空兵）摧毁性的打击来击败日本。这样猛烈而持续的打击使得陆军不需要冒着牺牲数十万人的代价登陆日本。

8月15日的上午海军航空兵攻击计划还是照常进行了。103架战斗机和攻击机从航母上起飞，准备攻击指定的日军机场。当“提康德罗加”号航母上的攻击分队对铫子市的目标开始攻击时，“香格里拉”号航母的无线电呼叫：“各攻击分队注意，所有飞机都立即返回各自航母，攻击中止，战争结束了。”

但是已经射出枪膛的子弹、已经投下的炸弹就不是无线电通讯能召回的了，“海盗”战斗机飞行员约翰·麦克纳博在收到通告呼叫的一瞬间投下了1枚454公斤炸弹，这也许是美军对日本本土轰炸历史上最后一枚投下的炸弹。

诚惶诚恐聆听裕仁天皇投降诏书的日本民众，直到最后一刻，很多人仍然不相信日本已经战败。

8月15日当天下午，日本海军航空兵还对美国海军实施了一些零散的攻击行动。下午2:00时，克拉伦斯·摩尔少尉击落了一架日军“彗星”俯冲轰炸机，这也是当天美国海军取得的34个战绩中的最后一个战绩，也是第二次世界大战最后一次正式空战记录。

在当天晚间，整个马里亚纳群岛的各个基地都陷入一种狂热的、自发的欢庆之中。对于广大地勤、维护支持人员以及工程兵们来说，这意味着是他们苦工般生活的结束。对于轰炸机、战斗机飞行员和机组们来说，这意味着年轻的他们将会活下去，还能继续他们的生活、回国去成家生子。很多狂欢的美军官兵用手上的武器朝着夜空开火以示庆祝。手枪、步枪、卡宾枪、冲锋枪、机枪，乃至高射炮都朝着夜空喷射火力，曳光弹在夜空中画成密集的火网，就如同节日里喷放盛大的焰火。

1945年9月2日，在纳粹德国入侵波兰6年后，日本正式投降的仪式在东京湾停泊的“密苏里”号战列舰上举行。从明治时代以侵略和屠杀来建立自己势力范围、给亚洲各国人民带来深重灾难的日本军国主义至此被终结了。

作为太平洋战场上主力的美国海军的代言人，尼米兹将军代表美国在日本投降书上签字，在他身侧出席签字的是哈尔西和福斯特·谢尔曼中将（自1943年起担任尼米兹的副参谋长，对美国海军太平洋战场战略制定贡献良多）。在出席签字仪式的美国陆航将领中，无疑杜立特和李梅是最为耀眼的两个，一个拉开了对日轰炸的序幕，另一个则是把日本炸得一片焦土。

当主持投降仪式的麦克阿瑟宣布仪式结束时，450架舰载机和462架B-29列队从东京湾上空隆隆地飞过，展示美国海军和陆军强大的空中打击力量，领队飞行的是来自“约克城”号航母的战斗机机群。在拥挤的东京湾上空，当B-29机群隆隆地从舰队上空飞过时，空中阅兵式的气氛达到了顶峰。

在过去的十个月时间里，第20航空队的小伙子们驾驶这些强力的超级轰炸机，把日本军国主义的战争机器一个个化为齑粉，为上海、南京、重庆、香港、新加坡、吉隆坡等一个个被日军轰炸机摧残的无辜城市及其市民们达成了正义的复仇。

1945年9月2日，日本政府的代表登上“密苏里”号战列舰，神情凝重地准备投降仪式。

投降仪式上，美国海航的舰载机傲然飞过“密苏里”号战列舰上空，其背后是盟军战略轰炸日本的血泪与辉煌。

主要参考书目

Robert A. Mann, The B-29 Superfortress Chronology, 1934-1960, McFarland & Company, 2009.

Bartlett Kerr, Flames over Tokyo:The U.S. Army Air Force's Incendiary Campaign Against Japan, 1944-1945, Donald I. Fine Inc, 1991.

Edwin Hoyt, Inferno, The Fire Bombing of Japan, Madison Books, 2000.

Hoito Edoin, The Night Tokyo Burned, St.Martin's Books, 1987.

Carl Molesworth, Very Long Range, P-51 Mustang Units of the Pacific War, Osprey Publishing, 2006.

Barrett Tillman, Whirlwind:The Air War Against Japan 1942-1945, Simon & Schuster, 2010.

David Anderton, B-29 Superfortress At Wark, Charles Scribner's Sons, 1978.

Donald Nijboer, B-29 Superfortress VS Ki-4 "Tojo", Osprey Publishing, 2017.

Nicholas Nillman, Ki-44 "Tojo" Aces of World War Ⅱ, Osprey Publishing, 2011.

Mark Lardas, JAPAN 1944–45, Osprey Publishing, 2019.

Robert Dorr, B-29 Superfortress Units of World War Ⅱ, Osprey Publishing, 2002.

Gene Gurney, B-29 Story:The Plane That Won the War , Fawcett Publications, Inc., 1968.

Samuel R. Harris, B-29s Over Japan, 1944-1945, McFarland, 2011.

Daniel Schwabe, Burning Japan, Potomac Books, 2015.

Robert Dorr, Mission to Tokyo, Osprey Publishing, 2002, Zenith Press, 2012.

Wilbur Morrison, Point of No Return, PEI Books Inc, 1980.

丁雷、蒙创波.《天火焚魔：美军对日战略轰炸全史（1942—1945）》，武汉大学出版社，2013。